STATISTICAL YEARBOOK OF CHINA
COMMODITY EXCHANGE MARKET

中国商品交易市场
统计年鉴

2020

国家统计局贸易外经统计司 编

Compiled by
Department of Trade and External Economic Relations Statistics,
National Bureau of Statistics of China

中国统计出版社
China Statistics Press

图书在版编目（CIP）数据

中国商品交易市场统计年鉴 . 2020 / 国家统计局贸易外经统计司编 . -- 北京 : 中国统计出版社 , 2020.10
ISBN 978-7-5037-9299-1

Ⅰ . ①中… Ⅱ . ①国… Ⅲ . ①国内市场 – 统计资料 – 中国 – 2020 – 年鉴 Ⅳ . ① F723-66

中国版本图书馆 CIP 数据核字 (2020) 第 193957 号

中国商品交易市场统计年鉴—2020

作　　者 / 国家统计局贸易外经统计司
责任编辑 / 冯诗萌 杜珞维
装帧设计 / 李雪燕
出版发行 / 中国统计出版社有限公司
通信地址 / 北京市丰台区西三环南路甲 6 号　邮政编码 /100073
网　　址 / http://csp.stats.gov.cn/
电　　话 / 邮购（010）63376907　书店 (010)68783172
印　　刷 / 河北鑫兆源印刷有限公司
经　　销 / 新华书店
开　　本 / 880 × 1230mm 1/16
字　　数 / 700 千字
印　　张 / 22.75
版　　别 / 2020 年 10 月第 1 版
版　　次 / 2020 年 10 月第 1 次印刷
定　　价 / 360.00 元

编辑说明

一、《中国商品交易市场统计年鉴 -2020》是反映我国大型商品交易市场全貌的资料性工具书，至今已连续出版了二十年，旨在通过大量、丰富、详实、具体和权威的统计数据，全面系统和多角度地反映中国大型商品交易市场发展情况。本年鉴是各级经济和市场管理部门、科研机构与大专院校分析研究市场、进行宏观调控和科学决策、理论研究和教学的重要资料；也是生产经营单位了解市场、获取商业信息的必备参考用书。

二、本年鉴分为三部分：第一部分综合篇，第二部分地区篇，第三部分市场篇，并附有主要统计指标解释。

三、本年鉴中的亿元商品交易市场统计范围为 2019 年成交额亿元及以上的商品交易市场。全国性数据未包括台湾省、香港特别行政区和澳门特别行政区。

四、本年鉴中的时期数据为 2019 年度，时点数据为 2019 年末，数据来自于 2019 年亿元以上商品交易市场统计年报。

五、本年鉴数据表格中的空白，表示该项统计指标数据为 0 或无该项数据。

目 录

第一部分　综合篇

简要说明：

本篇资料主要内容为亿元以上商品交易市场的基本情况，包括市场个数、摊位个数、营业面积、成交额，以及按照市场类别、摊位类别、经营方式、经营状态和经营环境的分组数据等。

1-1 历年商品交易市场情况

年份	市场数(个)	年末出租摊位数(个)	营业面积(平方米)	成交额(万元)
2000	3087	2115115	82615615	156723889
2001	3273	2200662	93973140	177190514
2002	3258	2190814	103131711	198400373
2003	3265	2148866	109840363	215144785
2004	3365	2229818	124774690	261027342
2005	3323	2248803	131408239	300209160
2006	3876	2527987	180723148	371374661
2007	4121	2681630	198146314	440850978
2008	4567	2839070	212252204	524579577
2009	4687	2994781	232303299	579637907
2010	4940	3193365	248323113	727035303
2011	5075	3334787	262345039	820172688
2012	5194	3494122	278993712	930237663
2013	5089	3488170	288683344	983651254
2014	5023	3534757	295679201	1003099019
2015	4952	3468638	300657328	1001337865
2016	4861	3457899	300233736	1021396989
2017	4617	3347936	296917738	1082475882
2018	4296	3178423	291906299	1093733087
2019	4037	3045931	284473664	1120167763

1-2 历年商品交易市场变动

(比上年增长 %)

年份	市场数	年末出租摊位数	营业面积	成交额
2001	6.03	4.04	13.75	13.06
2002	-0.46	-0.45	9.75	11.97
2003	0.21	-1.91	6.50	8.44
2004	3.06	3.77	13.60	21.33
2005	-1.25	0.85	5.32	15.01
2006	16.64	12.41	37.53	23.71
2007	6.32	6.08	9.64	18.71
2008	10.82	5.87	7.12	18.99
2009	2.63	5.48	9.45	10.50
2010	5.40	6.63	6.90	25.43
2011	2.73	4.43	5.65	12.81
2012	2.34	4.78	6.35	13.42
2013	-2.02	-0.17	3.47	5.74
2014	-1.30	1.34	2.42	1.98
2015	-1.41	-1.87	1.68	-0.18
2016	-1.84	-0.31	-0.14	2.00
2017	-5.02	-3.18	-1.10	5.98
2018	-6.95	-5.06	-1.69	1.04
2019	-6.03	-4.17	-2.55	2.42

1-3 商品交易市场总体情况

项目	市场数量(个)	总摊位数(个)	年末出租摊位数(个)	营业面积(平方米)	成交额(万元)
总计	**4037**	**3584454**	**3045931**	**284473664**	**1120167763**
一、按市场类别分组					
1.综合市场	**1194**	**1313617**	**1118787**	**79328702**	**268952092**
生产资料综合市场	40	62034	54824	8005950	15718620
工业消费品综合市场	217	426387	370927	25227917	72577429
农产品综合市场	634	430408	369241	24849707	130985719
其他综合市场	303	394788	323795	21245128	49670324
2.专业市场	**2843**	**2270837**	**1927144**	**205144962**	**851215671**
生产资料市场	510	300390	250752	55233490	306343525
农业生产用具市场	11	4725	3986	1198408	1774702
农用生产资料市场	16	3356	2912	464242	1058061
煤炭市场	3	2765	2748	406400	1589615
木材市场	32	11815	10818	3027952	3566767
建材市场	191	136114	106206	23312410	18960786
化工材料及制品市场	22	17591	14787	1928918	43132833
金属材料市场	161	81854	71422	19551401	211372587
机械设备市场	40	23504	20898	2887339	8412707
其他生产资料市场	34	18666	16975	2456420	16475467
农产品市场	796	535801	470632	39493911	197853127
粮油市场	81	25505	22327	3256617	19172947
肉禽蛋市场	93	45826	39955	3754837	21042384
水产品市场	127	70633	65105	4583142	42581853
蔬菜市场	224	195007	172658	14928770	38797972
干鲜果品市场	105	72596	62521	5894785	38711458
棉麻土畜、烟叶市场	11	22322	18112	1213041	4729954
其他农产品市场	155	103912	89954	5862719	32816559
食品、饮料及烟酒市场	98	66909	48021	3331993	11524338
食品饮料市场	26	17038	13716	666310	2084871
茶叶市场	29	23135	12684	1256455	3079749
烟酒市场	8	2629	2310	226268	1050323
其他食品饮料及烟酒市场	35	24107	19311	1182960	5309395
纺织、服装、鞋帽市场	421	672028	591446	34025416	157448566
布料及纺织品市场	54	114864	98056	10483707	71808380
服装市场	274	419455	374842	19190409	62784990
鞋帽市场	33	24566	19646	1191147	4890653
其他纺织服装鞋帽市场	60	113143	98902	3160153	17964543
日用品及文化用品市场	74	71727	58521	3647087	18961742
小商品市场	35	32460	25728	1466273	5798840
箱包市场	5	12000	11354	700740	7055163
玩具市场	3	4710	1350	322750	309118
文具市场	2	643	638	73000	74000
图书、报刊杂志市场	4	707	696	56174	324077
音像制品及电子出版物市场	1	163	101	6500	32234
体育用品市场	1	324	275	12800	19630
其他日用品及文化用品市场	23	20720	18379	1008850	5348680

1-3 续表

项目	市场数量(个)	总摊位数(个)	年末出租摊位数(个)	营业面积(平方米)	成交额(万元)
黄金、珠宝、玉器等首饰市场	24	28291	22017	2049544	8431865
电器、通讯器材、电子设备市场	98	52892	44653	2920893	5639199
家电市场	29	11812	10149	1433415	1631620
通讯器材市场	16	10309	8975	333748	689709
照相、摄像器材市场	2	458	406	16320	63226
计算机及辅助设备市场	44	25412	21081	987575	2685334
其他电器、通讯器材、电子设备市场	7	4901	4042	149835	569310
医药、医疗用品及器材市场	21	77600	47388	3193236	16530009
中药材市场	21	77600	47388	3193236	16530009
其他医药、医疗用品及器材市场					
家具、五金及装饰材料市场	494	314326	267390	42410488	52044332
家具市场	158	90723	78304	16879171	16180342
装饰材料市场	197	122536	101730	15417087	18907203
灯具市场	13	7256	6530	1027835	2206555
厨具、盥洗设备市场	3	1246	1222	115808	160903
五金材料市场	67	52247	42748	4363331	9580540
其他装修市场	56	40318	36856	4607256	5008789
汽车、摩托车及零配件市场	239	88660	74373	14195592	61724716
汽车市场	177	54601	45156	11347588	53604435
摩托车市场	7	3464	3080	227826	380797
机动车零配件市场	55	30595	26137	2620178	7739484
花、鸟、鱼、虫市场	23	29183	20946	1877618	7634135
花卉市场	19	28127	19932	1798486	7508445
鸟市场					
观赏鱼市场					
其他花鸟鱼虫市场	4	1056	1014	79132	125690
旧货市场	8	5793	5188	161830	232334
古玩、古董、字画市场	1	507	300	13120	10000
邮票、硬币市场					
其他旧货市场	7	5286	4888	148710	222334
其他专业市场	37	27237	25817	2603864	6847783
二、按营业状态分组					
1.常年营业	3994	3553853	3028379	281890916	1113980354
2.季节性营业	39	28924	16190	2500980	5951146
3.其他	4	1677	1362	81768	236263
三、按经营方式分组					
1.以批发为主	2316	2577417	2182603	220194392	987334091
2.以零售为主	1721	1007037	863328	64279272	132833672
四、按经营环境分组					
1.露天式	536	335359	290932	42966121	131806948
2.封闭式	3024	2838126	2401778	201431303	818025232
3.其他	477	410969	353221	40076240	170335583

1-4 商品交易市场情况(按营业状态分)

(常年营业)

项　　目	市场数量(个)	总摊位数(个)	年末出租摊位数(个)	营业面积(平方米)	成交额(万元)
总　计	**3994**	**3553853**	**3028379**	**281890916**	**1113980354**
1.综合市场	**1189**	**1308476**	**1114172**	**79235409**	**268832153**
生产资料综合市场	40	62034	54824	8005950	15718620
工业消费品综合市场	217	426387	370927	25227917	72577429
农产品综合市场	630	426341	365421	24775414	130918301
其他综合市场	302	393714	323000	21226128	49617803
2.专业市场	**2805**	**2245377**	**1914207**	**202655507**	**845148201**
生产资料市场	507	299983	250345	55154527	306197280
农业生产用具市场	11	4725	3986	1198408	1774702
农用生产资料市场	16	3356	2912	464242	1058061
煤炭市场	3	2765	2748	406400	1589615
木材市场	31	11663	10666	2989384	3444760
建材市场	189	135859	105951	23272015	18936548
化工材料及制品市场	22	17591	14787	1928918	43132833
金属材料市场	161	81854	71422	19551401	211372587
机械设备市场	40	23504	20898	2887339	8412707
其他生产资料市场	34	18666	16975	2456420	16475467
农产品市场	769	523159	460701	37353005	193185817
粮油市场	80	25489	22311	3123217	19146827
肉禽蛋市场	93	45826	39955	3754837	21042384
水产品市场	125	70289	64762	4558802	42522053
蔬菜市场	209	189099	167060	13562476	35191436
干鲜果品市场	97	66442	58702	5353113	37807174
棉麻土畜、烟叶市场	11	22322	18112	1213041	4729954
其他农产品市场	154	103692	89799	5787519	32745989
食品、饮料及烟酒市场	95	56436	47246	3246493	10726678
食品饮料市场	25	16687	13365	655810	2034036
茶叶市场	27	13013	12260	1181455	2332924
烟酒市场	8	2629	2310	226268	1050323
其他食品饮料及烟酒市场	35	24107	19311	1182960	5309395
纺织、服装、鞋帽市场	419	671113	590531	33856830	157161412
布料及纺织品市场	54	114864	98056	10483707	71808380
服装市场	272	418540	373927	19021823	62497836
鞋帽市场	33	24566	19646	1191147	4890653
其他纺织服装鞋帽市场	60	113143	98902	3160153	17964543
日用品及文化用品市场	74	71727	58521	3647087	18961742
小商品市场	35	32460	25728	1466273	5798840
箱包市场	5	12000	11354	700740	7055163

1-4 续表 1

(常年营业)

项 目	市场数量(个)	总摊位数(个)	年末出租摊位数(个)	营业面积(平方米)	成交额(万元)
玩具市场	3	4710	1350	322750	309118
文具市场	2	643	638	73000	74000
图书、报刊杂志市场	4	707	696	56174	324077
音像制品及电子出版物市场	1	163	101	6500	32234
体育用品市场	1	324	275	12800	19630
其他日用品及文化用品市场	23	20720	18379	1008850	5348680
黄金、珠宝、玉器等首饰市场	24	28291	22017	2049544	8431865
电器、通讯器材、电子设备市场	98	52892	44653	2920893	5639199
家电市场	29	11812	10149	1433415	1631620
通讯器材市场	16	10309	8975	333748	689709
照相、摄像器材市场	2	458	406	16320	63226
计算机及辅助设备市场	44	25412	21081	987575	2685334
其他电器、通讯器材、电子设备市场	7	4901	4042	149835	569310
医药、医疗用品及器材市场	20	77572	47360	3191736	16518609
中药材市场	20	77572	47360	3191736	16518609
其他医药、医疗用品及器材市场					
家具、五金及装饰材料市场	492	313331	266509	42396488	51886631
家具市场	158	90723	78304	16879171	16180342
装饰材料市场	196	122191	101385	15413087	18794865
灯具市场	13	7256	6530	1027835	2206555
厨具、盥洗设备市场	3	1246	1222	115808	160903
五金材料市场	66	51597	42212	4353331	9535177
其他装修市场	56	40318	36856	4607256	5008789
汽车、摩托车及零配件市场	239	88660	74373	14195592	61724716
汽车市场	177	54601	45156	11347588	53604435
摩托车市场	7	3464	3080	227826	380797
机动车零配件市场	55	30595	26137	2620178	7739484
花、鸟、鱼、虫市场	23	29183	20946	1877618	7634135
花卉市场	19	28127	19932	1798486	7508445
鸟市场					
观赏鱼市场					
其他花鸟鱼虫市场	4	1056	1014	79132	125690
旧货市场	8	5793	5188	161830	232334
古玩、古董、字画市场	1	507	300	13120	10000
邮票、硬币市场					
其他旧货市场	7	5286	4888	148710	222334
其他专业市场	37	27237	25817	2603864	6847783

1-4 续表 2

(季节性营业)

项　　目	市场数量(个)	总摊位数(个)	年末出租摊位数(个)	营业面积(平方米)	成交额(万元)
总　计	**39**	**28924**	**16190**	**2500980**	**5951146**
1.综合市场	**4**	**4067**	**3820**	**74293**	**67418**
生产资料综合市场					
工业消费品综合市场					
农产品综合市场	4	4067	3820	74293	67418
其他综合市场					
2.专业市场	**35**	**24857**	**12370**	**2426687**	**5883728**
生产资料市场	2	255	255	40395	24238
农业生产用具市场					
农用生产资料市场					
煤炭市场					
木材市场					
建材市场	2	255	255	40395	24238
化工材料及制品市场					
金属材料市场					
机械设备市场					
其他生产资料市场					
农产品市场	26	12542	9867	2127206	4656410
粮油市场	1	16	16	133400	26120
肉禽蛋市场					
水产品市场	2	344	343	24340	59800
蔬菜市场	15	5908	5598	1366294	3606536
干鲜果品市场	7	6054	3755	527972	893384
棉麻土畜、烟叶市场					
其他农产品市场	1	220	155	75200	70570
食品、饮料及烟酒市场	2	10122	424	75000	746825
食品饮料市场					
茶叶市场	2	10122	424	75000	746825
烟酒市场					
其他食品饮料及烟酒市场					
纺织、服装、鞋帽市场	2	915	915	168586	287154
布料及纺织品市场					
服装市场	2	915	915	168586	287154
鞋帽市场					
其他纺织服装鞋帽市场					
日用品及文化用品市场					
小商品市场					
箱包市场					

1-4 续表 3

(季节性营业)

项 目	市场数量(个)	总摊位数(个)	年末出租摊位数(个)	营业面积(平方米)	成交额(万元)
玩具市场					
文具市场					
图书、报刊杂志市场					
音像制品及电子出版物市场					
体育用品市场					
其他日用品及文化用品市场					
黄金、珠宝、玉器等首饰市场					
电器、通讯器材、电子设备市场					
家电市场					
通讯器材市场					
照相、摄像器材市场					
计算机及辅助设备市场					
其他电器、通讯器材、电子设备市场					
医药、医疗用品及器材市场	1	28	28	1500	11400
中药材市场	1	28	28	1500	11400
其他医药、医疗用品及器材市场					
家具、五金及装饰材料市场	2	995	881	14000	157701
家具市场					
装饰材料市场	1	345	345	4000	112338
灯具市场					
厨具、盥洗设备市场					
五金材料市场	1	650	536	10000	45363
其他装修市场					
汽车、摩托车及零配件市场					
汽车市场					
摩托车市场					
机动车零配件市场					
花、鸟、鱼、虫市场					
花卉市场					
鸟市场					
观赏鱼市场					
其他花鸟鱼虫市场					
旧货市场					
古玩、古董、字画市场					
邮票、硬币市场					
其他旧货市场					
其他专业市场					

1-4 续表 4

(其他)

项　　目	市场数量(个)	总摊位数(个)	年末出租摊位数(个)	营业面积(平方米)	成交额(万元)
总　计	**4**	**1677**	**1362**	**81768**	**236263**
1.综合市场	**1**	**1074**	**795**	**19000**	**52521**
生产资料综合市场					
工业消费品综合市场					
农产品综合市场					
其他综合市场	1	1074	795	19000	52521
2.专业市场	**3**	**603**	**567**	**62768**	**183742**
生产资料市场	1	152	152	38568	122007
农业生产用具市场					
农用生产资料市场					
煤炭市场					
木材市场	1	152	152	38568	122007
建材市场					
化工材料及制品市场					
金属材料市场					
机械设备市场					
其他生产资料市场					
农产品市场	1	100	64	13700	10900
粮油市场					
肉禽蛋市场					
水产品市场					
蔬菜市场					
干鲜果品市场	1	100	64	13700	10900
棉麻土畜、烟叶市场					
其他农产品市场					
食品、饮料及烟酒市场	1	351	351	10500	50835
食品饮料市场	1	351	351	10500	50835
茶叶市场					
烟酒市场					
其他食品饮料及烟酒市场					
纺织、服装、鞋帽市场					
布料及纺织品市场					
服装市场					
鞋帽市场					
其他纺织服装鞋帽市场					
日用品及文化用品市场					
小商品市场					
箱包市场					

1-4 续表 5

(其他)

项　　目	市场数量（个）	总摊位数（个）	年末出租摊位数（个）	营业面积（平方米）	成交额（万元）
玩具市场					
文具市场					
图书、报刊杂志市场					
音像制品及电子出版物市场					
体育用品市场					
其他日用品及文化用品市场					
黄金、珠宝、玉器等首饰市场					
电器、通讯器材、电子设备市场					
家电市场					
通讯器材市场					
照相、摄像器材市场					
计算机及辅助设备市场					
其他电器、通讯器材、电子设备市场					
医药、医疗用品及器材市场					
中药材市场					
其他医药、医疗用品及器材市场					
家具、五金及装饰材料市场					
家具市场					
装饰材料市场					
灯具市场					
厨具、盥洗设备市场					
五金材料市场					
其他装修市场					
汽车、摩托车及零配件市场					
汽车市场					
摩托车市场					
机动车零配件市场					
花、鸟、鱼、虫市场					
花卉市场					
鸟市场					
观赏鱼市场					
其他花鸟鱼虫市场					
旧货市场					
古玩、古董、字画市场					
邮票、硬币市场					
其他旧货市场					
其他专业市场					

1-5 商品交易市场情况(按经营方式分)

(批发为主)

项　目	市场数量（个）	总摊位数（个）	年末出租摊位数（个）	营业面积（平方米）	成交额（万元）
总　计	**2316**	**2577417**	**2182603**	**220194392**	**987334091**
1.综合市场	**497**	**854080**	**728485**	**62749860**	**232308621**
生产资料综合市场	36	55506	49380	7687550	15100990
工业消费品综合市场	110	299751	260047	18181178	62853696
农产品综合市场	225	241052	208438	20584952	113264818
其他综合市场	126	257771	210620	16296180	41089117
2.专业市场	**1819**	**1723337**	**1454118**	**157444532**	**755025470**
生产资料市场	468	282577	234862	52233448	303864982
农业生产用具市场	11	4725	3986	1198408	1774702
农用生产资料市场	16	3356	2912	464242	1058061
煤炭市场	3	2765	2748	406400	1589615
木材市场	32	11815	10818	3027952	3566767
建材市场	149	118301	90316	20312368	16482243
化工材料及制品市场	22	17591	14787	1928918	43132833
金属材料市场	161	81854	71422	19551401	211372587
机械设备市场	40	23504	20898	2887339	8412707
其他生产资料市场	34	18666	16975	2456420	16475467
农产品市场	578	441226	389028	36846411	187873421
粮油市场	71	22576	19746	3164048	18854271
肉禽蛋市场	44	22845	21052	3220408	18827471
水产品市场	96	57492	53211	4304749	41309943
蔬菜市场	199	187131	165158	14555102	37429656
干鲜果品市场	104	72416	62351	5892685	38683334
棉麻土畜、烟叶市场	9	21022	16812	1129441	4630954
其他农产品市场	55	57744	50698	4579978	28137792
食品、饮料及烟酒市场	67	54288	38291	2763888	10509345
食品饮料市场	15	10793	9366	495833	1711655
茶叶市场	22	21048	10620	963747	2784486
烟酒市场	7	2429	2124	223068	1016280
其他食品饮料及烟酒市场	23	20018	16181	1081240	4996924
纺织、服装、鞋帽市场	253	511154	450686	28319812	148063400
布料及纺织品市场	47	107169	92060	10314571	71356744
服装市场	148	303614	272112	14489014	55686347
鞋帽市场	31	21666	17566	1184647	4812746
其他纺织服装鞋帽市场	27	78705	68948	2331580	16207563
日用品及文化用品市场	62	65260	53241	3264828	18311902
小商品市场	28	28527	22696	1187273	5578178
箱包市场	5	12000	11354	700740	7055163

1-5　续表 1

(批发为主)

项　　目	市场数量(个)	总摊位数(个)	年末出租摊位数(个)	营业面积(平方米)	成交额(万元)
玩具市场	3	4710	1350	322750	309118
文具市场	2	643	638	73000	74000
图书、报刊杂志市场	3	287	281	42989	141701
音像制品及电子出版物市场					
体育用品市场	1	324	275	12800	19630
其他日用品及文化用品市场	20	18769	16647	925276	5134112
黄金、珠宝、玉器等首饰市场	14	13903	10560	1194608	7662971
电器、通讯器材、电子设备市场	39	26007	22388	1820505	2751512
家电市场	19	9459	8270	1311767	1156402
通讯器材市场	8	5405	4660	151763	524747
照相、摄像器材市场	1	211	211	8520	27000
计算机及辅助设备市场	7	6966	5939	223900	539576
其他电器、通讯器材、电子设备市场	4	3966	3308	124555	503787
医药、医疗用品及器材市场	19	72540	42328	3023236	15718509
中药材市场	19	72540	42328	3023236	15718509
其他医药、医疗用品及器材市场					
家具、五金及装饰材料市场	198	168938	139161	19806322	32366168
家具市场	31	40662	35009	6921105	9010468
装饰材料市场	78	59234	45130	6342665	10407440
灯具市场	8	5923	5712	849545	1852885
厨具、盥洗设备市场	2	866	852	34608	136313
五金材料市场	57	46048	37942	3902787	9015262
其他装修市场	22	16205	14516	1755612	1943800
汽车、摩托车及零配件市场	73	38117	33220	4292570	14797806
汽车市场	29	11314	10172	2019113	7482873
摩托车市场	4	1897	1566	109800	251939
机动车零配件市场	40	24906	21482	2163657	7062994
花、鸟、鱼、虫市场	17	26431	18339	1686960	7226137
花卉市场	15	25933	17841	1648360	7162437
鸟市场					
观赏鱼市场					
其他花鸟鱼虫市场	2	498	498	38600	63700
旧货市场	1	122	122	26840	38010
古玩、古董、字画市场					
邮票、硬币市场					
其他旧货市场	1	122	122	26840	38010
其他专业市场	30	22774	21892	2165104	5841307

1-5 续表 2

(零售为主)

项 目	市场数量(个)	总摊位数(个)	年末出租摊位数(个)	营业面积(平方米)	成交额(万元)
总 计	**1721**	**1007037**	**863328**	**64279272**	**132833672**
1.综合市场	**697**	**459537**	**390302**	**16578842**	**36643471**
生产资料综合市场	4	6528	5444	318400	617630
工业消费品综合市场	107	126636	110880	7046739	9723733
农产品综合市场	409	189356	160803	4264755	17720901
其他综合市场	177	137017	113175	4948948	8581207
2.专业市场	**1024**	**547500**	**473026**	**47700430**	**96190201**
生产资料市场	42	17813	15890	3000042	2478543
农业生产用具市场					
农用生产资料市场					
煤炭市场					
木材市场					
建材市场	42	17813	15890	3000042	2478543
化工材料及制品市场					
金属材料市场					
机械设备市场					
其他生产资料市场					
农产品市场	218	94575	81604	2647500	9979706
粮油市场	10	2929	2581	92569	318676
肉禽蛋市场	49	22981	18903	534429	2214913
水产品市场	31	13141	11894	278393	1271910
蔬菜市场	25	7876	7500	373668	1368316
干鲜果品市场	1	180	170	2100	28124
棉麻土畜、烟叶市场	2	1300	1300	83600	99000
其他农产品市场	100	46168	39256	1282741	4678767
食品、饮料及烟酒市场	31	12621	9730	568105	1014993
食品饮料市场	11	6245	4350	170477	373216
茶叶市场	7	2087	2064	292708	295263
烟酒市场	1	200	186	3200	34043
其他食品饮料及烟酒市场	12	4089	3130	101720	312471
纺织、服装、鞋帽市场	168	160874	140760	5705604	9385166
布料及纺织品市场	7	7695	5996	169136	451636
服装市场	126	115841	102730	4701395	7098643
鞋帽市场	2	2900	2080	6500	77907
其他纺织服装鞋帽市场	33	34438	29954	828573	1756980
日用品及文化用品市场	12	6467	5280	382259	649840
小商品市场	7	3933	3032	279000	220662
箱包市场					

1-5 续表 3

(零售为主)

项目	市场数量(个)	总摊位数(个)	年末出租摊位数(个)	营业面积(平方米)	成交额(万元)
玩具市场					
文具市场					
图书、报刊杂志市场	1	420	415	13185	182376
音像制品及电子出版物市场	1	163	101	6500	32234
体育用品市场					
其他日用品及文化用品市场	3	1951	1732	83574	214568
黄金、珠宝、玉器等首饰市场	10	14388	11457	854936	768894
电器、通讯器材、电子设备市场	59	26885	22265	1100388	2887687
家电市场	10	2353	1879	121648	475218
通讯器材市场	8	4904	4315	181985	164962
照相、摄像器材市场	1	247	195	7800	36226
计算机及辅助设备市场	37	18446	15142	763675	2145758
其他电器、通讯器材、电子设备市场	3	935	734	25280	65523
医药、医疗用品及器材市场	2	5060	5060	170000	811500
中药材市场	2	5060	5060	170000	811500
其他医药、医疗用品及器材市场					
家具、五金及装饰材料市场	296	145388	128229	22604166	19678164
家具市场	127	50061	43295	9958066	7169874
装饰材料市场	119	63302	56600	9074422	8499763
灯具市场	5	1333	818	178290	353670
厨具、盥洗设备市场	1	380	370	81200	24590
五金材料市场	10	6199	4806	460544	565278
其他装修市场	34	24113	22340	2851644	3064989
汽车、摩托车及零配件市场	166	50543	41153	9903022	46926910
汽车市场	148	43287	34984	9328475	46121562
摩托车市场	3	1567	1514	118026	128858
机动车零配件市场	15	5689	4655	456521	676490
花、鸟、鱼、虫市场	6	2752	2607	190658	407998
花卉市场	4	2194	2091	150126	346008
鸟市场					
观赏鱼市场					
其他花鸟鱼虫市场	2	558	516	40532	61990
旧货市场	7	5671	5066	134990	194324
古玩、古董、字画市场	1	507	300	13120	10000
邮票、硬币市场					
其他旧货市场	6	5164	4766	121870	184324
其他专业市场	7	4463	3925	438760	1006476

1-6 商品交易市场情况(按经营环境分)

(露天式)

项　目	市场数量(个)	总摊位数(个)	年末出租摊位数(个)	营业面积(平方米)	成交额(万元)
总　计	**536**	**335359**	**290932**	**42966121**	**131806948**
1.综合市场	**97**	**83140**	**69262**	**7381484**	**28707842**
生产资料综合市场	2	6351	5267	264376	267416
工业消费品综合市场	8	4371	3531	208598	133228
农产品综合市场	63	52595	45590	5751347	26821128
其他综合市场	24	19823	14874	1157163	1486070
2.专业市场	**439**	**252219**	**221670**	**35584637**	**103099106**
生产资料市场	123	58234	51485	16903115	41243976
农业生产用具市场	4	2227	2227	463000	1327500
农用生产资料市场					
煤炭市场	1	49	32	405000	433315
木材市场	12	3658	3375	1415913	1613002
建材市场	21	15925	14518	2522955	4115945
化工材料及制品市场	3	2345	2165	319180	1480555
金属材料市场	70	28916	24588	10562570	29003088
机械设备市场	5	2166	1742	495753	1830576
其他生产资料市场	7	2948	2838	718744	1439995
农产品市场	177	116574	99567	10172459	30806752
粮油市场	12	4034	3518	718843	2342085
肉禽蛋市场	14	3861	3686	291450	937824
水产品市场	24	13058	11681	1013195	5613613
蔬菜市场	67	54109	44403	4087770	9274089
干鲜果品市场	30	16649	13196	1811691	6875786
棉麻土畜、烟叶市场	5	6528	6428	383207	415760
其他农产品市场	25	18335	16655	1866303	5347595
食品、饮料及烟酒市场	7	4118	3539	213181	518566
食品饮料市场	3	2055	1551	47553	186208
茶叶市场	2	1671	1596	145160	277000
烟酒市场	2	392	392	20468	55358
其他食品饮料及烟酒市场					
纺织、服装、鞋帽市场	13	13422	11565	764305	5408966
布料及纺织品市场	2	3478	3423	294500	3150201
服装市场	6	6797	5156	101205	208935
鞋帽市场	3	1296	1230	116100	1904551
其他纺织服装鞋帽市场	2	1851	1756	252500	145279
日用品及文化用品市场	3	2060	1978	117100	374642
小商品市场	1	970	900	55000	63666
箱包市场					

1-6 续表 1

(露天式)

项目	市场数量(个)	总摊位数(个)	年末出租摊位数(个)	营业面积(平方米)	成交额(万元)
玩具市场					
文具市场					
图书、报刊杂志市场					
音像制品及电子出版物市场					
体育用品市场					
其他日用品及文化用品市场	2	1090	1078	62100	310976
黄金、珠宝、玉器等首饰市场	1	330	330	56461	5779
电器、通讯器材、电子设备市场					
家电市场					
通讯器材市场					
照相、摄像器材市场					
计算机及辅助设备市场					
其他电器、通讯器材、电子设备市场					
医药、医疗用品及器材市场	2	5546	5530	164750	816974
中药材市场	2	5546	5530	164750	816974
其他医药、医疗用品及器材市场					
家具、五金及装饰材料市场	27	9000	8199	1445893	2689255
家具市场	4	1195	920	397733	165561
装饰材料市场	13	4336	4111	527065	2110022
灯具市场	1	260	180	20000	10800
厨具、盥洗设备市场					
五金材料市场	6	2358	2137	339477	314497
其他装修市场	3	851	851	161618	88375
汽车、摩托车及零配件市场	62	19014	16815	3271098	15436036
汽车市场	53	15443	14147	2860240	14638589
摩托车市场					
机动车零配件市场	9	3571	2668	410858	797447
花、鸟、鱼、虫市场	3	4010	3860	580390	2354386
花卉市场	2	3850	3700	568390	2308386
鸟市场					
观赏鱼市场					
其他花鸟鱼虫市场	1	160	160	12000	46000
旧货市场					
古玩、古董、字画市场					
邮票、硬币市场					
其他旧货市场					
其他专业市场	21	19911	18802	1895885	3443774

1-6 续表 2

(封闭式)

项　　目	市场数量(个)	总摊位数(个)	年末出租摊位数(个)	营业面积(平方米)	成交额(万元)
总　计	**3024**	**2838126**	**2401778**	**201431303**	**818025232**
1.综合市场	**922**	**1036283**	**880579**	**58973872**	**195965345**
生产资料综合市场	31	35884	32603	4617178	7022289
工业消费品综合市场	186	381322	329721	22406872	67437314
农产品综合市场	492	307081	262167	14122856	79419013
其他综合市场	213	311996	256088	17826966	42086729
2.专业市场	**2102**	**1801843**	**1521199**	**142457431**	**622059887**
生产资料市场	325	201505	162808	27810127	196233079
农业生产用具市场	6	1978	1314	682708	395877
农用生产资料市场	16	3356	2912	464242	1058061
煤炭市场	2	2716	2716	1400	1156300
木材市场	11	4944	4524	877385	961147
建材市场	148	100086	73673	13425024	11888608
化工材料及制品市场	14	11408	9820	1148745	28542587
金属材料市场	70	41739	36326	7123120	139138096
机械设备市场	34	20656	18474	2387386	6462131
其他生产资料市场	24	14622	13049	1700117	6630272
农产品市场	488	320643	288944	22023800	132570347
粮油市场	59	19178	16653	1991747	14717473
肉禽蛋市场	65	33968	29591	2888356	17524160
水产品市场	83	44870	42059	3040666	31835459
蔬菜市场	113	102508	97208	7759474	22596094
干鲜果品市场	55	40115	36517	2611627	21010010
棉麻土畜、烟叶市场	5	15294	11184	812834	4264194
其他农产品市场	108	64710	55732	2919096	20622957
食品、饮料及烟酒市场	82	57346	40631	2635913	9705593
食品饮料市场	20	12975	10946	512387	1791769
茶叶市场	26	20067	9962	864737	2245653
烟酒市场	6	2237	1918	205800	994965
其他食品饮料及烟酒市场	30	22067	17805	1052989	4673206
纺织、服装、鞋帽市场	393	637319	560821	31879148	148275663
布料及纺织品市场	48	105280	89337	9633707	66422993
服装市场	258	398361	356756	18282501	61097969
鞋帽市场	30	23270	18416	1075047	2986102
其他纺织服装鞋帽市场	57	110408	96312	2887893	17768599
日用品及文化用品市场	68	63341	53577	3219987	17910625
小商品市场	32	29164	22502	1351273	5080597
箱包市场	5	12000	11354	700740	7055163

1-6 续表 3

(封闭式)

项目	市场数量(个)	总摊位数(个)	年末出租摊位数(个)	营业面积(平方米)	成交额(万元)
玩具市场	2	710	710	72750	287220
文具市场	2	643	638	73000	74000
图书、报刊杂志市场	4	707	696	56174	324077
音像制品及电子出版物市场	1	163	101	6500	32234
体育用品市场	1	324	275	12800	19630
其他日用品及文化用品市场	21	19630	17301	946750	5037704
黄金、珠宝、玉器等首饰市场	21	26176	20383	1319583	8348073
电器、通讯器材、电子设备市场	95	47924	40116	1880640	5033959
家电市场	26	6844	5612	393162	1026380
通讯器材市场	16	10309	8975	333748	689709
照相、摄像器材市场	2	458	406	16320	63226
计算机及辅助设备市场	44	25412	21081	987575	2685334
其他电器、通讯器材、电子设备市场	7	4901	4042	149835	569310
医药、医疗用品及器材市场	17	70419	40561	2654486	14581735
中药材市场	17	70419	40561	2654486	14581735
其他医药、医疗用品及器材市场					
家具、五金及装饰材料市场	434	284804	240974	38088225	46677101
家具市场	150	85550	73928	16056798	15890205
装饰材料市场	171	111949	91784	14110368	15935569
灯具市场	9	5421	5116	792545	1568360
厨具、盥洗设备市场	3	1246	1222	115808	160903
五金材料市场	52	44367	35659	3174735	8650205
其他装修市场	49	36271	33265	3837971	4471859
汽车、摩托车及零配件市场	145	64823	53072	9525943	36882394
汽车市场	99	36861	29041	7284797	29973608
摩托车市场	6	2679	2295	177826	341317
机动车零配件市场	40	25283	21736	2063320	6567469
花、鸟、鱼、虫市场	14	17915	10562	742088	2373505
花卉市场	12	17417	10064	703488	2309805
鸟市场					
观赏鱼市场					
其他花鸟鱼虫市场	2	498	498	38600	63700
旧货市场	6	2468	1895	109730	138895
古玩、古董、字画市场	1	507	300	13120	10000
邮票、硬币市场					
其他旧货市场	5	1961	1595	96610	128895
其他专业市场	14	7160	6855	567761	3328918

1-6 续表 4

(其他)

项　目	市场数量（个）	总摊位数（个）	年末出租摊位数（个）	营业面积（平方米）	成交额（万元）
总　计	**477**	**410969**	**353221**	**40076240**	**170335583**
1.综合市场	**175**	**194194**	**168946**	**12973346**	**44278905**
生产资料综合市场	7	19799	16954	3124396	8428915
工业消费品综合市场	23	40694	37675	2612447	5006887
农产品综合市场	79	70732	61484	4975504	24745578
其他综合市场	66	62969	52833	2260999	6097525
2.专业市场	**302**	**216775**	**184275**	**27102894**	**126056678**
生产资料市场	62	40651	36459	10520248	68866470
农业生产用具市场	1	520	445	52700	51325
农用生产资料市场					
煤炭市场					
木材市场	9	3213	2919	734654	992618
建材市场	22	20103	18015	7364431	2956233
化工材料及制品市场	5	3838	2802	460993	13109691
金属材料市场	21	11199	10508	1865711	43231403
机械设备市场	1	682	682	4200	120000
其他生产资料市场	3	1096	1088	37559	8405200
农产品市场	131	98584	82121	7297652	34476028
粮油市场	10	2293	2156	546027	2113389
肉禽蛋市场	14	7997	6678	575031	2580400
水产品市场	20	12705	11365	529281	5132781
蔬菜市场	44	38390	31047	3081526	6927789
干鲜果品市场	20	15832	12808	1471467	10825662
棉麻土畜、烟叶市场	1	500	500	17000	50000
其他农产品市场	22	20867	17567	1077320	6846007
食品、饮料及烟酒市场	9	5445	3851	482899	1300179
食品饮料市场	3	2008	1219	106370	106894
茶叶市场	1	1397	1126	246558	557096
烟酒市场					
其他食品饮料及烟酒市场	5	2040	1506	129971	636189
纺织、服装、鞋帽市场	15	21287	19060	1381963	3763937
布料及纺织品市场	4	6106	5296	555500	2235186
服装市场	10	14297	12930	806703	1478086
鞋帽市场					
其他纺织服装鞋帽市场	1	884	834	19760	50665
日用品及文化用品市场	3	6326	2966	310000	676475
小商品市场	2	2326	2326	60000	654577
箱包市场					

1-6 续表 5

(其他)

项目	市场数量(个)	总摊位数(个)	年末出租摊位数(个)	营业面积(平方米)	成交额(万元)
玩具市场	1	4000	640	250000	21898
文具市场					
图书、报刊杂志市场					
音像制品及电子出版物市场					
体育用品市场					
其他日用品及文化用品市场					
黄金、珠宝、玉器等首饰市场	2	1785	1304	673500	78013
电器、通讯器材、电子设备市场	3	4968	4537	1040253	605240
家电市场	3	4968	4537	1040253	605240
通讯器材市场					
照相、摄像器材市场					
计算机及辅助设备市场					
其他电器、通讯器材、电子设备市场					
医药、医疗用品及器材市场	2	1635	1297	374000	1131300
中药材市场	2	1635	1297	374000	1131300
其他医药、医疗用品及器材市场					
家具、五金及装饰材料市场	33	20522	18217	2876370	2677976
家具市场	4	3978	3456	424640	124576
装饰材料市场	13	6251	5835	779654	861612
灯具市场	3	1575	1234	215290	627395
厨具、盥洗设备市场					
五金材料市场	9	5522	4952	849119	615838
其他装修市场	4	3196	2740	607667	448555
汽车、摩托车及零配件市场	32	4823	4486	1398551	9406286
汽车市场	25	2297	1968	1202551	8992238
摩托车市场	1	785	785	50000	39480
机动车零配件市场	6	1741	1733	146000	374568
花、鸟、鱼、虫市场	6	7258	6524	555140	2906244
花卉市场	5	6860	6168	526608	2890254
鸟市场					
观赏鱼市场					
其他花鸟鱼虫市场	1	398	356	28532	15990
旧货市场	2	3325	3293	52100	93439
古玩、古董、字画市场					
邮票、硬币市场					
其他旧货市场	2	3325	3293	52100	93439
其他专业市场	2	166	160	140218	75091

1-7 商品交易市场成交情况(按摊位分)

摊　　位	摊位数 (个)	成交额 (万元)
总　计	**3045931**	**1120167763**
1.粮油、食品类	882099	337357458
其中：粮油类	78528	43162562
肉禽蛋类	117747	45682426
水产品类	126661	66606852
蔬菜类	326150	78165612
干鲜果品类	161232	85494891
2.饮料类	43016	10652704
3.烟酒类	30902	9845073
4.服装、鞋帽、针纺织品类	812537	184519752
(1)服装类	503654	75276839
(2)鞋帽类	108317	16143441
(3)针纺织品类	200566	93099472
5.化妆品类	20834	2620056
6.金银珠宝类	33707	11449794
7.日用品类	149744	31325684
8.五金、电料类	109094	24017441
9.体育、娱乐用品类	10078	1569577
其中：照相器材类	944	95633
10.书报杂志类	2738	1145469
11.电子出版物及音像制品类	2872	459035
12.家用电器和音像器材类	32307	6154295
13.中西药品类	32435	16626366
其中：西药类	1625	502248
中草药及中成药类	30134	15886278
14.文化办公用品类	47433	8555367
其中：计算机及其配套产品	20679	2343243
15.家具类	106759	21876531
16.通讯器材类	16373	2757898
17.煤炭及制品类	3053	2704574
18.木材及制品类	21677	5929855
19.石油及制品类	1223	15130238
20.化工材料及制品类	21120	43466186
其中：化肥类	2357	714841
21.金属材料类	84519	214971519
22.建筑及装潢材料类	260140	47312790
23.机电产品及设备类	51212	15699568
其中：农机类	3812	1844173
24.汽车类	71210	63169173
25.种子饲料类	4542	855603
26.棉麻类	2678	3105196
27.其他类	191629	36890561

1-8　商品交易市场成交情况(按摊位与营业状态分)

(常年营业)

摊　　位	年末出租摊位数(个)	成交额(万元)
总　计	**3028379**	**1113980354**
1.粮油、食品类	868034	332626306
其中：粮油类	78510	43136422
肉禽蛋类	117722	45682276
水产品类	126312	66547017
蔬菜类	319790	74579707
干鲜果品类	156851	84556496
2.饮料类	42559	9898026
3.烟酒类	30871	9843078
4.服装、鞋帽、针纺织品类	811255	184228433
(1)服装类	502530	74987511
(2)鞋帽类	108238	16142142
(3)针纺织品类	200487	93098780
5.化妆品类	20831	2618976
6.金银珠宝类	33706	11449764
7.日用品类	149690	31321850
8.五金、电料类	108501	23966945
9.体育、娱乐用品类	10078	1569577
其中：照相器材类	944	95633
10.书报杂志类	2738	1145469
11.电子出版物及音像制品类	2842	458915
12.家用电器和音像器材类	32307	6154295
13.中西药品类	32405	16614915
其中：西药类	1625	502248
中草药及中成药类	30106	15874878
14.文化办公用品类	47408	8553465
其中：计算机及其配套产品	20679	2343243
15.家具类	106757	21876495
16.通讯器材类	16373	2757898
17.煤炭及制品类	3038	2704381
18.木材及制品类	21512	5805871
19.石油及制品类	1223	15130238
20.化工材料及制品类	21113	43463817
其中：化肥类	2357	714841
21.金属材料类	84519	214971519
22.建筑及装潢材料类	259540	47176214
23.机电产品及设备类	51212	15699568
其中：农机类	3812	1844173
24.汽车类	71210	63169173
25.种子饲料类	4508	850742
26.棉麻类	2676	3104448
27.其他类	191473	36819976

1-8 续表 1

(季节性营业)

摊 位	年末出租摊位数（个）	成交额（万元）
总 计	**16190**	**5951146**
1.粮油、食品类	13384	4652258
其中：粮油类	18	26140
肉禽蛋类	25	150
水产品类	349	59835
蔬菜类	6357	3584705
干鲜果品类	4320	928695
2.饮料类	424	746825
3.烟酒类	20	359
4.服装、鞋帽、针纺织品类	1021	287474
(1)服装类	953	286779
(2)鞋帽类	28	580
(3)针纺织品类	40	115
5.化妆品类		
6.金银珠宝类	1	30
7.日用品类	18	240
8.五金、电料类	536	45363
9.体育、娱乐用品类		
其中：照相器材类		
10.书报杂志类		
11.电子出版物及音像制品类		
12.家用电器和音像器材类		
13.中西药品类	28	11400
其中：西药类		
中草药及中成药类	28	11400
14.文化办公用品类		
其中：计算机及其配套产品		
15.家具类	2	36
16.通讯器材类		
17.煤炭及制品类		
18.木材及制品类		
19.石油及制品类		
20.化工材料及制品类		
其中：化肥类		
21.金属材料类		
22.建筑及装潢材料类	600	136576
23.机电产品及设备类		
其中：农机类		
24.汽车类		
25.种子饲料类		
26.棉麻类		
27.其他类	156	70585

1-8 续表 2

(其他)

摊 位	年末出租摊位数 (个)	成交额 (万元)
总 计	**1362**	**236263**
1.粮油、食品类	681	78894
其中：粮油类		
肉禽蛋类		
水产品类		
蔬菜类	3	1200
干鲜果品类	61	9700
2.饮料类	33	7853
3.烟酒类	11	1636
4.服装、鞋帽、针纺织品类	261	3845
(1)服装类	171	2549
(2)鞋帽类	51	719
(3)针纺织品类	39	577
5.化妆品类	3	1080
6.金银珠宝类		
7.日用品类	36	3594
8.五金、电料类	57	5133
9.体育、娱乐用品类		
其中：照相器材类		
10.书报杂志类		
11.电子出版物及音像制品类	30	120
12.家用电器和音像器材类		
13.中西药品类	2	51
其中：西药类		
中草药及中成药类		
14.文化办公用品类	25	1902
其中：计算机及其配套产品		
15.家具类		
16.通讯器材类		
17.煤炭及制品类	15	193
18.木材及制品类	165	123984
19.石油及制品类		
20.化工材料及制品类	7	2369
其中：化肥类		
21.金属材料类		
22.建筑及装潢材料类		
23.机电产品及设备类		
其中：农机类		
24.汽车类		
25.种子饲料类	34	4861
26.棉麻类	2	748
27.其他类		

1-9 商品交易市场成交情况(按摊位与经营方式分)

(批发为主)

摊　　位	年末出租摊位数(个)	成交额(万元)
总　计	**2182603**	**987334091**
1.粮油、食品类	619905	306636533
其中：粮油类	53384	40332312
肉禽蛋类	61384	36570796
水产品类	80491	59443109
蔬菜类	243465	72001682
干鲜果品类	136550	82932844
2.饮料类	32317	9633195
3.烟酒类	20507	8737425
4.服装、鞋帽、针纺织品类	588136	170404824
(1)服装类	348502	65340117
(2)鞋帽类	71046	13797399
(3)针纺织品类	168588	91267308
5.化妆品类	13486	1993101
6.金银珠宝类	20459	10317307
7.日用品类	111350	28111923
8.五金、电料类	88149	21758007
9.体育、娱乐用品类	6979	1350240
其中：照相器材类	499	35667
10.书报杂志类	1726	974412
11.电子出版物及音像制品类	1588	306998
12.家用电器和音像器材类	24624	5034172
13.中西药品类	26230	15703846
其中：西药类	1208	451482
中草药及中成药类	24720	15055704
14.文化办公用品类	27354	6300750
其中：计算机及其配套产品	6576	548066
15.家具类	52867	12796380
16.通讯器材类	9086	2078796
17.煤炭及制品类	2931	2693281
18.木材及制品类	18257	5387892
19.石油及制品类	1195	15121144
20.化工材料及制品类	19830	43380985
其中：化肥类	1363	683648
21.金属材料类	81907	214396718
22.建筑及装潢材料类	169213	34656083
23.机电产品及设备类	47574	15395055
其中：农机类	3438	1795312
24.汽车类	32427	16364696
25.种子饲料类	3632	801568
26.棉麻类	2120	3079407
27.其他类	158754	33919353

1-9　续表

(零售为主)

摊　　位	年末出租摊位数 (个)	成交额 (万元)
总　计	**863328**	**132833672**
1.粮油、食品类	262194	30720925
其中：粮油类	25144	2830250
肉禽蛋类	56363	9111630
水产品类	46170	7163743
蔬菜类	82685	6163930
干鲜果品类	24682	2562047
2.饮料类	10699	1019509
3.烟酒类	10395	1107648
4.服装、鞋帽、针纺织品类	224401	14114928
(1)服装类	155152	9936722
(2)鞋帽类	37271	2346042
(3)针纺织品类	31978	1832164
5.化妆品类	7348	626955
6.金银珠宝类	13248	1132487
7.日用品类	38394	3213761
8.五金、电料类	20945	2259434
9.体育、娱乐用品类	3099	219337
其中：照相器材类	445	59966
10.书报杂志类	1012	171057
11.电子出版物及音像制品类	1284	152037
12.家用电器和音像器材类	7683	1120123
13.中西药品类	6205	922520
其中：西药类	417	50766
中草药及中成药类	5414	830574
14.文化办公用品类	20079	2254617
其中：计算机及其配套产品	14103	1795177
15.家具类	53892	9080151
16.通讯器材类	7287	679102
17.煤炭及制品类	122	11293
18.木材及制品类	3420	541963
19.石油及制品类	28	9094
20.化工材料及制品类	1290	85201
其中：化肥类	994	31193
21.金属材料类	2612	574801
22.建筑及装潢材料类	90927	12656707
23.机电产品及设备类	3638	304513
其中：农机类	374	48861
24.汽车类	38783	46804477
25.种子饲料类	910	54035
26.棉麻类	558	25789
27.其他类	32875	2971208

1-10 商品交易市场成交情况(按摊位与经营环境分)

(露天式)

摊位	年末出租摊位数(个)	成交额(万元)
总计	**290932**	**131806948**
1.粮油、食品类	134860	56841500
其中：粮油类	9008	4354781
肉禽蛋类	11918	3986918
水产品类	14843	6962035
蔬菜类	68406	17603560
干鲜果品类	24685	22708045
2.饮料类	3824	679585
3.烟酒类	3274	531435
4.服装、鞋帽、针纺织品类	17281	5571962
(1)服装类	7956	330707
(2)鞋帽类	3974	2001983
(3)针纺织品类	5351	3239272
5.化妆品类	1653	105914
6.金银珠宝类	160	5280
7.日用品类	4290	567177
8.五金、电料类	4243	512858
9.体育、娱乐用品类	297	15572
其中：照相器材类	16	335
10.书报杂志类	129	6579
11.电子出版物及音像制品类	210	12565
12.家用电器和音像器材类	687	92454
13.中西药品类	5282	832137
其中：西药类	81	2690
中草药及中成药类	5114	814429
14.文化办公用品类	728	66285
其中：计算机及其配套产品	90	1328
15.家具类	1585	249880
16.通讯器材类	157	68297
17.煤炭及制品类	121	552002
18.木材及制品类	3797	1643272
19.石油及制品类	5	1158
20.化工材料及制品类	3368	1688117
其中：化肥类	987	36365
21.金属材料类	24621	28918496
22.建筑及装潢材料类	21062	6531097
23.机电产品及设备类	4598	2862514
其中：农机类	1594	923211
24.汽车类	18389	16431650
25.种子饲料类	930	70836
26.棉麻类	241	3530
27.其他类	35140	6944796

1-10　续表 1

(封闭式)

摊　　位	年末出租摊位数 (个)	成交额 (万元)
总　计	**2401778**	**818025232**
1.粮油、食品类	595963	220310260
其中：粮油类	57847	31804470
肉禽蛋类	84802	33278489
水产品类	87846	49787047
蔬菜类	199711	46221893
干鲜果品类	108425	44305222
2.饮料类	33085	8695725
3.烟酒类	23045	8401797
4.服装、鞋帽、针纺织品类	748098	172427236
(1)服装类	468539	72270287
(2)鞋帽类	96903	13349425
(3)针纺织品类	182656	86807524
5.化妆品类	17474	2250288
6.金银珠宝类	29728	10926506
7.日用品类	129811	27513572
8.五金、电料类	89697	20443295
9.体育、娱乐用品类	8652	1456758
其中：照相器材类	911	90566
10.书报杂志类	2198	1124329
11.电子出版物及音像制品类	2375	426225
12.家用电器和音像器材类	27804	5044859
13.中西药品类	25377	14439181
其中：西药类	1367	302664
中草药及中成药类	23590	13933505
14.文化办公用品类	45104	8220599
其中：计算机及其配套产品	20547	2330165
15.家具类	97389	19802710
16.通讯器材类	15478	2552323
17.煤炭及制品类	2887	2146017
18.木材及制品类	13461	2962151
19.石油及制品类	654	6788350
20.化工材料及制品类	14637	28601481
其中：化肥类	1292	663210
21.金属材料类	47479	141115921
22.建筑及装潢材料类	212923	36015513
23.机电产品及设备类	39655	10777023
其中：农机类	1763	824554
24.汽车类	48359	37166929
25.种子饲料类	2998	720090
26.棉麻类	2087	3073849
27.其他类	125360	24622245

1-10 续表 2

(其他)

摊 位	年末出租摊位数(个)	成交额(万元)
总 计	**353221**	**170335583**
1.粮油、食品类	151276	60205698
其中：粮油类	11673	7003311
肉禽蛋类	21027	8417019
水产品类	23972	9857770
蔬菜类	58033	14340159
干鲜果品类	28122	18481624
2.饮料类	6107	1277394
3.烟酒类	4583	911841
4.服装、鞋帽、针纺织品类	47158	6520554
(1)服装类	27159	2675845
(2)鞋帽类	7440	792033
(3)针纺织品类	12559	3052676
5.化妆品类	1707	263854
6.金银珠宝类	3819	518008
7.日用品类	15643	3244935
8.五金、电料类	15154	3061288
9.体育、娱乐用品类	1129	97247
其中：照相器材类	17	4732
10.书报杂志类	411	14561
11.电子出版物及音像制品类	287	20245
12.家用电器和音像器材类	3816	1016982
13.中西药品类	1776	1355048
其中：西药类	177	196894
中草药及中成药类	1430	1138344
14.文化办公用品类	1601	268483
其中：计算机及其配套产品	42	11750
15.家具类	7785	1823941
16.通讯器材类	738	137278
17.煤炭及制品类	45	6555
18.木材及制品类	4419	1324432
19.石油及制品类	564	8340730
20.化工材料及制品类	3115	13176588
其中：化肥类	78	15266
21.金属材料类	12419	44937102
22.建筑及装潢材料类	26155	4766180
23.机电产品及设备类	6959	2060031
其中：农机类	455	96408
24.汽车类	4462	9570594
25.种子饲料类	614	64677
26.棉麻类	350	27817
27.其他类	31129	5323520

第二部分　地区篇

简要说明：

本篇资料的主要内容为亿元以上商品交易市场分地区的情况，包括按照省（区、市）、东中西部及东北地区、36城市、三大地带等，以及按照市场类别、摊位类别、经营方式、经营状态和经营环境的分组数据。

(一)省、自治区、直辖市

2-1 商品交易市场总体情况

地区	市场数量(个)	总摊位数(个)	年末出租摊位数(个)	营业面积(平方米)	成交额(万元)
全国	**4037**	**3584454**	**3045931**	**284473664**	**1120167763**
北京	86	72842	62397	5851250	41080412
天津	42	33812	26679	3108775	10728080
河北	190	291491	249798	23602821	59824318
山西	30	28067	24840	2511492	6886436
内蒙古	50	36960	31780	4213612	6566268
辽宁	155	165061	145764	8211314	40006373
吉林	46	44335	39660	3562794	4375907
黑龙江	56	44149	36400	3212567	8010668
上海	118	57883	48625	4145421	101162393
江苏	447	378261	324803	37212291	212592462
浙江	668	470583	416955	31740405	182916034
安徽	111	137602	113685	12742116	29253409
福建	109	49044	43062	3077703	14883949
江西	109	103463	94551	8268580	22100602
山东	371	314052	285694	31438014	85440859
河南	128	139698	105670	11669209	32315739
湖北	117	84322	70727	6746325	23088044
湖南	303	206475	169828	11088042	43390770
广东	286	248428	193947	17901812	54958039
广西	67	74132	65190	3437168	12769283
海南	8	5087	5080	551838	1521600
重庆	135	103117	91296	7609206	37817606
四川	109	162481	126170	12169419	30619864
贵州	54	63460	46626	5076834	15536628
云南	29	58593	43576	1955654	4657093
西藏	3	3213	2868	35000	268990
陕西	51	42099	37112	4075274	8918120
甘肃	27	28423	26458	2087682	3556503
青海	9	7341	6810	606005	1085518
宁夏	35	26698	24003	2940220	2741373
新疆	88	103282	85877	13624821	21094423

2-2 按部分市场类别分各地区商品交易市场情况

(综合市场)

地 区	市场数量(个)	总摊位数(个)	年末出租摊位数(个)	营业面积(平方米)	成交额(万元)
全 国	**1194**	**1313617**	**1118787**	**79328702**	**268952092**
北 京	26	32243	28493	2323703	25946389
天 津	11	8284	6722	750702	3197589
河 北	56	73178	65932	4735823	12889266
山 西	12	17649	16452	1712687	5616798
内蒙古	10	11928	8746	1032108	2510320
辽 宁	41	43786	38016	1587232	5284827
吉 林	15	21623	19253	1959386	883927
黑龙江	16	11305	9231	803010	2501141
上 海	36	21603	17467	1020263	5568077
江 苏	90	94946	81548	7697851	28213345
浙 江	231	169348	153367	10860004	43541758
安 徽	43	70445	63289	6836410	13838970
福 建	48	25061	20820	790972	4474318
江 西	40	53176	48715	2178071	12314098
山 东	75	107982	98273	6028299	13528185
河 南	30	59934	40744	2865306	8752404
湖 北	36	25736	22435	2016027	6943009
湖 南	122	106006	92211	4211646	18421706
广 东	67	73394	50048	2582669	9224952
广 西	20	37476	30615	1018950	3610785
海 南	2	2381	2374	137760	357656
重 庆	39	58435	51377	3006588	15624885
四 川	45	60465	53875	3505829	11610956
贵 州	13	41708	27839	2266477	5127235
云 南	9	8140	6630	181065	379827
西 藏	3	3213	2868	35000	268990
陕 西	6	5778	4962	227743	178413
甘 肃	9	6693	6095	843167	976662
青 海					
宁 夏	9	5671	4349	354627	406171
新 疆	34	56030	46041	5759327	6759433

2-2 续表 1

(生产资料综合市场)

地 区	市场数量(个)	总摊位数(个)	年末出租摊位数(个)	营业面积(平方米)	成交额(万元)
全 国	**40**	**62034**	**54824**	**8005950**	**15718620**
北 京					
天 津					
河 北	3	1834	1834	436200	1021757
山 西	1	120	100	23000	11200
内 蒙 古					
辽 宁	3	2400	1625	46000	84648
吉 林	1	5000	3916	200000	141695
黑 龙 江					
上 海					
江 苏	5	10715	10316	1460920	1379580
浙 江	8	7371	6164	832335	5753259
安 徽	2	10699	9979	2280000	2331263
福 建	1	200	200	5100	10300
江 西	1	3420	3420	130243	106760
山 东	3	2197	2151	140809	243469
河 南					
湖 北	2	6577	6005	1080000	3133877
湖 南	1	174	174	6200	22179
广 东					
广 西					
海 南					
重 庆	2	1690	1690	254123	351127
四 川	2	2189	2108	127000	308100
贵 州	1	3206	1328	391266	409580
云 南	1	173	147	10920	10303
西 藏					
陕 西					
甘 肃					
青 海					
宁 夏					
新 疆	3	4069	3667	581834	399523

2-2　续表 2

(工业消费品综合市场)

地　区	市场数量（个）	总摊位数（个）	年末出租摊位数（个）	营业面积（平方米）	成交额（万元）
全　国	**217**	**426387**	**370927**	**25227917**	**72577429**
北　京	5	3085	2478	86427	141396
天　津	1	432	432	9300	45075
河　北	10	17891	15826	1370642	4832736
山　西	1	460	201	59720	10331
内蒙古	1	3315	2491	121000	42945
辽　宁	10	17457	15590	395608	570203
吉　林	5	9043	8877	1373289	356362
黑龙江	7	5415	4629	100550	270637
上　海	1	1033	848	38000	47911
江　苏	14	26296	23791	1970154	5595727
浙　江	22	80305	79171	6566827	19964776
安　徽	10	28953	27645	2488501	2170273
福　建	3	5705	3598	71638	860369
江　西	6	13167	11805	279620	3475329
山　东	23	42707	37731	2668374	7230137
河　南	10	12439	10443	422783	1123171
湖　北	5	4526	3600	365421	591978
湖　南	25	34828	30389	1269143	10100250
广　东	15	40525	23856	1365026	2880621
广　西	1	5340	3923	200000	100545
海　南					
重　庆	13	34120	30174	1729852	8599640
四　川	10	21186	18032	1026025	2234599
贵　州					
云　南					
西　藏					
陕　西	2	2780	2033	94000	37172
甘　肃	5	4630	4251	390657	577855
青　海					
宁　夏	1	362	360	48742	18714
新　疆	11	10387	8753	716618	698677

2-2　续表 3

(农产品综合市场)

地　区	市场数量(个)	总摊位数(个)	年末出租摊位数(个)	营业面积(平方米)	成交额(万元)
全　国	**634**	**430408**	**369241**	**24849707**	**130985719**
北　京	19	26533	23535	2191776	25769477
天　津	5	4088	3466	450000	2565747
河　北	27	37577	34969	1672435	4759566
山　西	7	3503	3448	399347	1297530
内蒙古	7	5072	3468	674446	2143232
辽　宁	16	7623	6686	406180	1117807
吉　林	4	2361	1492	180730	244750
黑龙江	7	4976	3697	494000	2174287
上　海	29	14148	11986	734214	4789978
江　苏	46	28394	23805	2149181	15928885
浙　江	180	68786	56089	2299877	12142871
安　徽	22	19986	15895	926297	7329136
福　建	36	14710	13012	324008	2091440
江　西	12	10074	8297	448383	5193733
山　东	23	18670	17109	1141131	2212195
河　南	12	15236	14590	1701883	7122785
湖　北	17	7920	6531	310950	1714783
湖　南	40	26420	23944	1360507	5868988
广　东	40	25977	21353	891845	5897047
广　西	12	22511	18959	629434	3077416
海　南	1	1696	1696	130000	310324
重　庆	16	16655	14007	552972	5935597
四　川	25	24904	22349	1641242	8446751
贵　州	6	3639	2916	150564	357632
云　南	2	2236	1593	20573	142558
西　藏	3	3213	2868	35000	268990
陕　西	2	1872	1803	78217	53843
甘　肃	3	1833	1614	448000	388770
青　海					
宁　夏	6	3504	2654	248385	279544
新　疆	9	6291	5410	2158130	1360057

2-2 续表 4

(其他综合市场)

地 区	市场数量（个）	总摊位数（个）	年末出租摊位数（个）	营业面积（平方米）	成交额（万元）
全 国	**303**	**394788**	**323795**	**21245128**	**49670324**
北 京	2	2625	2480	45500	35516
天 津	5	3764	2824	291402	586767
河 北	16	15876	13303	1256546	2275207
山 西	3	13566	12703	1230620	4297737
内 蒙 古	2	3541	2787	236662	324143
辽 宁	12	16306	14115	739444	3512169
吉 林	5	5219	4968	205367	141120
黑 龙 江	2	914	905	208460	56217
上 海	6	6422	4633	248049	730188
江 苏	25	29541	23636	2117596	5309153
浙 江	21	12886	11943	1160965	5680852
安 徽	9	10807	9770	1141612	2008298
福 建	8	4446	4010	390226	1512209
江 西	21	26515	25193	1319825	3538276
山 东	26	44408	41282	2077985	3842384
河 南	8	32259	15711	740640	506448
湖 北	12	6713	6299	259656	1502371
湖 南	56	44584	37704	1575796	2430289
广 东	12	6892	4839	325798	447284
广 西	7	9625	7733	189516	432824
海 南	1	685	678	7760	47332
重 庆	8	5970	5506	469641	738521
四 川	8	12186	11386	711562	621506
贵 州	6	34863	23595	1724647	4360023
云 南	6	5731	4890	149572	226966
西 藏					
陕 西	2	1126	1126	55526	87398
甘 肃	1	230	230	4510	10037
青 海					
宁 夏	2	1805	1335	57500	107913
新 疆	11	35283	28211	2302745	4301176

2-2 续表 5

(专业市场)

地区	市场数量（个）	总摊位数（个）	年末出租摊位数（个）	营业面积（平方米）	成交额（万元）
全国	**2843**	**2270837**	**1927144**	**205144962**	**851215671**
北京	60	40599	33904	3527547	15134023
天津	31	25528	19957	2358073	7530491
河北	134	218313	183866	18866998	46935052
山西	18	10418	8388	798805	1269638
内蒙古	40	25032	23034	3181504	4055948
辽宁	114	121275	107748	6624082	34721546
吉林	31	22712	20407	1603408	3491980
黑龙江	40	32844	27169	2409557	5509527
上海	82	36280	31158	3125158	95594316
江苏	357	283315	243255	29514440	184379117
浙江	437	301235	263588	20880401	139374276
安徽	68	67157	50396	5905706	15414439
福建	61	23983	22242	2286731	10409631
江西	69	50287	45836	6090509	9786504
山东	296	206070	187421	25409715	71912674
河南	98	79764	64926	8803903	23563335
湖北	81	58586	48292	4730298	16145035
湖南	181	100469	77617	6876396	24969064
广东	219	175034	143899	15319143	45733087
广西	47	36656	34575	2418218	9158498
海南	6	2706	2706	414078	1163944
重庆	96	44682	39919	4602618	22192721
四川	64	102016	72295	8663590	19008908
贵州	41	21752	18787	2810357	10409393
云南	20	50453	36946	1774589	4277266
西藏					
陕西	45	36321	32150	3847531	8739707
甘肃	18	21730	20363	1244515	2579841
青海	9	7341	6810	606005	1085518
宁夏	26	21027	19654	2585593	2335202
新疆	54	47252	39836	7865494	14334990

2-2 续表 6

(生产资料市场)

地 区	市场数量 (个)	总摊位数 (个)	年末出租摊位数 (个)	营业面积 (平方米)	成交额 (万元)
全 国	**510**	**300390**	**250752**	**55233490**	**306343525**
北 京	11	2926	2575	375963	800039
天 津	7	3791	3726	268136	2471280
河 北	27	20145	19116	4287235	6012589
山 西					
内蒙古	8	2449	2281	1330446	571348
辽 宁	15	5426	4723	1890957	7467395
吉 林	9	3764	3745	312980	197265
黑龙江	5	5860	5142	913500	1295020
上 海	16	3698	3579	789839	81952746
江 苏	75	55926	44063	7697274	80214352
浙 江	67	29218	26400	3937641	34233708
安 徽	13	6355	5729	1477077	4139528
福 建	7	1853	1770	369728	1645323
江 西	8	7109	6882	729115	544569
山 东	54	25550	22631	8239402	25905205
河 南	19	10763	7627	3199065	5628744
湖 北	15	5543	5085	797673	4432830
湖 南	39	27699	15494	1906076	7500679
广 东	18	11645	9758	2315162	6199971
广 西	12	4909	4264	707811	4180628
海 南	2	945	945	273794	711140
重 庆	25	11477	10318	1463062	10099190
四 川	18	23285	17290	4133485	7505491
贵 州	8	3564	2885	880410	2061394
云 南	5	1259	1040	163784	61867
西 藏					
陕 西	10	8482	7754	1393854	1363215
甘 肃	2	472	463	161066	47630
青 海	1	25	25	1000	5991
宁 夏	5	2315	2196	391102	621795
新 疆	9	13937	13246	4826853	8472593

2-2 续表 7

(农用生产资料市场)

地　区	市场数量(个)	总摊位数(个)	年末出租摊位数(个)	营业面积(平方米)	成交额(万元)
全　国	**16**	**3356**	**2912**	**464242**	**1058061**
北　京					
天　津					
河　北					
山　西					
内蒙古	1	209	209	130000	10000
辽　宁					
吉　林	1	60	56	8500	23383
黑龙江					
上　海					
江　苏	2	290	244	110500	309781
浙　江					
安　徽	1	116	85	2340	10073
福　建	1	261	261	7650	56183
江　西					
山　东	1	100	95	1500	16000
河　南	1	100	100	17999	14600
湖　北					
湖　南	1	42	37	29000	50992
广　东					
广　西	2	710	710	52000	196000
海　南					
重　庆	1	380	285	28554	182500
四　川					
贵　州					
云　南	1	318	318	7298	11487
西　藏					
陕　西					
甘　肃					
青　海					
宁　夏	1	185	185	16144	137000
新　疆	2	585	327	52757	40062

2-2 续表 8

(木材市场)

地区	市场数量(个)	总摊位数(个)	年末出租摊位数(个)	营业面积(平方米)	成交额(万元)
全国	**32**	**11815**	**10818**	**3027952**	**3566767**
北京					
天津					
河北					
山西					
内蒙古	1	140	140	393530	43700
辽宁	1	200	200	2800	31560
吉林					
黑龙江					
上海	4	593	572	276898	432056
江苏	5	1374	1179	345358	255092
浙江	6	2280	2107	287896	228370
安徽					
福建					
江西					
山东	6	1689	1635	766068	1379550
河南					
湖北					
湖南	1	550	519	65000	19625
广东	4	3296	2970	588906	721082
广西	1	170	170	100000	17732
海南					
重庆	1	220	118	35000	12005
四川	2	1303	1208	166496	425995
贵州					
云南					
西藏					
陕西					
甘肃					
青海					
宁夏					
新疆					

2-2 续表 9

(建材市场)

地 区	市场数量 (个)	总摊位数 (个)	年末出租摊位数 (个)	营业面积 (平方米)	成交额 (万元)
全 国	**191**	**136114**	**106206**	**23312410**	**18960786**
北 京	8	2252	1972	214402	357946
天 津	1	508	508	186000	99246
河 北	5	1484	1484	251420	174883
山 西					
内蒙古	3	1115	947	178255	158051
辽 宁	3	1348	1162	605497	200182
吉 林	3	638	638	96000	107420
黑龙江	2	4860	4402	472500	663020
上 海	4	966	923	306843	363697
江 苏	30	27090	21129	3898034	3794410
浙 江	14	4204	3866	788480	1688764
安 徽	7	4175	3899	1118979	597121
福 建	4	1462	1406	329078	1186022
江 西	6	6270	6083	408341	380888
山 东	15	10380	8777	1359315	2186931
河 南	9	7195	5261	1533716	1108992
湖 北	10	3389	3019	507273	799862
湖 南	22	19971	8917	1255969	814608
广 东	1	55	36	7300	52000
广 西	5	1291	1280	168180	138170
海 南	1	795	795	68000	161140
重 庆	7	2501	2163	368634	475032
四 川	12	16212	10693	3094810	1180017
贵 州	4	1763	1403	562239	527933
云 南	3	476	411	92979	39362
西 藏					
陕 西	8	7475	6828	1334300	771055
甘 肃	2	472	463	161066	47630
青 海					
宁 夏					
新 疆	2	7767	7741	3944800	886404

2-2 续表 10

(化工材料及制品市场)

地　区	市场数量(个)	总摊位数(个)	年末出租摊位数(个)	营业面积(平方米)	成交额(万元)
全　国	**22**	**17591**	**14787**	**1928918**	**43132833**
北　京					
天　津					
河　北	2	795	775	65380	521780
山　西					
内蒙古					
辽　宁					
吉　林					
黑龙江					
上　海					
江　苏	4	3431	2922	320997	20519608
浙　江	8	4979	4066	607841	10947544
安　徽	1	650	559	3800	41175
福　建					
江　西					
山　东	1	875	875	110000	7537496
河　南					
湖　北					
湖　南	3	1409	917	82880	335630
广　东	3	5452	4673	738020	3229600
广　西					
海　南					
重　庆					
四　川					
贵　州					
云　南					
西　藏					
陕　西					
甘　肃					
青　海					
宁　夏					
新　疆					

2-2 续表 11

(金属材料市场)

地　区	市场数量(个)	总摊位数(个)	年末出租摊位数(个)	营业面积(平方米)	成交额(万元)
全　国	**161**	**81854**	**71422**	**19551401**	**211372587**
北　京	2	394	323	144981	316868
天　津	4	567	502	80736	1215734
河　北	11	13064	12254	2840710	3078756
山　西					
内蒙古	1	72	72	360000	220346
辽　宁	9	3532	3045	1252660	2655573
吉　林	1	874	874	61000	8400
黑龙江	2	840	580	321000	565000
上　海	5	1542	1504	157066	72246239
江　苏	24	17130	13928	2435634	52274628
浙　江	25	11377	10433	1526569	19876766
安　徽	4	1414	1186	351958	3491159
福　建	1	101	81	30300	392768
江　西	1	679	679	46021	38580
山　东	21	7089	5989	4846435	13159454
河　南	8	3108	2011	1591350	4423152
湖　北	5	2154	2066	290400	3632968
湖　南	4	2760	2570	276880	5708070
广　东	9	2122	1368	500936	1548077
广　西	2	1388	1388	247631	3560000
海　南	1	150	150	205794	550000
重　庆	9	4879	4533	671432	8495369
四　川	3	2792	2455	652179	5539479
贵　州	4	1801	1482	318171	1533461
云　南					
西　藏					
陕　西	1	160	121	7300	439060
甘　肃					
青　海	1	25	25	1000	5991
宁　夏	2	1700	1663	242470	396995
新　疆	1	140	140	90788	5999694

2-2 续表 12

(机械设备市场)

地　区	市场数量(个)	总摊位数(个)	年末出租摊位数(个)	营业面积(平方米)	成交额(万元)
全　国	**40**	**23504**	**20898**	**2887339**	**8412707**
北　京					
天　津					
河　北	4	1431	1431	410075	323041
山　西					
内蒙古					
辽　宁					
吉　林					
黑龙江					
上　海	1	187	170	4500	78832
江　苏	7	4892	3075	506251	2770520
浙　江	6	1398	1355	67147	695165
安　徽					
福　建					
江　西	1	160	120	274753	125101
山　东	4	3649	3595	373692	1206021
河　南					
湖　北					
湖　南	4	1727	1721	54230	442737
广　东	1	720	711	480000	649212
广　西	1	500	500	30000	81000
海　南					
重　庆	6	2859	2581	246442	726160
四　川	1	2978	2934	220000	360000
贵　州					
云　南	1	465	311	63507	11018
西　藏					
陕　西	1	847	805	52254	153100
甘　肃					
青　海					
宁　夏	1	296	214	32488	24800
新　疆	1	1395	1375	72000	766000

2-2 续表 13

(其他生产资料市场)

地区	市场数量(个)	总摊位数(个)	年末出租摊位数(个)	营业面积(平方米)	成交额(万元)
全国	**34**	**18666**	**16975**	**2456420**	**16475467**
北京	1	280	280	16580	125225
天津					
河北	2	1071	878	43450	486752
山西					
内蒙古	1	703	703	195661	119251
辽宁	2	346	316	30000	4580080
吉林	4	2192	2177	147480	58062
黑龙江	1	160	160	120000	67000
上海	2	410	410	44532	8831922
江苏	2	1199	1141	27800	238988
浙江	7	4931	4541	254708	363784
安徽					
福建	1	29	22	2700	10350
江西					
山东	5	1685	1582	702392	406253
河南					
湖北					
湖南	2	670	659	34117	32860
广东					
广西	1	850	216	110000	187726
海南					
重庆	1	638	638	113000	208124
四川					
贵州					
云南					
西藏					
陕西					
甘肃					
青海					
宁夏					
新疆	2	3502	3252	614000	759090

2-2 续表 14

(农产品市场)

地区	市场数量(个)	总摊位数(个)	年末出租摊位数(个)	营业面积(平方米)	成交额(万元)
全国	**796**	**535801**	**470632**	**39493911**	**197853127**
北京	7	6290	3661	635125	3396907
天津	11	9402	6519	1012266	2829429
河北	49	100166	86073	4226700	15058242
山西	5	2615	2433	247080	709699
内蒙古	15	11187	10652	1162104	2090375
辽宁	30	11695	9680	1169527	8720686
吉林	8	4527	4241	368838	989008
黑龙江	10	3798	3357	574282	2290459
上海	25	12610	10248	729945	6333302
江苏	113	56739	49786	3603286	28672598
浙江	117	54374	47200	2996633	25294721
安徽	21	13537	11237	1011691	2648457
福建	29	9077	8422	721594	5255306
江西	19	11047	10536	700338	3053025
山东	87	72399	66903	7152362	22239487
河南	23	18453	16786	1749308	12138651
湖北	14	9604	8459	746899	4106814
湖南	40	17857	15301	671912	7377652
广东	59	29488	25357	2812020	15821094
广西	14	14872	14299	738557	2612463
海南	3	1230	1230	102284	371904
重庆	17	7176	6321	373744	3221106
四川	14	8548	8251	574702	5251688
贵州	15	8716	7756	846993	5249208
云南	4	1899	1838	180330	740546
西藏					
陕西	10	10183	8386	759077	4570889
甘肃	9	8512	7619	393449	1177748
青海	4	3554	3023	464348	899000
宁夏	10	9153	8452	1352466	1299041
新疆	14	7093	6606	1416051	3433622

2-2 续表 15

(粮油市场)

地 区	市场数量(个)	总摊位数(个)	年末出租摊位数(个)	营业面积(平方米)	成交额(万元)
全 国	**81**	**25505**	**22327**	**3256617**	**19172947**
北 京					
天 津	3	1003	833	174410	546960
河 北	2	270	113	240000	50319
山 西					
内 蒙 古	2	144	122	186400	134120
辽 宁	3	498	475	173000	350186
吉 林	1	56	56	30000	70000
黑 龙 江	1	83	74	14000	178500
上 海	9	1025	939	47385	253868
江 苏	11	8050	7462	991346	9052030
浙 江	20	4560	3432	434709	3270793
安 徽					
福 建	1	268	268	31700	71500
江 西	2	1380	1373	37762	351392
山 东	7	2360	1700	340068	1333515
河 南					
湖 北	1	403	399	31500	25612
湖 南	3	746	712	40406	560772
广 东	5	1006	811	244927	519533
广 西					
海 南					
重 庆					
四 川	3	1682	1631	56000	299577
贵 州	2	413	402	40900	1400565
云 南	1	912	912	60500	286958
西 藏					
陕 西	1	270	270	11444	320650
甘 肃	1	130	130	38000	52389
青 海					
宁 夏	1	38	38	7160	13708
新 疆	1	208	175	25000	30000

2-2 续表 16

(肉禽蛋市场)

地　区	市场数量(个)	总摊位数(个)	年末出租摊位数(个)	营业面积(平方米)	成交额(万元)
全　国	**93**	**45826**	**39955**	**3754837**	**21042384**
北　京	1	58	54	1100	16591
天　津					
河　北	3	1146	722	235000	1092863
山　西					
内蒙古	1	550	393	16000	15100
辽　宁	3	496	346	7200	82177
吉　林					
黑龙江	1	555	488	4815	106209
上　海	4	1146	886	19450	175070
江　苏	23	8422	6767	455014	5582619
浙　江	9	2793	2733	107202	2049581
安　徽	3	1266	810	125827	249798
福　建	2	593	489	9300	66392
江　西	4	1118	1118	67800	701956
山　东	4	2484	2390	82060	139121
河　南	1	643	643	35200	47058
湖　北					
湖　南	6	2234	1224	37674	101564
广　东	9	8233	7317	1162356	4945572
广　西	5	7726	7557	103992	651011
海　南					
重　庆	4	1885	1691	102406	2079777
四　川	2	2455	2452	87977	2381943
贵　州	2	478	426	40902	58284
云　南	1	424	363	3830	71688
西　藏					
陕　西					
甘　肃					
青　海					
宁　夏	1	59	54	65000	60889
新　疆	4	1062	1032	984732	367121

2-2 续表 17

(水产品市场)

地　区	市场数量（个）	总摊位数（个）	年末出租摊位数（个）	营业面积（平方米）	成交额（万元）
全　国	**127**	**70633**	**65105**	**4583142**	**42581853**
北　京	3	1979	1636	59025	1013910
天　津					
河　北	4	2639	2489	68000	117545
山　西					
内蒙古					
辽　宁	6	4148	3846	255200	5103229
吉　林	1	1261	1261	120601	608385
黑龙江	1	30	30	7779	21100
上　海	3	3664	3564	289500	2735233
江　苏	18	5799	5297	467293	2388233
浙　江	31	15437	13861	637306	6338437
安　徽	1	397	397	52000	128094
福　建	9	3147	3023	293220	3501445
江　西	1	820	811	43000	483673
山　东	20	15093	14001	986948	6295550
河　南	2	1095	1095	87424	1299115
湖　北	3	3334	2579	348712	2475280
湖　南	4	3591	3576	211709	5503755
广　东	14	4108	3859	281655	2856328
广　西	1	371	319	13000	38599
海　南					
重　庆	1	380	230	98000	65000
四　川					
贵　州	1	172	172	8037	485000
云　南					
西　藏					
陕　西	1	1800	1800	123333	900000
甘　肃					
青　海					
宁　夏	1	413	413	31400	168942
新　疆	1	955	846	100000	55000

2-2 续表 18

(蔬菜市场)

地 区	市场数量(个)	总摊位数(个)	年末出租摊位数(个)	营业面积(平方米)	成交额(万元)
全 国	**224**	**195007**	**172658**	**14928770**	**38797972**
北 京	2	1753	1711	340000	2271500
天 津	6	6995	4282	538630	872007
河 北	28	59646	50441	2357356	3368056
山 西	3	2208	2026	206200	622699
内蒙古	4	5484	5322	274104	700652
辽 宁	7	1678	1608	309660	527032
吉 林	1	395	367	28000	77477
黑龙江	4	1934	1708	300000	1612884
上 海	2	467	467	52110	872413
江 苏	11	4208	3996	344170	1874957
浙 江	21	12402	9992	742278	2967768
安 徽	11	6896	6497	564506	1113100
福 建	5	1677	1601	229758	669142
江 西	6	2336	2215	325636	790340
山 东	36	41316	38140	4422910	8847582
河 南	14	5888	5051	425884	877022
湖 北	3	521	487	53200	69948
湖 南	8	3689	3584	156232	542007
广 东	11	5827	5315	528017	1923793
广 西	3	2123	2047	305000	702077
海 南	1	435	435	49284	216060
重 庆	6	1941	1938	77879	445965
四 川	4	2699	2599	311800	1775428
贵 州	3	2610	2601	121558	662360
云 南	2	563	563	116000	381900
西 藏					
陕 西	4	2555	2353	298000	1364368
甘 肃	7	7728	6913	314249	404559
青 海	2	2414	2414	277000	857679
宁 夏	3	3349	2950	629206	178670
新 疆	6	3270	3035	230143	1208527

2-2 续表 19

(干鲜果品市场)

地区	市场数量（个）	总摊位数（个）	年末出租摊位数（个）	营业面积（平方米）	成交额（万元）
全国	**105**	**72596**	**62521**	**5894785**	**38711458**
北京	1	2500	260	235000	94906
天津					
河北	7	19074	18925	830854	9487978
山西	2	407	407	40880	87000
内蒙古					
辽宁	4	2240	787	232000	2444026
吉林	2	340	304	47700	115192
黑龙江	2	496	357	107688	236766
上海	2	628	508	150510	1215160
江苏	6	3837	2934	216961	729772
浙江	15	7265	6766	510674	6218297
安徽					
福建	5	976	960	89316	643202
江西	3	797	673	62700	199851
山东	15	7993	7745	1043220	4264479
河南	2	670	640	57000	110300
湖北	4	4157	4129	255287	1414156
湖南	7	2074	1221	115770	289965
广东	7	3365	2515	496971	4796298
广西	2	889	765	82050	128302
海南	1	380	380	50000	139286
重庆	2	1173	1153	60787	447450
四川	3	710	567	39300	201184
贵州	4	1211	1067	136596	1063016
云南					
西藏					
陕西	3	4378	2783	286300	1735871
甘肃					
青海	1	740	459	71145	11321
宁夏	3	4698	4698	599900	864706
新疆	2	1598	1518	76176	1772974

2-2 续表 20

(其他农产品市场)

地　区	市场数量（个）	总摊位数（个）	年末出租摊位数（个）	营业面积（平方米）	成交额（万元）
全　国	**155**	**103912**	**89954**	**5862719**	**32816559**
北　京					
天　津	2	1404	1404	299226	1410462
河　北	3	1282	1246	135400	51091
山　西					
内蒙古	6	3909	3815	568600	1140503
辽　宁	5	1407	1390	109200	123276
吉　林	3	2475	2253	142537	117954
黑龙江					
上　海	5	5680	3884	170990	1081558
江　苏	43	24025	20959	702518	6370543
浙　江	18	11130	9740	477764	3610485
安　徽	6	4978	3533	269358	1157465
福　建	7	2416	2081	68300	303625
江　西	3	4596	4346	163440	525813
山　东	5	3153	2927	277156	1359240
河　南	4	10157	9357	1143800	9805156
湖　北	3	1189	865	58200	121818
湖　南	12	5523	4984	110121	379589
广　东	13	6949	5540	98094	779570
广　西	3	3763	3611	234515	1092474
海　南	1	415	415	3000	16558
重　庆	4	1797	1309	34672	182914
四　川	2	1002	1002	79625	593556
贵　州	3	3832	3088	499000	1579983
云　南					
西　藏					
陕　西	1	1180	1180	40000	250000
甘　肃	1	654	576	41200	720800
青　海	1	400	150	116203	30000
宁　夏	1	596	299	19800	12126
新　疆					

2-2　续表 21

(食品、饮料及烟酒市场)

地　区	市场数量(个)	总摊位数(个)	年末出租摊位数(个)	营业面积(平方米)	成交额(万元)
全　国	**98**	**66909**	**48021**	**3331993**	**11524338**
北　京	2	417	401	25500	54666
天　津	1	3136	1865	266800	475000
河　北	1	628	628	5000	10769
山　西	1	120	99	3000	11372
内蒙古	1	53	53	7800	17795
辽　宁	2	2208	1379	47761	189805
吉　林	1	135	123	1300	11093
黑龙江	5	2900	2436	60400	878640
上　海	2	671	669	43000	30005
江　苏	14	4846	3401	347721	978546
浙　江	15	20238	9289	812185	3499367
安　徽	5	3170	2813	318059	650074
福　建	3	2770	2753	97221	227121
江　西	1	400	400	14000	21049
山　东	10	9722	8508	634010	1778798
河　南	2	533	530	35473	147436
湖　北	5	3831	3612	91189	697486
湖　南	9	4103	3177	109131	502531
广　东	4	1066	922	83560	129921
广　西	4	981	789	30183	181429
海　南					
重　庆	4	2251	1626	68553	244003
四　川	2	315	315	28116	81920
贵　州	1	970	970	23752	445660
云　南	2	1245	1121	171266	242319
西　藏					
陕　西					
甘　肃					
青　海					
宁　夏					
新　疆	1	200	142	7013	17533

2-2 续表 22

(食品饮料市场)

地 区	市场数量(个)	总摊位数(个)	年末出租摊位数(个)	营业面积(平方米)	成交额(万元)
全 国	**26**	**17038**	**13716**	**666310**	**2084871**
北 京					
天 津					
河 北	1	628	628	5000	10769
山 西					
内 蒙 古					
辽 宁	1	1978	1149	30128	159805
吉 林					
黑 龙 江	3	770	697	38000	36172
上 海					
江 苏	3	562	425	62987	90961
浙 江	3	1610	1005	67693	330142
安 徽					
福 建					
江 西					
山 东	4	5744	5625	291580	894331
河 南	2	533	530	35473	147436
湖 北	1	351	351	10500	50835
湖 南	3	2226	1443	42383	129682
广 东	1	400	310	35000	13702
广 西					
海 南					
重 庆	3	2036	1411	40553	203503
四 川					
贵 州					
云 南					
西 藏					
陕 西					
甘 肃					
青 海					
宁 夏					
新 疆	1	200	142	7013	17533

2-2 续表 23

(茶叶市场)

地区	市场数量(个)	总摊位数(个)	年末出租摊位数(个)	营业面积(平方米)	成交额(万元)
全国	**29**	**23135**	**12684**	**1256455**	**3079749**
北京	2	417	401	25500	54666
天津					
河北					
山西					
内蒙古					
辽宁	1	230	230	17633	30000
吉林					
黑龙江					
上海	2	671	669	43000	30005
江苏					
浙江	6	13056	3026	452944	1576236
安徽	2	1254	1245	260900	258813
福建	1	2501	2501	55000	123024
江西					
山东	2	800	670	90000	197320
河南					
湖北	2	1320	1255	7444	186621
湖南	1	205	194	15592	11956
广东	3	666	612	48560	116219
广西	2	240	230	12500	130150
海南					
重庆	1	215	215	28000	40500
四川	2	315	315	28116	81920
贵州					
云南	2	1245	1121	171266	242319
西藏					
陕西					
甘肃					
青海					
宁夏					
新疆					

2-2 续表 24

(其他食品饮料及烟酒市场)

地　区	市场数量(个)	总摊位数(个)	年末出租摊位数(个)	营业面积(平方米)	成交额(万元)
全　国	**35**	**24107**	**19311**	**1182960**	**5309395**
北　京					
天　津	1	3136	1865	266800	475000
河　北					
山　西	1	120	99	3000	11372
内蒙古	1	53	53	7800	17795
辽　宁					
吉　林	1	135	123	1300	11093
黑龙江	2	2130	1739	22400	842468
上　海					
江　苏	10	4084	2790	281534	853542
浙　江	4	5092	4782	163248	1092125
安　徽	2	1351	1216	12159	215425
福　建	2	269	252	42221	104097
江　西					
山　东	3	2818	1930	236430	431779
河　南					
湖　北	2	2160	2006	73245	460030
湖　南	3	1048	927	31388	297730
广　东					
广　西	2	741	559	17683	51279
海　南					
重　庆					
四　川					
贵　州	1	970	970	23752	445660
云　南					
西　藏					
陕　西					
甘　肃					
青　海					
宁　夏					
新　疆					

2-2　续表 25

（纺织、服装、鞋帽市场）

地　区	市场数量（个）	总摊位数（个）	年末出租摊位数（个）	营业面积（平方米）	成交额（万元）
全　国	**421**	**672028**	**591446**	**34025416**	**157448566**
北　京	7	11150	9941	348059	305282
天　津	2	2806	2701	39800	140843
河　北	17	45277	36859	3299973	8378012
山　西	9	6525	4786	370727	427164
内蒙古	7	6291	5639	205600	300881
辽　宁	20	56540	51441	1107609	12529117
吉　林	6	7075	6805	133880	231684
黑龙江	13	16756	13124	616000	682762
上　海	8	7518	6261	221224	509972
江　苏	31	80764	73567	7671148	51717448
浙　江	68	114391	109740	5910574	45947286
安　徽	6	10033	9061	383126	777761
福　建	5	5506	4980	299809	1090501
江　西	7	4001	3957	138402	563722
山　东	38	35771	33861	1572431	5664868
河　南	21	26371	23430	1419373	2563066
湖　北	18	24991	20067	1242223	1279271
湖　南	31	25158	20882	754225	1740964
广　东	52	75822	58573	4403339	12873842
广　西	8	10741	10604	398581	673593
海　南					
重　庆	6	3626	3546	243027	2263869
四　川	10	15854	15183	582600	1153413
贵　州	2	3830	3178	205000	632097
云　南	3	34521	28738	838110	2458543
西　藏					
陕　西	5	8403	7683	448382	1286790
甘　肃	2	5910	5620	425000	300319
青　海	2	2534	2534	109708	76977
宁　夏	3	5496	5195	120000	156109
新　疆	14	18367	13490	517486	722410

2-2 续表 26

(布料及纺织品市场)

地　区	市场数量(个)	总摊位数(个)	年末出租摊位数(个)	营业面积(平方米)	成交额(万元)
全　国	**54**	**114864**	**98056**	**10483707**	**71808380**
北　京					
天　津					
河　北	2	2965	1383	310000	584648
山　西					
内 蒙 古					
辽　宁	1	2600	2239	30000	308400
吉　林					
黑 龙 江	3	3153	2847	61000	92295
上　海	1	2560	1942	98000	26592
江　苏	7	20130	19129	3580472	30972920
浙　江	18	43290	41750	2990088	30735412
安　徽	1	2600	2495	60000	71523
福　建	1	420	420	34440	191240
江　西					
山　东	5	2346	2106	208800	566853
河　南	2	1806	906	69300	33200
湖　北	2	235	217	10674	20121
湖　南	1	280	258	12000	52249
广　东	9	31912	22055	2978933	8126996
广　西					
海　南					
重　庆					
四　川	1	567	309	40000	25931
贵　州					
云　南					
西　藏					
陕　西					
甘　肃					
青　海					
宁　夏					
新　疆					

2-2　续表 27

(服装市场)

地　　区	市场数量(个)	总摊位数(个)	年末出租摊位数(个)	营业面积(平方米)	成交额(万元)
全　　国	**274**	**419455**	**374842**	**19190409**	**62784990**
北　　京	6	10705	9496	330059	272536
天　　津	2	2806	2701	39800	140843
河　　北	13	41117	34437	2961948	7230134
山　　西	8	6185	4446	341727	416164
内 蒙 古	5	4535	3989	105600	159280
辽　　宁	13	17056	16162	632575	1436240
吉　　林	3	4061	4061	71600	177765
黑 龙 江	7	6113	5412	481000	304999
上　　海	7	4958	4319	123224	483380
江　　苏	13	43082	39096	3521688	17398198
浙　　江	41	67025	64649	2744301	14497199
安　　徽	4	6733	5988	298998	696223
福　　建	3	4286	4210	165369	869261
江　　西	5	3147	3109	110402	233392
山　　东	21	25296	24124	870670	4288386
河　　南	16	21750	19759	1071073	1947052
湖　　北	12	11762	9816	658505	876422
湖　　南	25	18250	14825	590386	1153681
广　　东	37	37878	31670	1215272	4073125
广　　西	5	7962	7904	325621	557371
海　　南					
重　　庆	2	1317	1317	101391	209525
四　　川	6	14019	13606	494000	977922
贵　　州	1	2210	2210	125000	493531
云　　南	3	34521	28738	838110	2458543
西　　藏					
陕　　西	3	5195	4527	213200	655219
甘　　肃	2	5910	5620	425000	300319
青　　海	1	213	213	9600	10573
宁　　夏					
新　　疆	10	11363	8438	324290	467707

2-2 续表 28

(鞋帽市场)

地 区	市场数量(个)	总摊位数(个)	年末出租摊位数(个)	营业面积(平方米)	成交额(万元)
全 国	**33**	**24566**	**19646**	**1191147**	**4890653**
北 京					
天 津					
河 北	1	535	496	8025	353320
山 西	1	340	340	29000	11000
内蒙古					
辽 宁	2	2750	1900	16500	78818
吉 林					
黑龙江	2	3300	1880	24000	53600
上 海					
江 苏	2	881	665	151150	105600
浙 江	4	1135	1066	106615	557740
安 徽					
福 建	1	800	350	100000	30000
江 西	1	486	486	14500	16150
山 东	5	2742	2441	105941	462219
河 南	1	600	550	16000	375000
湖 北	2	720	574	50000	43600
湖 南	2	910	685	28000	43673
广 东	5	5232	4130	197134	605635
广 西					
海 南					
重 庆	1	536	536	80100	1505951
四 川	1	391	391	29000	16776
贵 州					
云 南					
西 藏					
陕 西	2	3208	3156	235182	631571
甘 肃					
青 海					
宁 夏					
新 疆					

2-2 续表 29

(其他纺织服装鞋帽市场)

地　区	市场数量 (个)	总摊位数 (个)	年末出租摊位数 (个)	营业面积 (平方米)	成交额 (万元)
全　国	**60**	**113143**	**98902**	**3160153**	**17964543**
北　京	1	445	445	18000	32746
天　津					
河　北	1	660	543	20000	209910
山　西					
内蒙古	2	1756	1650	100000	141601
辽　宁	4	34134	31140	428534	10705659
吉　林	3	3014	2744	62280	53919
黑龙江	1	4190	2985	50000	231868
上　海					
江　苏	9	16671	14677	417838	3240730
浙　江	5	2941	2275	69570	156935
安　徽	1	700	578	24128	10015
福　建					
江　西	1	368	362	13500	314180
山　东	7	5387	5190	387020	347410
河　南	2	2215	2215	263000	207814
湖　北	2	12274	9460	523044	339128
湖　南	3	5718	5114	123839	491361
广　东	1	800	718	12000	68086
广　西	3	2779	2700	72960	116222
海　南					
重　庆	3	1773	1693	61536	548393
四　川	2	877	877	19600	132784
贵　州	1	1620	968	80000	138566
云　南					
西　藏					
陕　西					
甘　肃					
青　海	1	2321	2321	100108	66404
宁　夏	3	5496	5195	120000	156109
新　疆	4	7004	5052	193196	254703

2-2 续表 30

(日用品及文化用品市场)

地区	市场数量(个)	总摊位数(个)	年末出租摊位数(个)	营业面积(平方米)	成交额(万元)
全国	**74**	**71727**	**58521**	**3647087**	**18961742**
北京					
天津					
河北	3	15035	12784	298937	7226321
山西					
内蒙古					
辽宁	3	4822	3657	224000	1001345
吉林					
黑龙江					
上海	2	97	85	10000	2177650
江苏	8	7257	5678	401148	1190053
浙江	7	6938	5397	271100	603780
安徽					
福建					
江西	1	251	251	200000	51000
山东	14	12079	10646	782828	3329702
河南	4	4624	1225	305000	64422
湖北	3	1101	1096	101676	571009
湖南	4	718	634	34785	252086
广东	20	16912	15208	945052	2204798
广西					
海南					
重庆	4	1360	1343	47161	268431
四川					
贵州					
云南					
西藏					
陕西					
甘肃					
青海					
宁夏					
新疆	1	533	517	25400	21145

2-2　续表 31

(小商品市场)

地　区	市场数量(个)	总摊位数(个)	年末出租摊位数(个)	营业面积(平方米)	成交额(万元)
全　国	**35**	**32460**	**25728**	**1466273**	**5798840**
北　京					
天　津					
河　北	2	9085	6910	142597	2150521
山　西					
内蒙古					
辽　宁	1	1777	742	150000	132000
吉　林					
黑龙江					
上　海	1	27	15	5000	21650
江　苏	4	2625	1360	80448	161273
浙　江	1	632	632	21600	127759
安　徽					
福　建					
江　西	1	251	251	200000	51000
山　东	9	9596	8163	569428	2648396
河　南	2	474	435	48000	30524
湖　北	1	326	326	4000	31877
湖　南					
广　东	12	7134	6377	219800	422695
广　西					
海　南					
重　庆					
四　川					
贵　州					
云　南					
西　藏					
陕　西					
甘　肃					
青　海					
宁　夏					
新　疆	1	533	517	25400	21145

2-2 续表 32

(其他日用品及文化用品市场)

地区	市场数量(个)	总摊位数(个)	年末出租摊位数(个)	营业面积(平方米)	成交额(万元)
全国	**23**	**20720**	**18379**	**1008850**	**5348680**
北京					
天津					
河北					
山西					
内蒙古					
辽宁	1	1495	1495	45000	17402
吉林					
黑龙江					
上海	1	70	70	5000	2156000
江苏	3	4566	4258	315700	1015780
浙江	6	6306	4765	249500	476021
安徽					
福建					
江西					
山东	1	1020	1020	60000	300000
河南					
湖北	2	775	770	97676	539132
湖南	1	70	58	2100	10976
广东	4	5058	4600	186713	564938
广西					
海南					
重庆	4	1360	1343	47161	268431
四川					
贵州					
云南					
西藏					
陕西					
甘肃					
青海					
宁夏					
新疆					

2-2 续表 33

(黄金、珠宝、玉器等首饰市场)

地 区	市场数量 (个)	总摊位数 (个)	年末出租摊位数 (个)	营业面积 (平方米)	成交额 (万元)
全 国	**24**	**28291**	**22017**	**2049544**	**8431865**
北 京	2	833	460	18829	111238
天 津					
河 北					
山 西					
内蒙古					
辽 宁	3	2180	1680	38180	62324
吉 林					
黑龙江					
上 海					
江 苏	2	5400	4686	188350	1695120
浙 江	2	2740	1750	126973	3136421
安 徽					
福 建	4	1862	1857	242569	1040743
江 西	1	70	65	30927	38200
山 东	2	2049	987	546600	1198405
河 南	1	102	101	8000	43723
湖 北					
湖 南	1	50	50	20000	471578
广 东	5	12675	10051	772655	628334
广 西					
海 南					
重 庆					
四 川					
贵 州					
云 南					
西 藏					
陕 西					
甘 肃					
青 海					
宁 夏					
新 疆	1	330	330	56461	5779

2-2 续表 34

(电器、通讯器材、电子设备市场)

地 区	市场数量(个)	总摊位数(个)	年末出租摊位数(个)	营业面积(平方米)	成交额(万元)
全 国	**98**	**52892**	**44653**	**2920893**	**5639199**
北 京	3	3055	2707	60075	557875
天 津					
河 北	1	300	300	36000	44235
山 西					
内蒙古	1	416	416	15845	33625
辽 宁	2	2228	1811	79000	324097
吉 林	1	203	203	6109	74100
黑龙江	2	1720	1420	60000	251000
上 海	2	426	356	10689	57709
江 苏	6	3135	2596	80431	254349
浙 江	19	7112	5231	265021	611204
安 徽	1	3902	3521	875253	9570
福 建	1	719	560	38000	95724
江 西	2	1239	966	53994	47782
山 东	7	3094	2825	267900	757577
河 南	5	4034	3873	311238	567546
湖 北	2	701	648	33000	193355
湖 南	14	4389	3345	203062	749993
广 东	11	9354	7729	153250	277038
广 西	1	780	780	20678	81380
海 南					
重 庆	8	2450	1944	161068	340942
四 川	1	78	60	4000	12825
贵 州	2	652	478	39800	105183
云 南					
西 藏					
陕 西	4	2295	2295	129021	145953
甘 肃					
青 海					
宁 夏	1	280	280	6800	35047
新 疆	1	330	309	10659	11090

2-2　续表 35

(家电市场)

地　区	市场数量 (个)	总摊位数 (个)	年末出租摊位数 (个)	营业面积 (平方米)	成交额 (万元)
全　国	**29**	**11812**	**10149**	**1433415**	**1631620**
北　京					
天　津					
河　北					
山　西					
内蒙古					
辽　宁	1	728	500	24000	15793
吉　林					
黑龙江					
上　海					
江　苏	1	400	381	11000	51206
浙　江	4	391	342	47828	147975
安　徽	1	3902	3521	875253	9570
福　建					
江　西	2	1239	966	53994	47782
山　东	3	1152	1066	169000	540150
河　南	3	709	548	79428	201146
湖　北					
湖　南	8	1453	1326	105812	495452
广　东	5	1809	1471	52100	102429
广　西					
海　南					
重　庆	1	29	28	15000	20117
四　川					
贵　州					
云　南					
西　藏					
陕　西					
甘　肃					
青　海					
宁　夏					
新　疆					

2-2 续表 36

(通讯器材市场)

地　区	市场数量(个)	总摊位数(个)	年末出租摊位数(个)	营业面积(平方米)	成交额(万元)
全　国	**16**	**10309**	**8975**	**333748**	**689709**
北　京					
天　津					
河　北	1	300	300	36000	44235
山　西					
内蒙古					
辽　宁					
吉　林					
黑龙江					
上　海					
江　苏	1	1604	1400	44232	40000
浙　江	3	1022	1001	43866	45974
安　徽					
福　建					
江　西					
山　东					
河　南					
湖　北	2	701	648	33000	193355
湖　南	1	450	146	1250	12600
广　东	3	3592	2949	25600	93583
广　西					
海　南					
重　庆	3	1213	1104	84000	236662
四　川					
贵　州					
云　南					
西　藏					
陕　西	2	1427	1427	65800	23300
甘　肃					
青　海					
宁　夏					
新　疆					

2-2 续表 37

(计算机及辅助设备市场)

地区	市场数量(个)	总摊位数(个)	年末出租摊位数(个)	营业面积(平方米)	成交额(万元)
全国	**44**	**25412**	**21081**	**987575**	**2685334**
北京	1	1283	1283	29800	255084
天津					
河北					
山西					
内蒙古	1	416	416	15845	33625
辽宁	1	1500	1311	55000	308304
吉林	1	203	203	6109	74100
黑龙江	2	1720	1420	60000	251000
上海	1	179	161	2889	21483
江苏	4	1131	815	25199	163143
浙江	10	4101	2563	122047	293812
安徽					
福建	1	719	560	38000	95724
江西					
山东	4	1942	1759	98900	217427
河南	1	2918	2918	215810	350000
湖北					
湖南	4	1806	1246	84000	188651
广东	3	3953	3309	75550	81026
广西	1	780	780	20678	81380
海南					
重庆	3	1053	742	50068	78060
四川	1	78	60	4000	12825
贵州	1	152	78	3000	10900
云南					
西藏					
陕西	2	868	868	63221	122653
甘肃					
青海					
宁夏	1	280	280	6800	35047
新疆	1	330	309	10659	11090

2-2 续表 38

(医药、医疗用品及器材市场)

地　区	市场数量(个)	总摊位数(个)	年末出租摊位数(个)	营业面积(平方米)	成交额(万元)
全　国	**21**	**77600**	**47388**	**3193236**	**16530009**
北　京					
天　津					
河　北	1	12000	7000	360000	3500000
山　西					
内蒙古					
辽　宁	1	724	355	93900	172479
吉　林	2	1540	1496	95000	800000
黑龙江					
上　海	1	190	155	8000	19000
江　苏					
浙　江	2	1828	1309	86540	135334
安　徽	1	5660	5460	67601	4000000
福　建	1	28	28	1500	11400
江　西	1	700	362	19000	970000
山　东	1	968	806	60000	42510
河　南	2	3046	930	114950	266974
湖　北					
湖　南	2	1786	1747	477652	830691
广　东	2	1342	1332	361093	172511
广　西	1	1116	1000	23000	960000
海　南					
重　庆					
四　川	1	41612	20348	1255000	3837610
贵　州					
云　南					
西　藏					
陕　西					
甘　肃	1	5000	5000	150000	800000
青　海	1	60	60	20000	11500
宁　夏					
新　疆					

2-2 续表 39

(中药材市场)

地区	市场数量(个)	总摊位数(个)	年末出租摊位数(个)	营业面积(平方米)	成交额(万元)
全国	**21**	**77600**	**47388**	**3193236**	**16530009**
北京					
天津					
河北	1	12000	7000	360000	3500000
山西					
内蒙古					
辽宁	1	724	355	93900	172479
吉林	2	1540	1496	95000	800000
黑龙江					
上海	1	190	155	8000	19000
江苏					
浙江	2	1828	1309	86540	135334
安徽	1	5660	5460	67601	4000000
福建	1	28	28	1500	11400
江西	1	700	362	19000	970000
山东	1	968	806	60000	42510
河南	2	3046	930	114950	266974
湖北					
湖南	2	1786	1747	477652	830691
广东	2	1342	1332	361093	172511
广西	1	1116	1000	23000	960000
海南					
重庆					
四川	1	41612	20348	1255000	3837610
贵州					
云南					
西藏					
陕西					
甘肃	1	5000	5000	150000	800000
青海	1	60	60	20000	11500
宁夏					
新疆					

2-2 续表 40

(家具、五金及装饰材料市场)

地区	市场数量(个)	总摊位数(个)	年末出租摊位数(个)	营业面积(平方米)	成交额(万元)
全国	**494**	**314326**	**267390**	**42410488**	**52044332**
北京	15	8324	7197	1258468	1434959
天津	6	4271	4106	496123	1166700
河北	21	14065	10762	4722526	3701326
山西	3	1158	1070	177998	121403
内蒙古	3	670	670	96000	116424
辽宁	22	13526	12503	1008858	1144116
吉林	2	2102	2002	349301	69850
黑龙江	4	805	685	153500	82796
上海	13	8444	8105	953103	635922
江苏	81	53875	45869	6817028	8160333
浙江	73	48282	44200	4815049	10489172
安徽	14	20992	9227	1292991	1247824
福建	6	1736	1446	423230	466170
江西	20	21732	19187	3018512	3435458
山东	42	30581	27194	3686835	5359343
河南	13	7565	6779	1235550	955497
湖北	19	9877	6965	1218678	2162912
湖南	32	14882	13578	1774892	2798865
广东	25	10816	9393	2489161	2364235
广西	5	2866	2533	463608	381723
海南	1	531	531	38000	80900
重庆	23	10301	9281	1448540	2508684
四川	12	10037	8822	1765278	640071
贵州	5	1681	1659	370884	313029
云南	4	1417	1145	323234	123851
西藏					
陕西	14	5335	4435	1078450	1182160
甘肃	4	1836	1661	115000	254144
青海	1	1168	1168	10949	92050
宁夏	6	2951	2851	515225	212710
新疆	5	2500	2366	293517	341705

2-2 续表 41

(家具市场)

地区	市场数量(个)	总摊位数(个)	年末出租摊位数(个)	营业面积(平方米)	成交额(万元)
全国	**158**	**90723**	**78304**	**16879171**	**16180342**
北京	9	4620	4276	891180	475886
天津	1	418	267	48381	18319
河北	7	8171	4974	3487518	2138948
山西	1	531	531	134192	61398
内蒙古	3	670	670	96000	116424
辽宁	11	4398	3623	523457	569409
吉林	1	802	802	150000	8250
黑龙江	2	345	276	101000	40652
上海	2	349	349	160859	48537
江苏	26	15330	12387	1954836	2162137
浙江	26	15360	14786	1977357	4266452
安徽	3	419	418	143865	61950
福建	2	710	584	213000	230735
江西	12	13530	11816	2086634	1984829
山东	8	5124	4745	660385	539903
河南	2	2375	2232	500000	397086
湖北	4	829	729	132014	80159
湖南	7	1191	1123	162000	109331
广东	4	1226	1061	427625	147668
广西	2	1476	1148	208108	236916
海南					
重庆	4	2438	1912	571058	1155059
四川	6	5768	5403	1097338	292122
贵州	2	442	442	123884	34415
云南	2	645	445	187116	70409
西藏					
陕西	7	2202	2121	615095	699119
甘肃	1	120	120	40000	161780
青海					
宁夏	2	724	624	142213	54449
新疆	1	510	440	44056	18000

2-2 续表 42

(装饰材料市场)

地　区	市场数量(个)	总摊位数(个)	年末出租摊位数(个)	营业面积(平方米)	成交额(万元)
全　国	**197**	**122536**	**101730**	**15417087**	**18907203**
北　京	4	1974	1811	282288	912385
天　津	2	570	570	42000	38400
河　北	8	2552	2552	476084	444799
山　西	2	627	539	43806	60005
内蒙古					
辽　宁	8	5492	5244	294401	439620
吉　林					
黑龙江	1	80	80	30000	20500
上　海	4	3448	3157	308904	388199
江　苏	33	21119	18783	3093913	2614654
浙　江	23	15248	14227	1538003	2261118
安　徽	8	15545	4523	942013	1060496
福　建	3	621	457	47500	133562
江　西	6	7286	6793	905192	1216807
山　东	19	9804	8569	1408748	2058559
河　南	4	3524	2975	606800	342115
湖　北	12	5165	4901	938820	1869308
湖　南	17	9965	8876	937517	1867413
广　东	12	4428	3927	1537588	1402493
广　西	2	990	985	205500	76807
海　南	1	531	531	38000	80900
重　庆	15	6430	6074	683937	1058115
四　川	2	1789	1208	181760	26189
贵　州	2	975	962	180000	179402
云　南	1	457	405	75410	40031
西　藏					
陕　西	3	1219	1121	285532	193493
甘　肃	1	459	284	30000	8946
青　海					
宁　夏	2	1507	1507	185541	87175
新　疆	2	731	669	117830	25712

2-2 续表 43

(五金材料市场)

地 区	市场数量(个)	总摊位数(个)	年末出租摊位数(个)	营业面积(平方米)	成交额(万元)
全 国	**67**	**52247**	**42748**	**4363331**	**9580540**
北 京	1	550	334	35000	30203
天 津	3	3283	3269	405742	1109981
河 北	1	2000	1894	320000	826492
山 西					
内蒙古					
辽 宁	1	800	800	100000	15570
吉 林	1	1300	1200	199301	61600
黑龙江					
上 海	1	1820	1820	110000	63719
江 苏	11	9184	6692	525280	1009165
浙 江	9	7558	6734	263901	2357081
安 徽					
福 建					
江 西	1	738	400	11686	219500
山 东	8	7333	6199	631685	1286597
河 南	6	1286	1202	47550	191706
湖 北	3	3883	1335	147844	213445
湖 南	6	3195	3068	550214	770562
广 东	9	5162	4405	523948	814074
广 西	1	400	400	50000	68000
海 南					
重 庆					
四 川	3	2220	2043	406180	276760
贵 州					
云 南					
西 藏					
陕 西	1	800	220	11000	9000
甘 肃					
青 海					
宁 夏					
新 疆	1	735	733	24000	257085

2-2 续表 44

(其他装修市场)

地　区	市场数量(个)	总摊位数(个)	年末出租摊位数(个)	营业面积(平方米)	成交额(万元)
全　国	**56**	**40318**	**36856**	**4607256**	**5008789**
北　京	1	1180	776	50000	16485
天　津					
河　北	5	1342	1342	438924	291087
山　西					
内蒙古					
辽　宁	1	2560	2560	37000	84517
吉　林					
黑龙江	1	380	329	22500	21644
上　海	5	2696	2648	329340	113358
江　苏	10	5242	5021	831999	1340377
浙　江	12	9011	7689	957498	1248221
安　徽	3	5028	4286	207113	125378
福　建	1	405	405	162730	101873
江　西	1	178	178	15000	14322
山　东	5	6984	6359	814409	1066876
河　南					
湖　北					
湖　南	2	531	511	125161	51559
广　东					
广　西					
海　南					
重　庆					
四　川					
贵　州	1	264	255	67000	99212
云　南	1	315	295	60708	13411
西　藏					
陕　西	1	533	533	136823	133007
甘　肃	2	1257	1257	45000	83418
青　海	1	1168	1168	10949	92050
宁　夏	2	720	720	187471	71086
新　疆	1	524	524	107631	40908

2-2　续表 45

(汽车、摩托车及零配件市场)

地　区	市场数量（个）	总摊位数（个）	年末出租摊位数（个）	营业面积（平方米）	成交额（万元）
全　国	**239**	**88660**	**74373**	**14195592**	**61724716**
北　京	11	4299	3657	717892	8425192
天　津	3	1423	344	244648	431988
河　北	9	3939	3731	597967	1217629
山　西					
内蒙古					
辽　宁	10	12123	10947	836990	2682893
吉　林	2	3366	1792	336000	1118980
黑龙江	1	1005	1005	31875	28850
上　海	10	1828	959	256230	3715877
江　苏	18	8215	6888	1734160	4653930
浙　江	57	12196	10102	1395915	14435780
安　徽	5	2020	1960	248518	1420960
福　建	4	380	374	67600	566087
江　西	7	1808	1300	947406	969191
山　东	31	7433	6726	1884437	4012253
河　南	4	1853	1788	197178	1083833
湖　北	5	2938	2360	498960	2701358
湖　南	7	3021	2603	805861	2457955
广　东	21	4316	3978	932631	4913171
广　西	2	391	306	35800	87282
海　南					
重　庆	9	6041	5540	797463	3246496
四　川	6	2287	2026	320409	525890
贵　州	6	1549	1116	333518	1484668
云　南	1	112	64	53333	50140
西　藏					
陕　西	2	1623	1597	38747	190700
甘　肃					
青　海					
宁　夏	1	832	680	200000	10500
新　疆	7	3662	2530	682054	1293113

2-2 续表 46

(汽车市场)

地　区	市场数量(个)	总摊位数(个)	年末出租摊位数(个)	营业面积(平方米)	成交额(万元)
全　国	**177**	**54601**	**45156**	**11347588**	**53604435**
北　京	8	1513	1373	517424	7929300
天　津	3	1423	344	244648	431988
河　北	4	1753	1592	274067	518213
山　西					
内蒙古					
辽　宁	7	10555	9699	670990	2494444
吉　林	2	3366	1792	336000	1118980
黑龙江	1	1005	1005	31875	28850
上　海	7	356	346	157689	3528454
江　苏	13	4770	4032	1396660	3977827
浙　江	51	8924	6932	1112732	13957055
安　徽	3	1234	1233	202355	1282791
福　建	3	260	254	59000	536187
江　西	5	524	367	876300	824191
山　东	22	4122	3755	1656583	3104274
河　南	2	142	108	57178	940329
湖　北	4	938	680	238960	999358
湖　南	3	1295	903	778467	2336002
广　东	12	1005	927	695830	4331528
广　西	1	56	38	26000	79156
海　南					
重　庆	7	4157	4051	635463	2068661
四　川	5	1697	1526	230409	432890
贵　州	5	1287	941	290518	1459668
云　南	1	112	64	53333	50140
西　藏					
陕　西	1	1113	1087	37347	130700
甘　肃					
青　海					
宁　夏	1	832	680	200000	10500
新　疆	6	2162	1427	567760	1032949

2-2 续表 47

(机动车零配件市场)

地区	市场数量(个)	总摊位数(个)	年末出租摊位数(个)	营业面积(平方米)	成交额(万元)
全国	**55**	**30595**	**26137**	**2620178**	**7739484**
北京	3	2786	2284	200468	495892
天津					
河北	4	1401	1354	273900	659936
山西					
内蒙古					
辽宁	3	1568	1248	166000	188449
吉林					
黑龙江					
上海	3	1472	613	98541	187423
江苏	5	3445	2856	337500	676103
浙江	5	3052	2972	267957	448625
安徽	1	689	674	36163	114836
福建	1	120	120	8600	29900
江西	2	1284	933	71106	145000
山东	9	3311	2971	227854	907979
河南	1	491	491	40000	71400
湖北	1	2000	1680	260000	1702000
湖南	3	1599	1573	24594	95299
广东	9	3311	3051	236801	581643
广西					
海南					
重庆	1	1204	1029	122000	996835
四川	1	590	500	90000	93000
贵州	1	262	175	43000	25000
云南					
西藏					
陕西	1	510	510	1400	60000
甘肃					
青海					
宁夏					
新疆	1	1500	1103	114294	260164

2-2 续表 48

(花鸟鱼虫市场)

地　区	市场数量(个)	总摊位数(个)	年末出租摊位数(个)	营业面积(平方米)	成交额(万元)
全　国	**23**	**29183**	**20946**	**1877618**	**7634135**
北　京					
天　津	1	699	696	30300	15251
河　北	1	161	161	19260	29200
山　西					
内蒙古					
辽　宁	2	3660	3660	18300	170000
吉　林					
黑龙江					
上　海	2	558	516	36128	31161
江　苏	3	4562	4370	839000	4152048
浙　江	3	1885	1335	63048	611401
安　徽	1	1200	1100	108390	274586
福　建	1	52	52	25480	11256
江　西					
山　东	2	2350	2350	339960	1150000
河　南	1	1300	950	62000	68000
湖　北					
湖　南	1	458	458	110000	252060
广　东	2	1598	1598	51220	148172
广　西					
海　南					
重　庆					
四　川					
贵　州	1	400	400	100000	105000
云　南	1	10000	3000	44532	600000
西　藏					
陕　西					
甘　肃					
青　海					
宁　夏					
新　疆	1	300	300	30000	16000

2-2 续表 49

(花卉市场)

地区	市场数量(个)	总摊位数(个)	年末出租摊位数(个)	营业面积(平方米)	成交额(万元)
全国	**19**	**28127**	**19932**	**1798486**	**7508445**
北京					
天津	1	699	696	30300	15251
河北	1	161	161	19260	29200
山西					
内蒙古					
辽宁	1	3500	3500	6300	124000
吉林					
黑龙江					
上海	1	160	160	7596	15171
江苏	3	4562	4370	839000	4152048
浙江	2	1585	1035	57668	572701
安徽	1	1200	1100	108390	274586
福建	1	52	52	25480	11256
江西					
山东	2	2350	2350	339960	1150000
河南	1	1300	950	62000	68000
湖北					
湖南	1	458	458	110000	252060
广东	1	1400	1400	18000	123172
广西					
海南					
重庆					
四川					
贵州	1	400	400	100000	105000
云南	1	10000	3000	44532	600000
西藏					
陕西					
甘肃					
青海					
宁夏					
新疆	1	300	300	30000	16000

2-2 续表 50

(旧货市场)

地　区	市场数量(个)	总摊位数(个)	年末出租摊位数(个)	营业面积(平方米)	成交额(万元)
全　国	**8**	**5793**	**5188**	**161830**	**232334**
北　京	1	3283	3283	39000	31339
天　津					
河　北					
山　西					
内蒙古					
辽　宁					
吉　林					
黑龙江					
上　海					
江　苏					
浙　江	5	1253	855	94710	170474
安　徽					
福　建					
江　西	1	750	750	15000	20521
山　东					
河　南	1	507	300	13120	10000
湖　北					
湖　南					
广　东					
广　西					
海　南					
重　庆					
四　川					
贵　州					
云　南					
西　藏					
陕　西					
甘　肃					
青　海					
宁　夏					
新　疆					

2-2 续表 51

(其他专业市场)

地区	市场数量 (个)	总摊位数 (个)	年末出租摊位数 (个)	营业面积 (平方米)	成交额 (万元)
全国	**37**	**27237**	**25817**	**2603864**	**6847783**
北京	1	22	22	48636	16526
天津					
河北	4	6597	6452	1013400	1756729
山西					
内蒙古	5	3966	3323	363709	925500
辽宁	4	6143	5912	109000	257289
吉林					
黑龙江					
上海	1	240	225	67000	130972
江苏	6	2596	2351	134894	2690340
浙江	2	780	780	105012	205628
安徽	1	288	288	123000	245679
福建					
江西	1	1180	1180	223815	71987
山东	8	4074	3984	242950	474526
河南	2	613	607	153648	25443
湖北					
湖南	1	348	348	8800	34010
广东					
广西					
海南					
重庆					
四川					
贵州	1	390	345	10000	13154
云南					
西藏					
陕西					
甘肃					
青海					
宁夏					
新疆					

2-3 商品交易市场情况(按营业状态分)

(常年营业)

地区	市场数量(个)	总摊位数(个)	年末出租摊位数(个)	营业面积(平方米)	成交额(万元)
全国	**3994**	**3553853**	**3028379**	**281890916**	**1113980354**
北京	84	68842	60637	5602250	40970906
天津	42	33812	26679	3108775	10728080
河北	187	291090	249397	23378865	59558659
山西	30	28067	24840	2511492	6886436
内蒙古	47	36651	31536	3990012	6442578
辽宁	153	164596	145299	8147914	39863935
吉林	44	44222	39583	3519094	4354337
黑龙江	54	43930	36219	3066567	7860618
上海	117	57731	48473	4106853	101040386
江苏	443	377082	323739	37167151	212131314
浙江	665	459639	415699	31514319	181941802
安徽	111	137602	113685	12742116	29253409
福建	108	49016	43034	3076203	14872549
江西	108	103153	94241	8208580	22065197
山东	361	306304	278277	30460404	82183148
河南	126	137440	103454	11615881	32274006
湖北	116	83971	70376	6735825	23037209
湖南	300	204850	168687	11051682	43313596
广东	286	248428	193947	17901812	54958039
广西	65	73687	64755	3323168	12587332
海南	8	5087	5080	551838	1521600
重庆	135	103117	91296	7609206	37817606
四川	109	162481	126170	12169419	30619864
贵州	54	63460	46626	5076834	15536628
云南	28	58539	43522	1885654	4496193
西藏	3	3213	2868	35000	268990
陕西	51	42099	37112	4075274	8918120
甘肃	27	28423	26458	2087682	3556503
青海	9	7341	6810	606005	1085518
宁夏	35	26698	24003	2940220	2741373
新疆	88	103282	85877	13624821	21094423

2-3 续表 1

(季节性营业)

地区	市场数量(个)	总摊位数(个)	年末出租摊位数(个)	营业面积(平方米)	成交额(万元)
全国	**39**	**28924**	**16190**	**2500980**	**5951146**
北京	2	4000	1760	249000	109506
天津					
河北	3	401	401	223956	265659
山西					
内蒙古	3	309	244	223600	123690
辽宁	2	465	465	63400	142438
吉林	1	13	13	30000	10670
黑龙江	2	219	181	146000	150050
上海					
江苏	4	1179	1064	45140	461148
浙江	3	10944	1256	226086	974232
安徽					
福建	1	28	28	1500	11400
江西	1	310	310	60000	35405
山东	10	7748	7417	977610	3257711
河南	2	2258	2216	53328	41733
湖北					
湖南	2	551	346	17360	24653
广东					
广西	2	445	435	114000	181951
海南					
重庆					
四川					
贵州					
云南	1	54	54	70000	160900
西藏					
陕西					
甘肃					
青海					
宁夏					
新疆					

2-3 续表 2

(其他)

地 区	市场数量 (个)	总摊位数 (个)	年末出租摊位数 (个)	营业面积 (平方米)	成交额 (万元)
全 国	**4**	**1677**	**1362**	**81768**	**236263**
北 京					
天 津					
河 北					
山 西					
内蒙古					
辽 宁					
吉 林	1	100	64	13700	10900
黑龙江					
上 海	1	152	152	38568	122007
江 苏					
浙 江					
安 徽					
福 建					
江 西					
山 东					
河 南					
湖 北	1	351	351	10500	50835
湖 南	1	1074	795	19000	52521
广 东					
广 西					
海 南					
重 庆					
四 川					
贵 州					
云 南					
西 藏					
陕 西					
甘 肃					
青 海					
宁 夏					
新 疆					

2-4 商品交易市场情况(按经营方式分)

(批发为主)

地 区	市场数量(个)	总摊位数(个)	年末出租摊位数(个)	营业面积(平方米)	成交额(万元)
全 国	**2316**	**2577417**	**2182603**	**220194392**	**987334091**
北 京	30	37326	30484	3179915	30308134
天 津	32	27283	22572	2613446	10269936
河 北	143	256576	220184	21319547	57161193
山 西	25	26029	23066	2114494	6500900
内蒙古	34	23024	20617	3633050	5621114
辽 宁	85	92650	82963	5320353	34554557
吉 林	27	18181	16863	1347943	2488862
黑龙江	28	30611	24753	2112811	6237861
上 海	45	31455	27340	2388188	95007474
江 苏	232	250111	215918	27858038	194381702
浙 江	324	336271	302507	24372747	155168965
安 徽	69	114332	93377	10994412	25689177
福 建	46	25789	22777	2189235	12325173
江 西	63	76988	72505	6030545	19207094
山 东	272	247200	224318	25906709	78747761
河 南	86	105817	75368	9340390	28324695
湖 北	63	59240	49440	4367933	17972390
湖 南	154	116741	92182	7419845	34281178
广 东	194	198307	154494	15023096	48393024
广 西	35	32741	28619	2629579	10734153
海 南	5	3456	3456	503078	1376810
重 庆	72	73225	64835	5509858	33678934
四 川	69	136098	104063	9681208	28583673
贵 州	36	55826	40995	4474742	14169815
云 南	14	49388	36225	1361429	4049754
西 藏	1	2148	2121	10000	215336
陕 西	28	24971	21974	1822203	6770814
甘 肃	20	20739	18974	1811807	2432409
青 海	6	5900	5369	565456	971395
宁 夏	22	17718	16091	2166688	2429087
新 疆	56	81276	68153	12125647	19280721

2-4 续表

(零售为主)

地　区	市场数量(个)	总摊位数(个)	年末出租摊位数(个)	营业面积(平方米)	成交额(万元)
全　国	**1721**	**1007037**	**863328**	**64279272**	**132833672**
北　京	56	35516	31913	2671335	10772278
天　津	10	6529	4107	495329	458144
河　北	47	34915	29614	2283274	2663125
山　西	5	2038	1774	396998	385536
内 蒙 古	16	13936	11163	580562	945154
辽　宁	70	72411	62801	2890961	5451816
吉　林	19	26154	22797	2214851	1887045
黑 龙 江	28	13538	11647	1099756	1772807
上　海	73	26428	21285	1757233	6154919
江　苏	215	128150	108885	9354253	18210760
浙　江	344	134312	114448	7367658	27747069
安　徽	42	23270	20308	1747704	3564232
福　建	63	23255	20285	888468	2558776
江　西	46	26475	22046	2238035	2893508
山　东	99	66852	61376	5531305	6693098
河　南	42	33881	30302	2328819	3991044
湖　北	54	25082	21287	2378392	5115654
湖　南	149	89734	77646	3668197	9109592
广　东	92	50121	39453	2878716	6565015
广　西	32	41391	36571	807589	2035130
海　南	3	1631	1624	48760	144790
重　庆	63	29892	26461	2099348	4138672
四　川	40	26383	22107	2488211	2036191
贵　州	18	7634	5631	602092	1366813
云　南	15	9205	7351	594225	607339
西　藏	2	1065	747	25000	53654
陕　西	23	17128	15138	2253071	2147306
甘　肃	7	7684	7484	275875	1124094
青　海	3	1441	1441	40549	114123
宁　夏	13	8980	7912	773532	312286
新　疆	32	22006	17724	1499174	1813702

2-5 商品交易市场情况(按经营环境分)

(露天式)

地区	市场数量(个)	总摊位数(个)	年末出租摊位数(个)	营业面积(平方米)	成交额(万元)
全国	**536**	**335359**	**290932**	**42966121**	**131806948**
北京	13	13266	10399	2142789	24126212
天津	13	10493	7846	945428	2647403
河北	53	52920	44698	5579787	7628648
山西	4	1878	1619	236800	206692
内蒙古	16	11528	10569	1957439	2146822
辽宁	31	18635	16848	2279927	5231854
吉林	4	6725	5641	313000	181135
黑龙江	6	6734	6460	1002875	1388900
上海	7	3536	2564	387421	2797237
江苏	39	14000	11586	1731572	10478148
浙江	46	18651	17630	1707361	8931404
安徽	14	8610	8179	845033	2925523
福建	6	1092	1034	59787	875192
江西	10	11579	9927	1062685	2808585
山东	90	48764	44042	9779933	17733305
河南	25	15531	11951	1820621	3620160
湖北	15	9303	8551	589719	5185227
湖南	24	15792	13313	734224	6363850
广东	33	11327	9933	1839830	4590936
广西	3	1768	1768	294251	3645000
海南	4	1760	1760	373078	1066486
重庆	10	8450	6270	643560	2912154
四川	18	8235	7068	1018006	4865153
贵州	11	6756	5831	856347	4340994
云南	2	933	872	49830	292688
西藏					
陕西	11	6288	5837	933787	1413109
甘肃	4	8831	8612	562000	1211770
青海	3	1165	634	188348	47312
宁夏	8	5011	3781	790697	354620
新疆	13	5798	5709	2239986	1790429

2-5 续表 1

(封闭式)

地 区	市场数量(个)	总摊位数(个)	年末出租摊位数(个)	营业面积(平方米)	成交额(万元)
全 国	**3024**	**2838126**	**2401778**	**201431303**	**818025232**
北 京	69	53563	46553	3500186	15391687
天 津	27	22428	18460	2040941	7815788
河 北	110	205447	178162	15827200	48374419
山 西	21	21613	19330	2051072	6477266
内蒙古	30	21142	17462	1884373	2801202
辽 宁	115	134868	118018	4826161	30467307
吉 林	38	34394	30903	2805493	4012230
黑龙江	48	36575	29150	2041913	6090668
上 海	90	41748	35660	2538953	83796805
江 苏	350	319989	277388	28886479	150408695
浙 江	568	424270	375607	27662617	153542344
安 徽	77	87879	66227	7135363	17335230
福 建	89	42547	36889	2822417	13251433
江 西	87	83718	77288	6795899	17561956
山 东	248	234828	214721	19284915	61116438
河 南	80	98474	74827	8025061	23651283
湖 北	89	67550	56559	5639975	17324328
湖 南	230	159104	128783	8500634	30404602
广 东	208	203730	155062	12051833	38869230
广 西	43	56658	50003	2022160	5428068
海 南	4	3327	3320	178760	455114
重 庆	116	85311	75747	6345881	28708035
四 川	79	139481	104781	9935333	21791018
贵 州	36	50251	37564	3619121	8883461
云 南	21	53984	39884	1678352	4070482
西 藏	3	3213	2868	35000	268990
陕 西	35	28387	25915	2817087	5711927
甘 肃	14	13151	12429	1194002	1990648
青 海	6	6176	6176	417657	1038206
宁 夏	26	19229	17764	1678623	1903015
新 疆	67	85091	68278	7187842	9083357

2-5 续表 2

(其他)

地区	市场数量(个)	总摊位数(个)	年末出租摊位数(个)	营业面积(平方米)	成交额(万元)
全国	**477**	**410969**	**353221**	**40076240**	**170335583**
北京	4	6013	5445	208275	1562513
天津	2	891	373	122406	264889
河北	27	33124	26938	2195834	3821251
山西	5	4576	3891	223620	202478
内蒙古	4	4290	3749	371800	1618244
辽宁	9	11558	10898	1105226	4307212
吉林	4	3216	3116	444301	182542
黑龙江	2	840	790	167779	531100
上海	21	12599	10401	1219047	14568351
江苏	58	44272	35829	6594240	51705619
浙江	54	27662	23718	2370427	20442286
安徽	20	41113	39279	4761720	8992656
福建	14	5405	5139	195499	757324
江西	12	8166	7336	409996	1730061
山东	33	30460	26931	2373166	6591116
河南	23	25693	18892	1823527	5044296
湖北	13	7469	5617	516631	578489
湖南	49	31579	27732	1853184	6622318
广东	45	33371	28952	4010149	11497873
广西	21	15706	13419	1120757	3696215
海南					
重庆	9	9356	9279	619765	6197417
四川	12	14765	14321	1216080	3963693
贵州	7	6453	3231	601366	2312173
云南	6	3676	2820	227472	293923
西藏					
陕西	5	7424	5360	324400	1793084
甘肃	9	6441	5417	331680	354085
青海					
宁夏	1	2458	2458	470900	483738
新疆	8	12393	11890	4196993	10220637

2-6 商品交易市场成交情况(按摊位分)

地区	粮油、食品类		#粮油类		#肉禽蛋类	
	摊位数(个)	成交额(万元)	摊位数(个)	成交额(万元)	摊位数(个)	成交额(万元)
全国	**882099**	**337357458**	**78528**	**43162562**	**117747**	**45682426**
北京	23407	27086269	1002	1464652	3605	2487790
天津	12302	5917085	1471	810912	1055	634095
河北	108747	19167003	3567	1043262	4903	1541177
山西	6447	2621505	752	362632	492	131441
内蒙古	9573	3119339	592	420004	1032	322267
辽宁	23180	11285879	2345	639660	4048	591607
吉林	7508	1211001	901	107965	1085	69204
黑龙江	8915	4950033	241	65252	914	648232
上海	20900	10905133	2611	844678	3881	1727444
江苏	72324	42075644	9790	13199660	15302	8876745
浙江	102919	37997640	9510	5624138	15533	4740445
安徽	30516	10687136	2002	786065	5336	1733838
福建	20835	7762304	1413	247558	3643	759162
江西	23427	9627667	3000	1419740	3349	1448591
山东	105709	27892011	6316	2364029	9549	2782184
河南	31607	18755567	3588	3230184	2393	1197950
湖北	18844	7028793	2125	770260	2810	883289
湖南	52769	15100515	6132	2572795	7695	1237681
广东	45636	21276835	4806	1609991	10079	4954563
广西	26924	5551847	3969	745247	4728	1014490
海南	2937	698115	37	7233	498	68631
重庆	24222	9912771	1625	774374	2808	1952505
四川	33287	14028090	5257	1083076	5686	3283015
贵州	12603	5935955	1664	1823061	1310	302557
云南	4761	940778	921	249642	1115	195721
西藏	2680	236597	92	10311	352	47803
陕西	10171	4537824	495	442957	1030	441836
甘肃	8694	1495467	335	115970	517	260758
青海	2730	863246	113	14763	205	106627
宁夏	10637	1551959	719	63919	908	174495
新疆	16888	7137450	1137	248572	1886	1066283

2-6　续表 1

地　区	#水产品类 摊位数（个）	#水产品类 成交额（万元）	#蔬菜类 摊位数（个）	#蔬菜类 成交额（万元）	#干鲜果品类 摊位数（个）	#干鲜果品类 成交额（万元）
全　国	**126661**	**66606852**	**326150**	**78165612**	**161232**	**85494891**
北　京	2946	2663664	8092	8119577	5320	12018106
天　津	1232	1532491	6059	1632953	2475	1036634
河　北	4097	699529	66202	4864006	27930	10933477
山　西	240	52671	2706	940021	1538	503348
内蒙古	492	94061	4426	908571	1653	727855
辽　宁	5269	5346428	6705	1277929	3287	3003255
吉　林	980	510106	1424	200242	1030	256614
黑龙江	560	466988	3362	2071992	2331	1340982
上　海	5221	3348521	5704	2091341	3259	2872007
江　苏	13259	7852819	22738	6463480	9710	4884637
浙　江	25177	10609474	32341	6462896	15149	9085283
安　徽	2724	1390342	11338	2841993	6225	2868807
福　建	6293	4438455	5196	939177	2694	1045495
江　西	2339	1008294	7225	2959745	3434	2087841
山　东	22353	7707956	44252	8780238	18415	5121564
河　南	4522	4224645	8570	3656245	5211	3761256
湖　北	2155	1984519	5671	1274206	3051	1369937
湖　南	4312	3578936	13135	3223803	7364	3060930
广　东	8525	3741306	15072	5021717	6650	5858809
广　西	3867	248723	7141	1890867	4129	1174452
海　南	480	33764	1162	385433	760	203054
重　庆	1322	907915	7306	1174117	2722	956950
四　川	2918	1560376	10423	4603671	8109	3340101
贵　州	468	548499	6121	1382716	2742	1858208
云　南	359	87422	1579	366609	358	31901
西　藏	83	15353	1839	97836	314	65294
陕　西	1185	574282	3234	1146786	4171	1927121
甘　肃	526	365347	6201	493537	877	256436
青　海	271	124107	995	367634	1146	250115
宁　夏	842	162683	3554	281615	4582	864451
新　疆	1644	727176	6377	2244659	4596	2729971

2-6 续表 2

地区	饮料类		烟酒类		服装、鞋帽、针纺织品类	
	摊位数(个)	成交额(万元)	摊位数(个)	成交额(万元)	摊位数(个)	成交额(万元)
全国	**43016**	**10652704**	**30902**	**9845073**	**812537**	**184519752**
北京	1081	534042	884	788553	10858	378203
天津	272	105384	278	188053	3450	175770
河北	2302	261912	2171	401301	44191	8655095
山西	189	18164	325	360048	10343	1109630
内蒙古	102	30357	184	46468	7574	317918
辽宁	1232	161550	551	46057	59189	12218292
吉林	189	12354	462	10483	12300	374739
黑龙江	43	2059	209	90349	15255	782369
上海	921	60677	80	14248	7197	575099
江苏	3109	1083736	2885	1293199	86353	51705958
浙江	5286	2470012	1563	994003	135304	54216086
安徽	2437	436677	1601	340188	22448	1931995
福建	2883	369618	320	316457	9001	1874270
江西	1022	296083	1362	506304	19025	3271950
山东	3370	791969	4663	865436	57777	8458135
河南	2801	1072643	1807	302935	29805	2684467
湖北	2259	441282	953	307093	20700	1568521
湖南	4008	662690	5167	1752089	40780	3355314
广东	1549	374931	714	339945	72599	13975037
广西	990	194727	427	63773	21175	840826
海南	3	240	7	2801	341	18178
重庆	1423	272212	1139	92954	18172	6710997
四川	2212	303049	1111	344584	35873	2409844
贵州	478	162174	314	146179	13627	2593768
云南	1435	250197	296	13943	19854	1707163
西藏	24	157	68	26237	6	415
陕西	381	20240	191	17834	8025	1226309
甘肃	147	24490	131	12983	6796	355725
青海	73	1933	101	3465	1864	62174
宁夏	238	50663	82	14873	5503	142277
新疆	557	186482	856	142238	17152	823228

2-6 续表 3

地区	服装类		鞋帽类		针纺织品类	
	摊位数（个）	成交额（万元）	摊位数（个）	成交额（万元）	摊位数（个）	成交额（万元）
全国	**503654**	**75276839**	**108317**	**16143441**	**200566**	**93099472**
北京	7843	274929	1503	39881	1512	63393
天津	2740	161337	481	7189	229	7244
河北	37392	6136550	2831	605328	3968	1913217
山西	7138	845575	1726	162338	1479	101717
内蒙古	4920	200321	1282	62228	1372	55369
辽宁	33736	7541059	8005	1262459	17448	3414774
吉林	8517	294167	1640	36842	2143	43730
黑龙江	8563	509374	2532	97147	4160	175848
上海	5677	529209	245	12768	1275	33122
江苏	44233	14377748	11137	2555067	30983	34773143
浙江	70811	14846731	9574	2333088	54919	37036267
安徽	12586	1341052	3844	238798	6018	352145
福建	7262	1513248	975	145735	764	215287
江西	10972	2007189	4039	512545	4014	752216
山东	36704	4913482	10045	1284292	11028	2260361
河南	18045	1669917	6701	811207	5059	203343
湖北	14320	1190959	3656	223141	2724	154421
湖南	28083	2279494	7280	609189	5417	466631
广东	41242	4620317	6516	862580	24841	8492140
广西	14298	634633	3500	69316	3377	136877
海南	315	17312	20	685	6	181
重庆	10805	2836692	4013	2465786	3354	1408519
四川	27066	1797518	4685	351312	4122	261014
贵州	9703	1857092	1986	403654	1938	333022
云南	14640	1180013	2860	338695	2354	188455
西藏	6	415				
陕西	4690	652493	2189	491635	1146	82181
甘肃	5771	322294	534	15740	491	17691
青海	1126	51782	339	8899	399	1493
宁夏	3091	79880	1133	16258	1279	46139
新疆	11359	594057	3046	119639	2747	109532

2-6 续表 4

地区	化妆品类		金银珠宝类		日用品类	
	摊位数(个)	成交额(万元)	摊位数(个)	成交额(万元)	摊位数(个)	成交额(万元)
全 国	**20834**	**2620056**	**33707**	**11449794**	**149744**	**31325684**
北 京	137	9553	368	96254	3965	681648
天 津	188	18877	27	654	794	88434
河 北	904	110982	633	46041	12230	3843910
山 西	222	1733	2	32	1506	561362
内蒙古	306	10836	23	10925	1109	58008
辽 宁	846	134172	1851	177807	9281	2295198
吉 林	483	16354	100	22143	871	27135
黑龙江	157	7863	302	21427	271	9642
上 海	60	4897	12	3462	799	2307694
江 苏	1887	220424	5241	1980127	20345	5033583
浙 江	2032	503695	5331	4661710	16580	4823105
安 徽	573	53560	1363	335242	4991	287814
福 建	77	10963	1419	955241	1063	217443
江 西	520	101194	122	57686	6197	438083
山 东	2490	412614	1315	1339539	19694	4251878
河 南	985	119202	335	65465	6651	219749
湖 北	532	115234	66	104004	3491	433099
湖 南	1371	184205	235	506616	7047	1553302
广 东	2374	164919	9493	669666	13630	1515155
广 西	442	5572	57	3044	2893	164977
海 南	7	716	4	2400	25	757
重 庆	499	90548	34	7441	4059	1110152
四 川	844	89188	675	137650	2667	238709
贵 州	301	22997	43	7041	1433	480304
云 南	880	78349	293	85201	3729	221269
西 藏	2	312			30	1781
陕 西	156	12566	21	6713	860	145089
甘 肃	256	34837	45	8752	645	150602
青 海	161	4916			148	893
宁 夏	240	20741	78	4028	719	24978
新 疆	902	58037	4219	133483	2021	139931

2-6 续表 5

地区	五金、电料类		体育、娱乐用品类		#照相器材类	
	摊位数（个）	成交额（万元）	摊位数（个）	成交额（万元）	摊位数（个）	成交额（万元）
全国	**109094**	**24017441**	**10078**	**1569577**	**944**	**95633**
北京	1028	205623	299	32853	149	23751
天津	2332	818386	129	21794		
河北	4044	1537613	548	354004	1	127
山西	586	258128	9	402		
内蒙古	568	77012	200	5616		
辽宁	2489	182251	412	47603	9	282
吉林	2590	89057	65	2529		
黑龙江	83	4887	19	5171	1	752
上海	3324	183838	216	37794	197	36862
江苏	13216	2913285	534	55533	76	1600
浙江	16408	6878078	1005	268498	4	4090
安徽	4965	368619	365	20765	4	339
福建	584	47821	96	67703	1	25
江西	1579	476112	187	16777	33	1271
山东	10141	1818951	1162	164025	30	980
河南	5177	344222	658	20584	7	95
湖北	3721	699765	219	18148		
湖南	6466	2372583	966	130313	13	344
广东	9136	1844221	629	109745	106	3580
广西	1076	113813	440	7422	1	4
海南	189	56700	8	816		
重庆	5765	1289511	313	100879		
四川	4247	412087	433	9735		
贵州	2009	282056	26	3403	4	1217
云南	427	7175	239	7108	226	6876
西藏						
陕西	716	83870	394	26907	71	13121
甘肃	475	27039	163	21538		
青海	53	4156	14	150	3	74
宁夏	109	5087	104	1283	2	10
新疆	5591	615495	226	10479	6	233

2-6 续表 6

地区	书报杂志类		电子出版物及音像制品类		家用电器和音像器材类	
	摊位数（个）	成交额（万元）	摊位数（个）	成交额（万元）	摊位数（个）	成交额（万元）
全　国	**2738**	**1145469**	**2872**	**459035**	**32307**	**6154295**
北　京	6	265	211	52876	491	110298
天　津	3	156	1	40	34	1619
河　北	107	10394	39	1542	686	192024
山　西			4	65	40	2760
内蒙古	4	140	6	218	169	26749
辽　宁	347	684140	177	3382	1056	145351
吉　林	28	506	56	4482	547	20045
黑龙江	9	807	26	942	106	50529
上　海	4	2623	3	334	117	23168
江　苏	502	32172	252	27574	2002	290279
浙　江	57	3476	167	29831	2477	937918
安　徽	220	90348	86	4674	1732	320429
福　建	2	42	7	358	374	60551
江　西	107	8003	137	28113	1935	439907
山　东	328	134604	260	52094	3605	824097
河　南	45	1576	55	6995	1879	277952
湖　北	65	11030	1	80	1093	212407
湖　南	546	136941	997	194240	3545	1042738
广　东	91	19124	44	7849	3109	195629
广　西	8	53	18	808	273	14947
海　南						
重　庆	19	1456	66	23543	569	316855
四　川	4	32	95	10109	1422	126401
贵　州	8	649	8	790	325	96923
云　南	1	1	53	2631	1621	58052
西　藏					1	39
陕　西	3	16	4	35	363	41861
甘　肃	7	320	23	3241	713	168581
青　海	1	79	2	76	107	1892
宁　夏	30	5286	17	122	76	3423
新　疆	186	1230	57	1991	1840	150871

2-6　续表 7

地　区	中西药品类		#西药类		#中草药及中成药类	
	摊位数（个）	成交额（万元）	摊位数（个）	成交额（万元）	摊位数（个）	成交额（万元）
全　国	**32435**	**16626366**	**1625**	**502248**	**30134**	**15886278**
北　京	5	447	4	178	1	269
天　津	11	1264	5	748	2	456
河　北	7064	3502518	40	2084	7019	3500254
山　西	1	4				
内蒙古	42	9582	27	5843	3	934
辽　宁	289	114306	61	6523	214	103370
吉　林	1516	805333			1498	801692
黑龙江	1	208	1	112		96
上　海	163	20659	4	1228	158	19159
江　苏	146	292376	91	219325	54	61542
浙　江	1406	379010	360	114161	953	147843
安　徽	5497	4045539	19	38612	5468	4000570
福　建	85	15911	4	2238	76	12845
江　西	517	1013882	41	16351	393	981268
山　东	1007	60483	56	5066	814	42915
河　南	584	271051	64	4848	492	264478
湖　北	105	8510	84	7031	1	217
湖　南	2207	1105868	119	44007	2011	1056955
广　东	1487	218033	13	1856	1428	179103
广　西	1096	970029	14	1405	1048	961447
海　南			3	240		
	3	240				
重　庆	254	27898	219	18564	25	7602
四　川	3528	2928725	318	3136	3184	2923181
贵　州	47	2375	4	78	39	2170
云　南	83	3741	17	1855	43	906
西　藏	3	271				
陕　西						
甘　肃	5025	803169	19	2762	5006	800407
青　海	63	11666	1	84	61	11561
宁　夏	4	90	1	37	1	30
新　疆	196	13178	36	3876	142	5008

2-6 续表 8

地　区	文化办公用品类		#计算机及其配套产品		家具类	
	摊位数（个）	成交额（万元）	摊位数（个）	成交额（万元）	摊位数（个）	成交额（万元）
全　国	**47433**	**8555367**	**20679**	**2343243**	**106759**	**21876531**
北　京	1701	215110	1257	159860	4358	531554
天　津	117	5178	9	235	145	13733
河　北	2131	1341041	8	256	6683	2634125
山　西	23	2347			1151	74910
内蒙古	491	46965	206	18600	986	193173
辽　宁	2186	409578	665	197557	5344	539953
吉　林	455	53422	176	47400	1713	64264
黑龙江	1454	253582	1421	251131	537	53906
上　海	451	56860	161	21483	1453	121100
江　苏	3205	607806	892	191098	15725	3062251
浙　江	7429	1579318	2715	262779	17332	4728703
安　徽	1003	203983	112	2746	2501	1197220
福　建	577	88690	348	61872	676	286232
江　西	1234	162096	24	1536	12159	2040223
山　东	4357	550626	1794	218589	7697	1092336
河　南	3972	398896	2931	350124	1776	292207
湖　北	1085	569288	2	180	1337	164104
湖　南	2920	855715	1033	153674	2699	438323
广　东	3989	208281	3309	81026	1322	196286
广　西	915	103844	699	75357	919	272836
海　南					177	14040
重　庆	1516	166056	801	84222	3166	1592981
四　川	1303	188643	60	12825	5915	425539
贵　州	940	148775	179	36457	1844	217608
云　南	965	75779	192	7366	447	70041
西　藏	3	77				
陕　西	1128	68649	998	54120	2539	840063
甘　肃	218	53984	21	798	692	198665
青　海	186	5661	3	125	214	17420
宁　夏	400	43060	280	35047	661	57538
新　疆	1079	92057	383	16780	4591	445197

2-6 续表 9

地区	通讯器材类		煤炭及制品类		木材及制品类	
	摊位数（个）	成交额（万元）	摊位数（个）	成交额（万元）	摊位数（个）	成交额（万元）
全 国	**16373**	**2757898**	**3053**	**2704574**	**21677**	**5929855**
北 京	256	87263			22	2667
天 津	10	442	2716	1156300		
河 北	1677	698969			223	288678
山 西	5	11				
内蒙古	280	13960			148	17570
辽 宁	559	99306	3	145	1175	78070
吉 林	164	35549			277	11307
黑龙江	29	20290			20	2000
上 海	22	13991			979	453546
江 苏	1346	226949	94	862182	3037	570670
浙 江	2551	296753	43	553179	2845	486015
安 徽	106	8796			1042	254937
福 建	89	5797			478	75770
江 西	82	20051			472	38279
山 东	812	187421	14	5096	2543	1594305
河 南	257	17049			6	180
湖 北	680	253979	66	120509	686	613834
湖 南	821	94137	48	2311	1348	96121
广 东	3277	124493			3148	749213
广 西	75	5976	1	89	171	19042
海 南	2	397				
重 庆	1059	290185	3	510	169	23041
四 川	16	438			1586	438459
贵 州	26	3817	1	15	215	3626
云 南	485	93831			60	2463
西 藏						
陕 西	1006	43757				
甘 肃	30	9314	7	2076	40	1500
青 海						
宁 夏	58	6010	13	259	3	32
新 疆	593	98967	44	1903	984	108530

2-6 续表 10

地区	石油及制品类		化工材料及制品类		#化肥类	
	摊位数（个）	成交额（万元）	摊位数（个）	成交额（万元）	摊位数（个）	成交额（万元）
全国	**1223**	**15130238**	**21120**	**43466186**	**2357**	**714841**
北京			50	17653		
天津	3	324	8	2589	2	1867
河北	3	486	1064	787005	196	95257
山西			4	230		
内蒙古			105	7745	105	7745
辽宁	160	4570000	417	15405	1	105
吉林			1112	32226	890	28346
黑龙江						
上海	301	8320000	60	6748		
江苏	9	2154	3529	21029502	252	221765
浙江	210	472545	4647	11222727	1	183
安徽			557	206167	9	6993
福建	2	63	11	2685		
江西			337	52009	10	10550
山东	197	1699088	1262	5938088	43	8247
河南			532	23179	60	9577
湖北	50	12500	229	53766	101	25250
湖南	254	17608	738	196509	62	9902
广东	9	470	5002	3381963	1	55
广西			120	40008	48	19650
海南						
重庆			17	10862	14	10300
四川			70	30000	70	30000
贵州						
云南			302	17675	122	7705
西藏						
陕西			231	155310		
甘肃			55	2493	27	582
青海			1	5095	1	5095
宁夏			57	33150	56	33100
新疆	25	35000	603	195397	286	182567

2-6 续表 11

地区	金属材料类		建筑及装潢材料类		机电产品及设备类	
	摊位数（个）	成交额（万元）	摊位数（个）	成交额（万元）	摊位数（个）	成交额（万元）
全国	**84519**	**214971519**	**260140**	**47312790**	**51212**	**15699568**
北京	448	330053	4480	1291569	86	10370
天津	891	1290354	1113	141653	530	218443
河北	12369	3092321	5946	1230450	3702	1357859
山西	120	635200	1785	743065		
内蒙古	233	246021	1201	201288	314	45239
辽宁	3437	2730251	7889	697774	1	98
吉林	1005	26286	1642	166255	995	32986
黑龙江	550	523000	4335	682625	206	8999
上海	1842	72290848	5497	1398635	692	173012
江苏	15075	51776669	45650	8524301	7915	3658595
浙江	10221	21077203	26382	6130297	5238	2038277
安徽	1952	3671022	13836	2065428	1771	369979
福建	117	402433	2482	1507725	129	5108
江西	999	73557	16719	1850442	446	375644
山东	7729	13611169	19163	4769189	5899	1651139
河南	2161	4433150	8757	1471393	1529	113809
湖北	2636	4437045	7987	2297164	267	95507
湖南	3107	5765113	19503	3159950	2955	875082
广东	2256	1647890	4224	1595341	832	510110
广西	1388	3560000	2154	290554	942	103333
海南	150	550000	960	171300		
重庆	4737	8578762	11916	2138096	3893	1517178
四川	4146	5754326	18689	1415326	4348	531529
贵州	1915	1544083	3632	933027	870	366152
云南	108	6998	1053	94821	340	12349
西藏						
陕西	109	308031	8263	1066311	635	101915
甘肃	68	1403	1172	97141	43	1764
青海	24	896	918	71800		
宁夏	1653	396685	1803	142837	415	141770
新疆	3073	6210750	10989	967033	6219	1383322

2-6 续表 12

地区	#农机类		汽车类		种子饲料类	
	摊位数(个)	成交额(万元)	摊位数(个)	成交额(万元)	摊位数(个)	成交额(万元)
全国	**3812**	**1844173**	**71210**	**63169173**	**4542**	**855603**
北京			3657	8425192	4	159
天津			356	473718	25	16452
河北	1301	944547	4270	1697089	74	27216
山西			32	421913		
内蒙古	236	34435			110	6767
辽宁			10944	2682739	220	8995
吉林	118	9926	1889	1127892	274	11879
黑龙江			1058	33538		
上海			963	3716927	4	85
江苏	941	315536	6545	4628007	186	61300
浙江	12	1601	8895	14367072	129	62612
安徽	2	1046	983	1424875	599	66760
福建			374	566087	180	37486
江西	127	159813	1408	1013818	60	5030
山东	219	66652	6493	3983135	390	33640
河南	23	2761	690	1032940	70	2801
湖北	25	5115	2397	2790952	70	15611
湖南	188	99992	3090	2832093	285	91884
广东			3982	4917597	22	872
广西			38	79156	401	110043
海南					1	20
重庆	2	9261	5313	3091730	44	6147
四川	166	46225	1918	566745	238	51957
贵州	43	4725	1116	1484668	137	38701
云南	13	828	66	50610	201	9899
西藏						
陕西			1597	190700	5	210
甘肃	10	113	15	21300	50	2771
青海						
宁夏	176	102050	680	10500	71	39741
新疆	210	39547	2441	1538180	692	146565

2-6 续表 13

地区	棉麻类		其他类	
	摊位数(个)	成交额(万元)	摊位数(个)	成交额(万元)
全国	**2678**	**3105196**	**191629**	**36890561**
北京	16	1020	4579	190918
天津			944	71378
河北	43	174	27947	8584566
山西			2046	74927
内蒙古	5	406	8047	2073966
辽宁	92	2389	12437	675682
吉林	211	2851	3208	214829
黑龙江	8	278	2807	506164
上海	10	40179	2555	430836
江苏	788	2171271	12903	8406915
浙江	631	830211	39867	4908060
安徽	270	23155	12271	838101
福建			1201	207191
江西	68	3131	4430	184561
山东	52	2434	17565	3257357
河南	142	586	3389	387141
湖北	52	5000	1136	710819
湖南	146	18179	5810	850331
广东	20	350	5373	914084
广西			2247	252564
海南			266	4880
重庆	12	1412	2917	443429
四川	11	449	1532	178250
贵州	32	535	4676	1061007
云南	11	179	5866	846840
西藏			51	3104
陕西	6	30	308	23880
甘肃	35	280	913	57068
青海			150	30000
宁夏	7	197	345	44784
新疆	10	500	3843	456929

(二)东中西部及东北地区

2-7 商品交易市场总体情况

地　区	市场数量（个）	总摊位数（个）	年末出租摊位数（个）	营业面积（平方米）	成交额（万元）
全　国	**4037**	**3584454**	**3045931**	**284473664**	**1120167763**
东部地区	**2325**	**1921483**	**1657040**	**158630330**	**765108146**
北　京	86	72842	62397	5851250	41080412
天　津	42	33812	26679	3108775	10728080
河　北	190	291491	249798	23602821	59824318
上　海	118	57883	48625	4145421	101162393
江　苏	447	378261	324803	37212291	212592462
浙　江	668	470583	416955	31740405	182916034
福　建	109	49044	43062	3077703	14883949
山　东	371	314052	285694	31438014	85440859
广　东	286	248428	193947	17901812	54958039
海　南	8	5087	5080	551838	1521600
东北地区	**257**	**253545**	**221824**	**14986675**	**52392948**
辽　宁	155	165061	145764	8211314	40006373
吉　林	46	44335	39660	3562794	4375907
黑龙江	56	44149	36400	3212567	8010668
中部地区	**798**	**699627**	**579301**	**53025764**	**157035000**
山　西	30	28067	24840	2511492	6886436
安　徽	111	137602	113685	12742116	29253409
江　西	109	103463	94551	8268580	22100602
河　南	128	139698	105670	11669209	32315739
湖　北	117	84322	70727	6746325	23088044
湖　南	303	206475	169828	11088042	43390770
西部地区	**657**	**709799**	**587766**	**57830895**	**145631669**
内蒙古	50	36960	31780	4213612	6566268
广　西	67	74132	65190	3437168	12769283
重　庆	135	103117	91296	7609206	37817606
四　川	109	162481	126170	12169419	30619864
贵　州	54	63460	46626	5076834	15536628
云　南	29	58593	43576	1955654	4657093
西　藏	3	3213	2868	35000	268990
陕　西	51	42099	37112	4075274	8918120
甘　肃	27	28423	26458	2087682	3556503
青　海	9	7341	6810	606005	1085518
宁　夏	35	26698	24003	2940220	2741373
新　疆	88	103282	85877	13624821	21094423

2-8 商品交易市场情况(按部分市场类别分)

(综合市场)

地　区	市场数量(个)	总摊位数(个)	年末出租摊位数(个)	营业面积(平方米)	成交额(万元)
全　国	**1194**	**1313617**	**1118787**	**79328702**	**268952092**
东部地区	**642**	**608420**	**525044**	**36928046**	**146941535**
北　京	26	32243	28493	2323703	25946389
天　津	11	8284	6722	750702	3197589
河　北	56	73178	65932	4735823	12889266
上　海	36	21603	17467	1020263	5568077
江　苏	90	94946	81548	7697851	28213345
浙　江	231	169348	153367	10860004	43541758
福　建	48	25061	20820	790972	4474318
山　东	75	107982	98273	6028299	13528185
广　东	67	73394	50048	2582669	9224952
海　南	2	2381	2374	137760	357656
东北地区	**72**	**76714**	**66500**	**4349628**	**8669895**
辽　宁	41	43786	38016	1587232	5284827
吉　林	15	21623	19253	1959386	883927
黑龙江	16	11305	9231	803010	2501141
中部地区	**283**	**332946**	**283846**	**19820147**	**65886985**
山　西	12	17649	16452	1712687	5616798
安　徽	43	70445	63289	6836410	13838970
江　西	40	53176	48715	2178071	12314098
河　南	30	59934	40744	2865306	8752404
湖　北	36	25736	22435	2016027	6943009
湖　南	122	106006	92211	4211646	18421706
西部地区	**197**	**295537**	**243397**	**18230881**	**47453677**
内蒙古	10	11928	8746	1032108	2510320
广　西	20	37476	30615	1018950	3610785
重　庆	39	58435	51377	3006588	15624885
四　川	45	60465	53875	3505829	11610956
贵　州	13	41708	27839	2266477	5127235
云　南	9	8140	6630	181065	379827
西　藏	3	3213	2868	35000	268990
陕　西	6	5778	4962	227743	178413
甘　肃	9	6693	6095	843167	976662
青　海					
宁　夏	9	5671	4349	354627	406171
新　疆	34	56030	46041	5759327	6759433

2-8 续表 1

(生产资料综合市场)

地　区	市场数量(个)	总摊位数(个)	年末出租摊位数(个)	营业面积(平方米)	成交额(万元)
全　国	**40**	**62034**	**54824**	**8005950**	**15718620**
东部地区	**20**	**22317**	**20665**	**2875364**	**8408365**
北　京					
天　津					
河　北	3	1834	1834	436200	1021757
上　海					
江　苏	5	10715	10316	1460920	1379580
浙　江	8	7371	6164	832335	5753259
福　建	1	200	200	5100	10300
山　东	3	2197	2151	140809	243469
广　东					
海　南					
东北地区	**4**	**7400**	**5541**	**246000**	**226343**
辽　宁	3	2400	1625	46000	84648
吉　林	1	5000	3916	200000	141695
黑龙江					
中部地区	**7**	**20990**	**19678**	**3519443**	**5605279**
山　西	1	120	100	23000	11200
安　徽	2	10699	9979	2280000	2331263
江　西	1	3420	3420	130243	106760
河　南					
湖　北	2	6577	6005	1080000	3133877
湖　南	1	174	174	6200	22179
西部地区	**9**	**11327**	**8940**	**1365143**	**1478633**
内蒙古					
广　西					
重　庆	2	1690	1690	254123	351127
四　川	2	2189	2108	127000	308100
贵　州	1	3206	1328	391266	409580
云　南	1	173	147	10920	10303
西　藏					
陕　西					
甘　肃					
青　海					
宁　夏					
新　疆	3	4069	3667	581834	399523

2-8 续表 2

(工业消费品综合市场)

地　区	市场数量(个)	总摊位数(个)	年末出租摊位数(个)	营业面积(平方米)	成交额(万元)
全　国	**217**	**426387**	**370927**	**25227917**	**72577429**
东部地区	**94**	**217979**	**187731**	**14146388**	**41598748**
北　京	5	3085	2478	86427	141396
天　津	1	432	432	9300	45075
河　北	10	17891	15826	1370642	4832736
上　海	1	1033	848	38000	47911
江　苏	14	26296	23791	1970154	5595727
浙　江	22	80305	79171	6566827	19964776
福　建	3	5705	3598	71638	860369
山　东	23	42707	37731	2668374	7230137
广　东	15	40525	23856	1365026	2880621
海　南					
东北地区	**22**	**31915**	**29096**	**1869447**	**1197202**
辽　宁	10	17457	15590	395608	570203
吉　林	5	9043	8877	1373289	356362
黑龙江	7	5415	4629	100550	270637
中部地区	**57**	**94373**	**84083**	**4885188**	**17471332**
山　西	1	460	201	59720	10331
安　徽	10	28953	27645	2488501	2170273
江　西	6	13167	11805	279620	3475329
河　南	10	12439	10443	422783	1123171
湖　北	5	4526	3600	365421	591978
湖　南	25	34828	30389	1269143	10100250
西部地区	**44**	**82120**	**70017**	**4326894**	**12310147**
内蒙古	1	3315	2491	121000	42945
广　西	1	5340	3923	200000	100545
重　庆	13	34120	30174	1729852	8599640
四　川	10	21186	18032	1026025	2234599
贵　州					
云　南					
西　藏					
陕　西	2	2780	2033	94000	37172
甘　肃	5	4630	4251	390657	577855
青　海					
宁　夏	1	362	360	48742	18714
新　疆	11	10387	8753	716618	698677

2-8 续表 3

(农产品综合市场)

地　区	市场数量(个)	总摊位数(个)	年末出租摊位数(个)	营业面积(平方米)	成交额(万元)
全　国	**634**	**430408**	**369241**	**24849707**	**130985719**
东部地区	**406**	**240579**	**207020**	**11984467**	**76467530**
北　京	19	26533	23535	2191776	25769477
天　津	5	4088	3466	450000	2565747
河　北	27	37577	34969	1672435	4759566
上　海	29	14148	11986	734214	4789978
江　苏	46	28394	23805	2149181	15928885
浙　江	180	68786	56089	2299877	12142871
福　建	36	14710	13012	324008	2091440
山　东	23	18670	17109	1141131	2212195
广　东	40	25977	21353	891845	5897047
海　南	1	1696	1696	130000	310324
东北地区	**27**	**14960**	**11875**	**1080910**	**3536844**
辽　宁	16	7623	6686	406180	1117807
吉　林	4	2361	1492	180730	244750
黑龙江	7	4976	3697	494000	2174287
中部地区	**110**	**83139**	**72705**	**5147367**	**28526955**
山　西	7	3503	3448	399347	1297530
安　徽	22	19986	15895	926297	7329136
江　西	12	10074	8297	448383	5193733
河　南	12	15236	14590	1701883	7122785
湖　北	17	7920	6531	310950	1714783
湖　南	40	26420	23944	1360507	5868988
西部地区	**91**	**91730**	**77641**	**6636963**	**22454390**
内蒙古	7	5072	3468	674446	2143232
广　西	12	22511	18959	629434	3077416
重　庆	16	16655	14007	552972	5935597
四　川	25	24904	22349	1641242	8446751
贵　州	6	3639	2916	150564	357632
云　南	2	2236	1593	20573	142558
西　藏	3	3213	2868	35000	268990
陕　西	2	1872	1803	78217	53843
甘　肃	3	1833	1614	448000	388770
青　海					
宁　夏	6	3504	2654	248385	279544
新　疆	9	6291	5410	2158130	1360057

2-8 续表 4

(其他综合市场)

地 区	市场数量（个）	总摊位数（个）	年末出租摊位数（个）	营业面积（平方米）	成交额（万元）
全 国	**303**	**394788**	**323795**	**21245128**	**49670324**
东部地区	**122**	**127545**	**109628**	**7921827**	**20466892**
北 京	2	2625	2480	45500	35516
天 津	5	3764	2824	291402	586767
河 北	16	15876	13303	1256546	2275207
上 海	6	6422	4633	248049	730188
江 苏	25	29541	23636	2117596	5309153
浙 江	21	12886	11943	1160965	5680852
福 建	8	4446	4010	390226	1512209
山 东	26	44408	41282	2077985	3842384
广 东	12	6892	4839	325798	447284
海 南	1	685	678	7760	47332
东北地区	**19**	**22439**	**19988**	**1153271**	**3709506**
辽 宁	12	16306	14115	739444	3512169
吉 林	5	5219	4968	205367	141120
黑龙江	2	914	905	208460	56217
中部地区	**109**	**134444**	**107380**	**6268149**	**14283419**
山 西	3	13566	12703	1230620	4297737
安 徽	9	10807	9770	1141612	2008298
江 西	21	26515	25193	1319825	3538276
河 南	8	32259	15711	740640	506448
湖 北	12	6713	6299	259656	1502371
湖 南	56	44584	37704	1575796	2430289
西部地区	**53**	**110360**	**86799**	**5901881**	**11210507**
内蒙古	2	3541	2787	236662	324143
广 西	7	9625	7733	189516	432824
重 庆	8	5970	5506	469641	738521
四 川	8	12186	11386	711562	621506
贵 州	6	34863	23595	1724647	4360023
云 南	6	5731	4890	149572	226966
西 藏					
陕 西	2	1126	1126	55526	87398
甘 肃	1	230	230	4510	10037
青 海					
宁 夏	2	1805	1335	57500	107913
新 疆	11	35283	28211	2302745	4301176

2-8 续表 5

(专业市场)

地　区	市场数量(个)	总摊位数(个)	年末出租摊位数(个)	营业面积(平方米)	成交额(万元)
全　国	**2843**	**2270837**	**1927144**	**205144962**	**851215671**
东部地区	**1683**	**1313063**	**1131996**	**121702284**	**618166611**
北　京	60	40599	33904	3527547	15134023
天　津	31	25528	19957	2358073	7530491
河　北	134	218313	183866	18866998	46935052
上　海	82	36280	31158	3125158	95594316
江　苏	357	283315	243255	29514440	184379117
浙　江	437	301235	263588	20880401	139374276
福　建	61	23983	22242	2286731	10409631
山　东	296	206070	187421	25409715	71912674
广　东	219	175034	143899	15319143	45733087
海　南	6	2706	2706	414078	1163944
东北地区	**185**	**176831**	**155324**	**10637047**	**43723053**
辽　宁	114	121275	107748	6624082	34721546
吉　林	31	22712	20407	1603408	3491980
黑龙江	40	32844	27169	2409557	5509527
中部地区	**515**	**366681**	**295455**	**33205617**	**91148015**
山　西	18	10418	8388	798805	1269638
安　徽	68	67157	50396	5905706	15414439
江　西	69	50287	45836	6090509	9786504
河　南	98	79764	64926	8803903	23563335
湖　北	81	58586	48292	4730298	16145035
湖　南	181	100469	77617	6876396	24969064
西部地区	**460**	**414262**	**344369**	**39600014**	**98177992**
内蒙古	40	25032	23034	3181504	4055948
广　西	47	36656	34575	2418218	9158498
重　庆	96	44682	39919	4602618	22192721
四　川	64	102016	72295	8663590	19008908
贵　州	41	21752	18787	2810357	10409393
云　南	20	50453	36946	1774589	4277266
西　藏					
陕　西	45	36321	32150	3847531	8739707
甘　肃	18	21730	20363	1244515	2579841
青　海	9	7341	6810	606005	1085518
宁　夏	26	21027	19654	2585593	2335202
新　疆	54	47252	39836	7865494	14334990

2-8 续表 6

(生产资料市场)

地 区	市场数量(个)	总摊位数(个)	年末出租摊位数(个)	营业面积(平方米)	成交额(万元)
全 国	**510**	**300390**	**250752**	**55233490**	**306343525**
东部地区	**284**	**155697**	**134563**	**28554174**	**240146353**
北 京	11	2926	2575	375963	800039
天 津	7	3791	3726	268136	2471280
河 北	27	20145	19116	4287235	6012589
上 海	16	3698	3579	789839	81952746
江 苏	75	55926	44063	7697274	80214352
浙 江	67	29218	26400	3937641	34233708
福 建	7	1853	1770	369728	1645323
山 东	54	25550	22631	8239402	25905205
广 东	18	11645	9758	2315162	6199971
海 南	2	945	945	273794	711140
东北地区	**29**	**15050**	**13610**	**3117437**	**8959680**
辽 宁	15	5426	4723	1890957	7467395
吉 林	9	3764	3745	312980	197265
黑龙江	5	5860	5142	913500	1295020
中部地区	**94**	**57469**	**40817**	**8109006**	**22246350**
山 西					
安 徽	13	6355	5729	1477077	4139528
江 西	8	7109	6882	729115	544569
河 南	19	10763	7627	3199065	5628744
湖 北	15	5543	5085	797673	4432830
湖 南	39	27699	15494	1906076	7500679
西部地区	**103**	**72174**	**61762**	**15452873**	**34991142**
内蒙古	8	2449	2281	1330446	571348
广 西	12	4909	4264	707811	4180628
重 庆	25	11477	10318	1463062	10099190
四 川	18	23285	17290	4133485	7505491
贵 州	8	3564	2885	880410	2061394
云 南	5	1259	1040	163784	61867
西 藏					
陕 西	10	8482	7754	1393854	1363215
甘 肃	2	472	463	161066	47630
青 海	1	25	25	1000	5991
宁 夏	5	2315	2196	391102	621795
新 疆	9	13937	13246	4826853	8472593

2-8 续表 7

(农用生产资料市场)

地　区	市场数量 (个)	总摊位数 (个)	年末出租摊位数 (个)	营业面积 (平方米)	成交额 (万元)
全　国	**16**	**3356**	**2912**	**464242**	**1058061**
东部地区	**4**	**651**	**600**	**119650**	**381964**
北　京					
天　津					
河　北					
上　海					
江　苏	2	290	244	110500	309781
浙　江					
福　建	1	261	261	7650	56183
山　东	1	100	95	1500	16000
广　东					
海　南					
东北地区	**1**	**60**	**56**	**8500**	**23383**
辽　宁					
吉　林	1	60	56	8500	23383
黑龙江					
中部地区	**3**	**258**	**222**	**49339**	**75665**
山　西					
安　徽	1	116	85	2340	10073
江　西					
河　南	1	100	100	17999	14600
湖　北					
湖　南	1	42	37	29000	50992
西部地区	**8**	**2387**	**2034**	**286753**	**577049**
内蒙古	1	209	209	130000	10000
广　西	2	710	710	52000	196000
重　庆	1	380	285	28554	182500
四　川					
贵　州					
云　南	1	318	318	7298	11487
西　藏					
陕　西					
甘　肃					
青　海					
宁　夏	1	185	185	16144	137000
新　疆	2	585	327	52757	40062

2-8　续表 8

(木材市场)

地　区	市场数量(个)	总摊位数(个)	年末出租摊位数(个)	营业面积(平方米)	成交额(万元)
全　国	**32**	**11815**	**10818**	**3027952**	**3566767**
东部地区	**25**	**9232**	**8463**	**2265126**	**3016150**
北　京					
天　津					
河　北					
上　海	4	593	572	276898	432056
江　苏	5	1374	1179	345358	255092
浙　江	6	2280	2107	287896	228370
福　建					
山　东	6	1689	1635	766068	1379550
广　东	4	3296	2970	588906	721082
海　南					
东北地区	**1**	**200**	**200**	**2800**	**31560**
辽　宁	1	200	200	2800	31560
吉　林					
黑龙江					
中部地区	**1**	**550**	**519**	**65000**	**19625**
山　西					
安　徽					
江　西					
河　南					
湖　北					
湖　南	1	550	519	65000	19625
西部地区	**5**	**1833**	**1636**	**695026**	**499432**
内蒙古	1	140	140	393530	43700
广　西	1	170	170	100000	17732
重　庆	1	220	118	35000	12005
四　川	2	1303	1208	166496	425995
贵　州					
云　南					
西　藏					
陕　西					
甘　肃					
青　海					
宁　夏					
新　疆					

2-8 续表 9

(建材市场)

地　　区	市场数量(个)	总摊位数(个)	年末出租摊位数(个)	营业面积(平方米)	成交额(万元)
全　　国	**191**	**136114**	**106206**	**23312410**	**18960786**
东部地区	**83**	**49196**	**40896**	**7408872**	**10065039**
北　　京	8	2252	1972	214402	357946
天　　津	1	508	508	186000	99246
河　　北	5	1484	1484	251420	174883
上　　海	4	966	923	306843	363697
江　　苏	30	27090	21129	3898034	3794410
浙　　江	14	4204	3866	788480	1688764
福　　建	4	1462	1406	329078	1186022
山　　东	15	10380	8777	1359315	2186931
广　　东	1	55	36	7300	52000
海　　南	1	795	795	68000	161140
东北地区	**8**	**6846**	**6202**	**1173997**	**970622**
辽　　宁	3	1348	1162	605497	200182
吉　　林	3	638	638	96000	107420
黑 龙 江	2	4860	4402	472500	663020
中部地区	**54**	**41000**	**27179**	**4824278**	**3701471**
山　　西					
安　　徽	7	4175	3899	1118979	597121
江　　西	6	6270	6083	408341	380888
河　　南	9	7195	5261	1533716	1108992
湖　　北	10	3389	3019	507273	799862
湖　　南	22	19971	8917	1255969	814608
西部地区	**46**	**39072**	**31929**	**9905263**	**4223654**
内 蒙 古	3	1115	947	178255	158051
广　　西	5	1291	1280	168180	138170
重　　庆	7	2501	2163	368634	475032
四　　川	12	16212	10693	3094810	1180017
贵　　州	4	1763	1403	562239	527933
云　　南	3	476	411	92979	39362
西　　藏					
陕　　西	8	7475	6828	1334300	771055
甘　　肃	2	472	463	161066	47630
青　　海					
宁　　夏					
新　　疆	2	7767	7741	3944800	886404

2-8　续表 10

（化工材料及制品市场）

地　区	市场数量（个）	总摊位数（个）	年末出租摊位数（个）	营业面积（平方米）	成交额（万元）
全　国	**22**	**17591**	**14787**	**1928918**	**43132833**
东部地区	**18**	**15532**	**13311**	**1842238**	**42756028**
北　京					
天　津					
河　北	2	795	775	65380	521780
上　海					
江　苏	4	3431	2922	320997	20519608
浙　江	8	4979	4066	607841	10947544
福　建					
山　东	1	875	875	110000	7537496
广　东	3	5452	4673	738020	3229600
海　南					
东北地区					
辽　宁					
吉　林					
黑龙江					
中部地区	**4**	**2059**	**1476**	**86680**	**376805**
山　西					
安　徽	1	650	559	3800	41175
江　西					
河　南					
湖　北					
湖　南	3	1409	917	82880	335630
西部地区					
内蒙古					
广　西					
重　庆					
四　川					
贵　州					
云　南					
西　藏					
陕　西					
甘　肃					
青　海					
宁　夏					
新　疆					

2-8 续表 11

(金属材料市场)

地　　区	市场数量(个)	总摊位数(个)	年末出租摊位数(个)	营业面积(平方米)	成交额(万元)
全　　国	**161**	**81854**	**71422**	**19551401**	**211372587**
东部地区	**103**	**53536**	**46532**	**12769161**	**164659290**
北　　京	2	394	323	144981	316868
天　　津	4	567	502	80736	1215734
河　　北	11	13064	12254	2840710	3078756
上　　海	5	1542	1504	157066	72246239
江　　苏	24	17130	13928	2435634	52274628
浙　　江	25	11377	10433	1526569	19876766
福　　建	1	101	81	30300	392768
山　　东	21	7089	5989	4846435	13159454
广　　东	9	2122	1368	500936	1548077
海　　南	1	150	150	205794	550000
东北地区	**12**	**5246**	**4499**	**1634660**	**3228973**
辽　　宁	9	3532	3045	1252660	2655573
吉　　林	1	874	874	61000	8400
黑 龙 江	2	840	580	321000	565000
中部地区	**22**	**10115**	**8512**	**2556609**	**17293929**
山　　西					
安　　徽	4	1414	1186	351958	3491159
江　　西	1	679	679	46021	38580
河　　南	8	3108	2011	1591350	4423152
湖　　北	5	2154	2066	290400	3632968
湖　　南	4	2760	2570	276880	5708070
西部地区	**24**	**12957**	**11879**	**2590971**	**26190395**
内 蒙 古	1	72	72	360000	220346
广　　西	2	1388	1388	247631	3560000
重　　庆	9	4879	4533	671432	8495369
四　　川	3	2792	2455	652179	5539479
贵　　州	4	1801	1482	318171	1533461
云　　南					
西　　藏					
陕　　西	1	160	121	7300	439060
甘　　肃					
青　　海	1	25	25	1000	5991
宁　　夏	2	1700	1663	242470	396995
新　　疆	1	140	140	90788	5999694

2-8 续表 12

(机械设备市场)

地 区	市场数量(个)	总摊位数(个)	年末出租摊位数(个)	营业面积(平方米)	成交额(万元)
全 国	**40**	**23504**	**20898**	**2887339**	**8412707**
东部地区	**23**	**12277**	**10337**	**1841665**	**5722791**
北 京					
天 津					
河 北	4	1431	1431	410075	323041
上 海	1	187	170	4500	78832
江 苏	7	4892	3075	506251	2770520
浙 江	6	1398	1355	67147	695165
福 建					
山 东	4	3649	3595	373692	1206021
广 东	1	720	711	480000	649212
海 南					
东北地区					
辽 宁					
吉 林					
黑龙江					
中部地区	**5**	**1887**	**1841**	**328983**	**567838**
山 西					
安 徽					
江 西	1	160	120	274753	125101
河 南					
湖 北					
湖 南	4	1727	1721	54230	442737
西部地区	**12**	**9340**	**8720**	**716691**	**2122078**
内蒙古					
广 西	1	500	500	30000	81000
重 庆	6	2859	2581	246442	726160
四 川	1	2978	2934	220000	360000
贵 州					
云 南	1	465	311	63507	11018
西 藏					
陕 西	1	847	805	52254	153100
甘 肃					
青 海					
宁 夏	1	296	214	32488	24800
新 疆	1	1395	1375	72000	766000

2-8 续表 13

(其他生产资料市场)

地　区	市场数量(个)	总摊位数(个)	年末出租摊位数(个)	营业面积(平方米)	成交额(万元)
全　国	**34**	**18666**	**16975**	**2456420**	**16475467**
东部地区	**20**	**9605**	**8854**	**1092162**	**10463274**
北　京	1	280	280	16580	125225
天　津					
河　北	2	1071	878	43450	486752
上　海	2	410	410	44532	8831922
江　苏	2	1199	1141	27800	238988
浙　江	7	4931	4541	254708	363784
福　建	1	29	22	2700	10350
山　东	5	1685	1582	702392	406253
广　东					
海　南					
东北地区	**7**	**2698**	**2653**	**297480**	**4705142**
辽　宁	2	346	316	30000	4580080
吉　林	4	2192	2177	147480	58062
黑龙江	1	160	160	120000	67000
中部地区	**2**	**670**	**659**	**34117**	**32860**
山　西					
安　徽					
江　西					
河　南					
湖　北					
湖　南	2	670	659	34117	32860
西部地区	**5**	**5693**	**4809**	**1032661**	**1274191**
内蒙古	1	703	703	195661	119251
广　西	1	850	216	110000	187726
重　庆	1	638	638	113000	208124
四　川					
贵　州					
云　南					
西　藏					
陕　西					
甘　肃					
青　海					
宁　夏					
新　疆	2	3502	3252	614000	759090

2-8　续表 14

(农产品市场)

地　区	市场数量(个)	总摊位数(个)	年末出租摊位数(个)	营业面积(平方米)	成交额(万元)
全　国	**796**	**535801**	**470632**	**39493911**	**197853127**
东部地区	**500**	**351775**	**305399**	**23992215**	**125272990**
北　京	7	6290	3661	635125	3396907
天　津	11	9402	6519	1012266	2829429
河　北	49	100166	86073	4226700	15058242
上　海	25	12610	10248	729945	6333302
江　苏	113	56739	49786	3603286	28672598
浙　江	117	54374	47200	2996633	25294721
福　建	29	9077	8422	721594	5255306
山　东	87	72399	66903	7152362	22239487
广　东	59	29488	25357	2812020	15821094
海　南	3	1230	1230	102284	371904
东北地区	**48**	**20020**	**17278**	**2112647**	**12000153**
辽　宁	30	11695	9680	1169527	8720686
吉　林	8	4527	4241	368838	989008
黑龙江	10	3798	3357	574282	2290459
中部地区	**122**	**73113**	**64752**	**5127228**	**30034298**
山　西	5	2615	2433	247080	709699
安　徽	21	13537	11237	1011691	2648457
江　西	19	11047	10536	700338	3053025
河　南	23	18453	16786	1749308	12138651
湖　北	14	9604	8459	746899	4106814
湖　南	40	17857	15301	671912	7377652
西部地区	**126**	**90893**	**83203**	**8261821**	**30545686**
内蒙古	15	11187	10652	1162104	2090375
广　西	14	14872	14299	738557	2612463
重　庆	17	7176	6321	373744	3221106
四　川	14	8548	8251	574702	5251688
贵　州	15	8716	7756	846993	5249208
云　南	4	1899	1838	180330	740546
西　藏					
陕　西	10	10183	8386	759077	4570889
甘　肃	9	8512	7619	393449	1177748
青　海	4	3554	3023	464348	899000
宁　夏	10	9153	8452	1352466	1299041
新　疆	14	7093	6606	1416051	3433622

2-8 续表 15

(粮油市场)

地 区	市场数量(个)	总摊位数(个)	年末出租摊位数(个)	营业面积(平方米)	成交额(万元)
全 国	**81**	**25505**	**22327**	**3256617**	**19172947**
东部地区	**58**	**18542**	**15558**	**2504545**	**15098518**
北 京					
天 津	3	1003	833	174410	546960
河 北	2	270	113	240000	50319
上 海	9	1025	939	47385	253868
江 苏	11	8050	7462	991346	9052030
浙 江	20	4560	3432	434709	3270793
福 建	1	268	268	31700	71500
山 东	7	2360	1700	340068	1333515
广 东	5	1006	811	244927	519533
海 南					
东北地区	**5**	**637**	**605**	**217000**	**598686**
辽 宁	3	498	475	173000	350186
吉 林	1	56	56	30000	70000
黑 龙 江	1	83	74	14000	178500
中部地区	**6**	**2529**	**2484**	**109668**	**937776**
山 西					
安 徽					
江 西	2	1380	1373	37762	351392
河 南					
湖 北	1	403	399	31500	25612
湖 南	3	746	712	40406	560772
西部地区	**12**	**3797**	**3680**	**425404**	**2537967**
内 蒙 古	2	144	122	186400	134120
广 西					
重 庆					
四 川	3	1682	1631	56000	299577
贵 州	2	413	402	40900	1400565
云 南	1	912	912	60500	286958
西 藏					
陕 西	1	270	270	11444	320650
甘 肃	1	130	130	38000	52389
青 海					
宁 夏	1	38	38	7160	13708
新 疆	1	208	175	25000	30000

2-8　续表 16

（肉禽蛋市场）

地　区	市场数量（个）	总摊位数（个）	年末出租摊位数（个）	营业面积（平方米）	成交额（万元）
全　国	**93**	**45826**	**39955**	**3754837**	**21042384**
东部地区	**55**	**24875**	**21358**	**2071482**	**14067809**
北　京	1	58	54	1100	16591
天　津					
河　北	3	1146	722	235000	1092863
上　海	4	1146	886	19450	175070
江　苏	23	8422	6767	455014	5582619
浙　江	9	2793	2733	107202	2049581
福　建	2	593	489	9300	66392
山　东	4	2484	2390	82060	139121
广　东	9	8233	7317	1162356	4945572
海　南					
东北地区	**4**	**1051**	**834**	**12015**	**188386**
辽　宁	3	496	346	7200	82177
吉　林					
黑龙江	1	555	488	4815	106209
中部地区	**14**	**5261**	**3795**	**266501**	**1100376**
山　西					
安　徽	3	1266	810	125827	249798
江　西	4	1118	1118	67800	701956
河　南	1	643	643	35200	47058
湖　北					
湖　南	6	2234	1224	37674	101564
西部地区	**20**	**14639**	**13968**	**1404839**	**5685813**
内蒙古	1	550	393	16000	15100
广　西	5	7726	7557	103992	651011
重　庆	4	1885	1691	102406	2079777
四　川	2	2455	2452	87977	2381943
贵　州	2	478	426	40902	58284
云　南	1	424	363	3830	71688
西　藏					
陕　西					
甘　肃					
青　海					
宁　夏	1	59	54	65000	60889
新　疆	4	1062	1032	984732	367121

2-8 续表 17

(水产品市场)

地　区	市场数量(个)	总摊位数(个)	年末出租摊位数(个)	营业面积(平方米)	成交额(万元)
全　国	**127**	**70633**	**65105**	**4583142**	**42581853**
东部地区	**102**	**51866**	**47730**	**3082947**	**25246681**
北　京	3	1979	1636	59025	1013910
天　津					
河　北	4	2639	2489	68000	117545
上　海	3	3664	3564	289500	2735233
江　苏	18	5799	5297	467293	2388233
浙　江	31	15437	13861	637306	6338437
福　建	9	3147	3023	293220	3501445
山　东	20	15093	14001	986948	6295550
广　东	14	4108	3859	281655	2856328
海　南					
东北地区	**8**	**5439**	**5137**	**383580**	**5732714**
辽　宁	6	4148	3846	255200	5103229
吉　林	1	1261	1261	120601	608385
黑龙江	1	30	30	7779	21100
中部地区	**11**	**9237**	**8458**	**742845**	**9889917**
山　西					
安　徽	1	397	397	52000	128094
江　西	1	820	811	43000	483673
河　南	2	1095	1095	87424	1299115
湖　北	3	3334	2579	348712	2475280
湖　南	4	3591	3576	211709	5503755
西部地区	**6**	**4091**	**3780**	**373770**	**1712541**
内蒙古					
广　西	1	371	319	13000	38599
重　庆	1	380	230	98000	65000
四　川					
贵　州	1	172	172	8037	485000
云　南					
西　藏					
陕　西	1	1800	1800	123333	900000
甘　肃					
青　海					
宁　夏	1	413	413	31400	168942
新　疆	1	955	846	100000	55000

2-8 续表 18

(蔬菜市场)

地 区	市场数量(个)	总摊位数(个)	年末出租摊位数(个)	营业面积(平方米)	成交额(万元)
全 国	**224**	**195007**	**172658**	**14928770**	**38797972**
东部地区	**123**	**134726**	**116380**	**9604513**	**23883278**
北 京	2	1753	1711	340000	2271500
天 津	6	6995	4282	538630	872007
河 北	28	59646	50441	2357356	3368056
上 海	2	467	467	52110	872413
江 苏	11	4208	3996	344170	1874957
浙 江	21	12402	9992	742278	2967768
福 建	5	1677	1601	229758	669142
山 东	36	41316	38140	4422910	8847582
广 东	11	5827	5315	528017	1923793
海 南	1	435	435	49284	216060
东北地区	**12**	**4007**	**3683**	**637660**	**2217393**
辽 宁	7	1678	1608	309660	527032
吉 林	1	395	367	28000	77477
黑 龙 江	4	1934	1708	300000	1612884
中部地区	**45**	**21538**	**19860**	**1731658**	**4015116**
山 西	3	2208	2026	206200	622699
安 徽	11	6896	6497	564506	1113100
江 西	6	2336	2215	325636	790340
河 南	14	5888	5051	425884	877022
湖 北	3	521	487	53200	69948
湖 南	8	3689	3584	156232	542007
西部地区	**44**	**34736**	**32735**	**2954939**	**8682185**
内 蒙 古	4	5484	5322	274104	700652
广 西	3	2123	2047	305000	702077
重 庆	6	1941	1938	77879	445965
四 川	4	2699	2599	311800	1775428
贵 州	3	2610	2601	121558	662360
云 南	2	563	563	116000	381900
西 藏					
陕 西	4	2555	2353	298000	1364368
甘 肃	7	7728	6913	314249	404559
青 海	2	2414	2414	277000	857679
宁 夏	3	3349	2950	629206	178670
新 疆	6	3270	3035	230143	1208527

2-8 续表 19

(干鲜果品市场)

地 区	市场数量(个)	总摊位数(个)	年末出租摊位数(个)	营业面积(平方米)	成交额(万元)
全 国	**105**	**72596**	**62521**	**5894785**	**38711458**
东部地区	**59**	**46018**	**40993**	**3623506**	**27589378**
北 京	1	2500	260	235000	94906
天 津					
河 北	7	19074	18925	830854	9487978
上 海	2	628	508	150510	1215160
江 苏	6	3837	2934	216961	729772
浙 江	15	7265	6766	510674	6218297
福 建	5	976	960	89316	643202
山 东	15	7993	7745	1043220	4264479
广 东	7	3365	2515	496971	4796298
海 南	1	380	380	50000	139286
东北地区	**8**	**3076**	**1448**	**387388**	**2795984**
辽 宁	4	2240	787	232000	2444026
吉 林	2	340	304	47700	115192
黑龙江	2	496	357	107688	236766
中部地区	**18**	**8105**	**7070**	**531637**	**2101272**
山 西	2	407	407	40880	87000
安 徽					
江 西	3	797	673	62700	199851
河 南	2	670	640	57000	110300
湖 北	4	4157	4129	255287	1414156
湖 南	7	2074	1221	115770	289965
西部地区	**20**	**15397**	**13010**	**1352254**	**6224824**
内蒙古					
广 西	2	889	765	82050	128302
重 庆	2	1173	1153	60787	447450
四 川	3	710	567	39300	201184
贵 州	4	1211	1067	136596	1063016
云 南					
西 藏					
陕 西	3	4378	2783	286300	1735871
甘 肃					
青 海	1	740	459	71145	11321
宁 夏	3	4698	4698	599900	864706
新 疆	2	1598	1518	76176	1772974

2-8 续表 20

(其他农产品市场)

地 区	市场数量(个)	总摊位数(个)	年末出租摊位数(个)	营业面积(平方米)	成交额(万元)
全 国	**155**	**103912**	**89954**	**5862719**	**32816559**
东部地区	**97**	**56454**	**48196**	**2232448**	**14983132**
北 京					
天 津	2	1404	1404	299226	1410462
河 北	3	1282	1246	135400	51091
上 海	5	5680	3884	170990	1081558
江 苏	43	24025	20959	702518	6370543
浙 江	18	11130	9740	477764	3610485
福 建	7	2416	2081	68300	303625
山 东	5	3153	2927	277156	1359240
广 东	13	6949	5540	98094	779570
海 南	1	415	415	3000	16558
东北地区	**8**	**3882**	**3643**	**251737**	**241230**
辽 宁	5	1407	1390	109200	123276
吉 林	3	2475	2253	142537	117954
黑龙江					
中部地区	**28**	**26443**	**23085**	**1744919**	**11989841**
山 西					
安 徽	6	4978	3533	269358	1157465
江 西	3	4596	4346	163440	525813
河 南	4	10157	9357	1143800	9805156
湖 北	3	1189	865	58200	121818
湖 南	12	5523	4984	110121	379589
西部地区	**22**	**17133**	**15030**	**1633615**	**5602356**
内蒙古	6	3909	3815	568600	1140503
广 西	3	3763	3611	234515	1092474
重 庆	4	1797	1309	34672	182914
四 川	2	1002	1002	79625	593556
贵 州	3	3832	3088	499000	1579983
云 南					
西 藏					
陕 西	1	1180	1180	40000	250000
甘 肃	1	654	576	41200	720800
青 海	1	400	150	116203	30000
宁 夏	1	596	299	19800	12126
新 疆					

2-8 续表 21

(食品、饮料及烟酒市场)

地　区	市场数量(个)	总摊位数(个)	年末出租摊位数(个)	营业面积(平方米)	成交额(万元)
全　国	**98**	**66909**	**48021**	**3331993**	**11524338**
东部地区	**52**	**43494**	**28436**	**2314997**	**7184193**
北　京	2	417	401	25500	54666
天　津	1	3136	1865	266800	475000
河　北	1	628	628	5000	10769
上　海	2	671	669	43000	30005
江　苏	14	4846	3401	347721	978546
浙　江	15	20238	9289	812185	3499367
福　建	3	2770	2753	97221	227121
山　东	10	9722	8508	634010	1778798
广　东	4	1066	922	83560	129921
海　南					
东北地区	**8**	**5243**	**3938**	**109461**	**1079538**
辽　宁	2	2208	1379	47761	189805
吉　林	1	135	123	1300	11093
黑龙江	5	2900	2436	60400	878640
中部地区	**23**	**12157**	**10631**	**570852**	**2029948**
山　西	1	120	99	3000	11372
安　徽	5	3170	2813	318059	650074
江　西	1	400	400	14000	21049
河　南	2	533	530	35473	147436
湖　北	5	3831	3612	91189	697486
湖　南	9	4103	3177	109131	502531
西部地区	**15**	**6015**	**5016**	**336683**	**1230659**
内蒙古	1	53	53	7800	17795
广　西	4	981	789	30183	181429
重　庆	4	2251	1626	68553	244003
四　川	2	315	315	28116	81920
贵　州	1	970	970	23752	445660
云　南	2	1245	1121	171266	242319
西　藏					
陕　西					
甘　肃					
青　海					
宁　夏					
新　疆	1	200	142	7013	17533

2-8 续表 22

(食品饮料市场)

地 区	市场数量(个)	总摊位数(个)	年末出租摊位数(个)	营业面积(平方米)	成交额(万元)
全 国	**26**	**17038**	**13716**	**666310**	**2084871**
东部地区	**12**	**8944**	**7993**	**462260**	**1339905**
北 京					
天 津					
河 北	1	628	628	5000	10769
上 海					
江 苏	3	562	425	62987	90961
浙 江	3	1610	1005	67693	330142
福 建					
山 东	4	5744	5625	291580	894331
广 东	1	400	310	35000	13702
海 南					
东北地区	**4**	**2748**	**1846**	**68128**	**195977**
辽 宁	1	1978	1149	30128	159805
吉 林					
黑 龙 江	3	770	697	38000	36172
中部地区	**6**	**3110**	**2324**	**88356**	**327953**
山 西					
安 徽					
江 西					
河 南	2	533	530	35473	147436
湖 北	1	351	351	10500	50835
湖 南	3	2226	1443	42383	129682
西部地区	**4**	**2236**	**1553**	**47566**	**221036**
内 蒙 古					
广 西					
重 庆	3	2036	1411	40553	203503
四 川					
贵 州					
云 南					
西 藏					
陕 西					
甘 肃					
青 海					
宁 夏					
新 疆	1	200	142	7013	17533

2-8 续表 23

(茶叶市场)

地 区	市场数量(个)	总摊位数(个)	年末出租摊位数(个)	营业面积(平方米)	成交额(万元)
全 国	**29**	**23135**	**12684**	**1256455**	**3079749**
东部地区	**16**	**18111**	**7879**	**715004**	**2097470**
北 京	2	417	401	25500	54666
天 津					
河 北					
上 海	2	671	669	43000	30005
江 苏					
浙 江	6	13056	3026	452944	1576236
福 建	1	2501	2501	55000	123024
山 东	2	800	670	90000	197320
广 东	3	666	612	48560	116219
海 南					
东北地区	**1**	**230**	**230**	**17633**	**30000**
辽 宁	1	230	230	17633	30000
吉 林					
黑龙江					
中部地区	**5**	**2779**	**2694**	**283936**	**457390**
山 西					
安 徽	2	1254	1245	260900	258813
江 西					
河 南					
湖 北	2	1320	1255	7444	186621
湖 南	1	205	194	15592	11956
西部地区	**7**	**2015**	**1881**	**239882**	**494889**
内蒙古					
广 西	2	240	230	12500	130150
重 庆	1	215	215	28000	40500
四 川	2	315	315	28116	81920
贵 州					
云 南	2	1245	1121	171266	242319
西 藏					
陕 西					
甘 肃					
青 海					
宁 夏					
新 疆					

2-8 续表 24

(其他食品饮料及烟酒市场)

地 区	市场数量(个)	总摊位数(个)	年末出租摊位数(个)	营业面积(平方米)	成交额(万元)
全 国	**35**	**24107**	**19311**	**1182960**	**5309395**
东部地区	**20**	**15399**	**11619**	**990233**	**2956543**
北 京					
天 津	1	3136	1865	266800	475000
河 北					
上 海					
江 苏	10	4084	2790	281534	853542
浙 江	4	5092	4782	163248	1092125
福 建	2	269	252	42221	104097
山 东	3	2818	1930	236430	431779
广 东					
海 南					
东北地区	**3**	**2265**	**1862**	**23700**	**853561**
辽 宁					
吉 林	1	135	123	1300	11093
黑 龙 江	2	2130	1739	22400	842468
中部地区	**8**	**4679**	**4248**	**119792**	**984557**
山 西	1	120	99	3000	11372
安 徽	2	1351	1216	12159	215425
江 西					
河 南					
湖 北	2	2160	2006	73245	460030
湖 南	3	1048	927	31388	297730
西部地区	**4**	**1764**	**1582**	**49235**	**514734**
内 蒙 古	1	53	53	7800	17795
广 西	2	741	559	17683	51279
重 庆					
四 川					
贵 州	1	970	970	23752	445660
云 南					
西 藏					
陕 西					
甘 肃					
青 海					
宁 夏					
新 疆					

2-8 续表 25

(纺织、服装、鞋帽市场)

地 区	市场数量(个)	总摊位数(个)	年末出租摊位数(个)	营业面积(平方米)	成交额(万元)
全 国	**421**	**672028**	**591446**	**34025416**	**157448566**
东部地区	**228**	**379005**	**336483**	**23766357**	**126628054**
北 京	7	11150	9941	348059	305282
天 津	2	2806	2701	39800	140843
河 北	17	45277	36859	3299973	8378012
上 海	8	7518	6261	221224	509972
江 苏	31	80764	73567	7671148	51717448
浙 江	68	114391	109740	5910574	45947286
福 建	5	5506	4980	299809	1090501
山 东	38	35771	33861	1572431	5664868
广 东	52	75822	58573	4403339	12873842
海 南					
东北地区	**39**	**80371**	**71370**	**1857489**	**13443563**
辽 宁	20	56540	51441	1107609	12529117
吉 林	6	7075	6805	133880	231684
黑龙江	13	16756	13124	616000	682762
中部地区	**92**	**97079**	**82183**	**4308076**	**7351948**
山 西	9	6525	4786	370727	427164
安 徽	6	10033	9061	383126	777761
江 西	7	4001	3957	138402	563722
河 南	21	26371	23430	1419373	2563066
湖 北	18	24991	20067	1242223	1279271
湖 南	31	25158	20882	754225	1740964
西部地区	**62**	**115573**	**101410**	**4093494**	**10025001**
内蒙古	7	6291	5639	205600	300881
广 西	8	10741	10604	398581	673593
重 庆	6	3626	3546	243027	2263869
四 川	10	15854	15183	582600	1153413
贵 州	2	3830	3178	205000	632097
云 南	3	34521	28738	838110	2458543
西 藏					
陕 西	5	8403	7683	448382	1286790
甘 肃	2	5910	5620	425000	300319
青 海	2	2534	2534	109708	76977
宁 夏	3	5496	5195	120000	156109
新 疆	14	18367	13490	517486	722410

2-8 续表 26

(布料及纺织品市场)

地 区	市场数量(个)	总摊位数(个)	年末出租摊位数(个)	营业面积(平方米)	成交额(万元)
全 国	**54**	**114864**	**98056**	**10483707**	**71808380**
东部地区	**43**	**103623**	**88785**	**10200733**	**71204661**
北 京					
天 津					
河 北	2	2965	1383	310000	584648
上 海	1	2560	1942	98000	26592
江 苏	7	20130	19129	3580472	30972920
浙 江	18	43290	41750	2990088	30735412
福 建	1	420	420	34440	191240
山 东	5	2346	2106	208800	566853
广 东	9	31912	22055	2978933	8126996
海 南					
东北地区	**4**	**5753**	**5086**	**91000**	**400695**
辽 宁	1	2600	2239	30000	308400
吉 林					
黑 龙 江	3	3153	2847	61000	92295
中部地区	**6**	**4921**	**3876**	**151974**	**177093**
山 西					
安 徽	1	2600	2495	60000	71523
江 西					
河 南	2	1806	906	69300	33200
湖 北	2	235	217	10674	20121
湖 南	1	280	258	12000	52249
西部地区	**1**	**567**	**309**	**40000**	**25931**
内 蒙 古					
广 西					
重 庆					
四 川	1	567	309	40000	25931
贵 州					
云 南					
西 藏					
陕 西					
甘 肃					
青 海					
宁 夏					
新 疆					

2-8 续表 27

(服装市场)

地　区	市场数量(个)	总摊位数(个)	年末出租摊位数(个)	营业面积(平方米)	成交额(万元)
全　国	**274**	**419455**	**374842**	**19190409**	**62784990**
东部地区	**143**	**237153**	**214702**	**11972331**	**49253062**
北　京	6	10705	9496	330059	272536
天　津	2	2806	2701	39800	140843
河　北	13	41117	34437	2961948	7230134
上　海	7	4958	4319	123224	483380
江　苏	13	43082	39096	3521688	17398198
浙　江	41	67025	64649	2744301	14497199
福　建	3	4286	4210	165369	869261
山　东	21	25296	24124	870670	4288386
广　东	37	37878	31670	1215272	4073125
海　南					
东北地区	**23**	**27230**	**25635**	**1185175**	**1919004**
辽　宁	13	17056	16162	632575	1436240
吉　林	3	4061	4061	71600	177765
黑龙江	7	6113	5412	481000	304999
中部地区	**70**	**67827**	**57943**	**3071091**	**5322934**
山　西	8	6185	4446	341727	416164
安　徽	4	6733	5988	298998	696223
江　西	5	3147	3109	110402	233392
河　南	16	21750	19759	1071073	1947052
湖　北	12	11762	9816	658505	876422
湖　南	25	18250	14825	590386	1153681
西部地区	**38**	**87245**	**76562**	**2961812**	**6289990**
内蒙古	5	4535	3989	105600	159280
广　西	5	7962	7904	325621	557371
重　庆	2	1317	1317	101391	209525
四　川	6	14019	13606	494000	977922
贵　州	1	2210	2210	125000	493531
云　南	3	34521	28738	838110	2458543
西　藏					
陕　西	3	5195	4527	213200	655219
甘　肃	2	5910	5620	425000	300319
青　海	1	213	213	9600	10573
宁　夏					
新　疆	10	11363	8438	324290	467707

2-8 续表 28

(鞋帽市场)

地区	市场数量(个)	总摊位数(个)	年末出租摊位数(个)	营业面积(平方米)	成交额(万元)
全国	**33**	**24566**	**19646**	**1191147**	**4890653**
东部地区	**18**	**11325**	**9148**	**668865**	**2114514**
北京					
天津					
河北	1	535	496	8025	353320
上海					
江苏	2	881	665	151150	105600
浙江	4	1135	1066	106615	557740
福建	1	800	350	100000	30000
山东	5	2742	2441	105941	462219
广东	5	5232	4130	197134	605635
海南					
东北地区	**4**	**6050**	**3780**	**40500**	**132418**
辽宁	2	2750	1900	16500	78818
吉林					
黑龙江	2	3300	1880	24000	53600
中部地区	**7**	**3056**	**2635**	**137500**	**489423**
山西	1	340	340	29000	11000
安徽					
江西	1	486	486	14500	16150
河南	1	600	550	16000	375000
湖北	2	720	574	50000	43600
湖南	2	910	685	28000	43673
西部地区	**4**	**4135**	**4083**	**344282**	**2154298**
内蒙古					
广西					
重庆	1	536	536	80100	1505951
四川	1	391	391	29000	16776
贵州					
云南					
西藏					
陕西	2	3208	3156	235182	631571
甘肃					
青海					
宁夏					
新疆					

2-8 续表 29

(其他纺织服装鞋帽市场)

地　区	市场数量(个)	总摊位数(个)	年末出租摊位数(个)	营业面积(平方米)	成交额(万元)
全　国	**60**	**113143**	**98902**	**3160153**	**17964543**
东部地区	**24**	**26904**	**23848**	**924428**	**4055817**
北　京	1	445	445	18000	32746
天　津					
河　北	1	660	543	20000	209910
上　海					
江　苏	9	16671	14677	417838	3240730
浙　江	5	2941	2275	69570	156935
福　建					
山　东	7	5387	5190	387020	347410
广　东	1	800	718	12000	68086
海　南					
东北地区	**8**	**41338**	**36869**	**540814**	**10991446**
辽　宁	4	34134	31140	428534	10705659
吉　林	3	3014	2744	62280	53919
黑龙江	1	4190	2985	50000	231868
中部地区	**9**	**21275**	**17729**	**947511**	**1362498**
山　西					
安　徽	1	700	578	24128	10015
江　西	1	368	362	13500	314180
河　南	2	2215	2215	263000	207814
湖　北	2	12274	9460	523044	339128
湖　南	3	5718	5114	123839	491361
西部地区	**19**	**23626**	**20456**	**747400**	**1554782**
内蒙古	2	1756	1650	100000	141601
广　西	3	2779	2700	72960	116222
重　庆	3	1773	1693	61536	548393
四　川	2	877	877	19600	132784
贵　州	1	1620	968	80000	138566
云　南					
西　藏					
陕　西					
甘　肃					
青　海	1	2321	2321	100108	66404
宁　夏	3	5496	5195	120000	156109
新　疆	4	7004	5052	193196	254703

2-8 续表 30

(日用品及文化用品市场)

地 区	市场数量(个)	总摊位数(个)	年末出租摊位数(个)	营业面积(平方米)	成交额(万元)
全 国	**74**	**71727**	**58521**	**3647087**	**18961742**
东部地区	**54**	**58318**	**49798**	**2709065**	**16732304**
北 京					
天 津					
河 北	3	15035	12784	298937	7226321
上 海	2	97	85	10000	2177650
江 苏	8	7257	5678	401148	1190053
浙 江	7	6938	5397	271100	603780
福 建					
山 东	14	12079	10646	782828	3329702
广 东	20	16912	15208	945052	2204798
海 南					
东北地区	**3**	**4822**	**3657**	**224000**	**1001345**
辽 宁	3	4822	3657	224000	1001345
吉 林					
黑 龙 江					
中部地区	**12**	**6694**	**3206**	**641461**	**938517**
山 西					
安 徽					
江 西	1	251	251	200000	51000
河 南	4	4624	1225	305000	64422
湖 北	3	1101	1096	101676	571009
湖 南	4	718	634	34785	252086
西部地区	**5**	**1893**	**1860**	**72561**	**289576**
内 蒙 古					
广 西					
重 庆	4	1360	1343	47161	268431
四 川					
贵 州					
云 南					
西 藏					
陕 西					
甘 肃					
青 海					
宁 夏					
新 疆	1	533	517	25400	21145

2-8 续表 31

(小商品市场)

地　区	市场数量（个）	总摊位数（个）	年末出租摊位数（个）	营业面积（平方米）	成交额（万元）
全　国	**35**	**32460**	**25728**	**1466273**	**5798840**
东部地区	**29**	**29099**	**23457**	**1038873**	**5532294**
北　京					
天　津					
河　北	2	9085	6910	142597	2150521
上　海	1	27	15	5000	21650
江　苏	4	2625	1360	80448	161273
浙　江	1	632	632	21600	127759
福　建					
山　东	9	9596	8163	569428	2648396
广　东	12	7134	6377	219800	422695
海　南					
东北地区	**1**	**1777**	**742**	**150000**	**132000**
辽　宁	1	1777	742	150000	132000
吉　林					
黑龙江					
中部地区	**4**	**1051**	**1012**	**252000**	**113401**
山　西					
安　徽					
江　西	1	251	251	200000	51000
河　南	2	474	435	48000	30524
湖　北	1	326	326	4000	31877
湖　南					
西部地区	**1**	**533**	**517**	**25400**	**21145**
内蒙古					
广　西					
重　庆					
四　川					
贵　州					
云　南					
西　藏					
陕　西					
甘　肃					
青　海					
宁　夏					
新　疆	1	533	517	25400	21145

2-8 续表 32

(其他日用品及文化用品市场)

地　区	市场数量(个)	总摊位数(个)	年末出租摊位数(个)	营业面积(平方米)	成交额(万元)
全　国	**23**	**20720**	**18379**	**1008850**	**5348680**
东部地区	**15**	**17020**	**14713**	**816913**	**4512739**
北　京					
天　津					
河　北					
上　海	1	70	70	5000	2156000
江　苏	3	4566	4258	315700	1015780
浙　江	6	6306	4765	249500	476021
福　建					
山　东	1	1020	1020	60000	300000
广　东	4	5058	4600	186713	564938
海　南					
东北地区	**1**	**1495**	**1495**	**45000**	**17402**
辽　宁	1	1495	1495	45000	17402
吉　林					
黑龙江					
中部地区	**3**	**845**	**828**	**99776**	**550108**
山　西					
安　徽					
江　西					
河　南					
湖　北	2	775	770	97676	539132
湖　南	1	70	58	2100	10976
西部地区	**4**	**1360**	**1343**	**47161**	**268431**
内蒙古					
广　西					
重　庆	4	1360	1343	47161	268431
四　川					
贵　州					
云　南					
西　藏					
陕　西					
甘　肃					
青　海					
宁　夏					
新　疆					

2-8 续表 33

(黄金、珠宝、玉器等首饰市场)

地 区	市场数量(个)	总摊位数(个)	年末出租摊位数(个)	营业面积(平方米)	成交额(万元)
全 国	**24**	**28291**	**22017**	**2049544**	**8431865**
东部地区	**17**	**25559**	**19791**	**1895976**	**7810261**
北 京	2	833	460	18829	111238
天 津					
河 北					
上 海					
江 苏	2	5400	4686	188350	1695120
浙 江	2	2740	1750	126973	3136421
福 建	4	1862	1857	242569	1040743
山 东	2	2049	987	546600	1198405
广 东	5	12675	10051	772655	628334
海 南					
东北地区	**3**	**2180**	**1680**	**38180**	**62324**
辽 宁	3	2180	1680	38180	62324
吉 林					
黑 龙 江					
中部地区	**3**	**222**	**216**	**58927**	**553501**
山 西					
安 徽					
江 西	1	70	65	30927	38200
河 南	1	102	101	8000	43723
湖 北					
湖 南	1	50	50	20000	471578
西部地区	**1**	**330**	**330**	**56461**	**5779**
内 蒙 古					
广 西					
重 庆					
四 川					
贵 州					
云 南					
西 藏					
陕 西					
甘 肃					
青 海					
宁 夏					
新 疆	1	330	330	56461	5779

2-8　续表 34

(电器、通讯器材、电子设备市场)

地　区	市场数量 (个)	总摊位数 (个)	年末出租摊位数 (个)	营业面积 (平方米)	成交额 (万元)
全　国	**98**	**52892**	**44653**	**2920893**	**5639199**
东部地区	**50**	**27195**	**22304**	**911366**	**2655711**
北　京	3	3055	2707	60075	557875
天　津					
河　北	1	300	300	36000	44235
上　海	2	426	356	10689	57709
江　苏	6	3135	2596	80431	254349
浙　江	19	7112	5231	265021	611204
福　建	1	719	560	38000	95724
山　东	7	3094	2825	267900	757577
广　东	11	9354	7729	153250	277038
海　南					
东北地区	**5**	**4151**	**3434**	**145109**	**649197**
辽　宁	2	2228	1811	79000	324097
吉　林	1	203	203	6109	74100
黑龙江	2	1720	1420	60000	251000
中部地区	**24**	**14265**	**12353**	**1476547**	**1568246**
山　西					
安　徽	1	3902	3521	875253	9570
江　西	2	1239	966	53994	47782
河　南	5	4034	3873	311238	567546
湖　北	2	701	648	33000	193355
湖　南	14	4389	3345	203062	749993
西部地区	**19**	**7281**	**6562**	**387871**	**766045**
内蒙古	1	416	416	15845	33625
广　西	1	780	780	20678	81380
重　庆	8	2450	1944	161068	340942
四　川	1	78	60	4000	12825
贵　州	2	652	478	39800	105183
云　南					
西　藏					
陕　西	4	2295	2295	129021	145953
甘　肃					
青　海					
宁　夏	1	280	280	6800	35047
新　疆	1	330	309	10659	11090

2-8 续表 35

(家电市场)

地　区	市场数量(个)	总摊位数(个)	年末出租摊位数(个)	营业面积(平方米)	成交额(万元)
全　国	**29**	**11812**	**10149**	**1433415**	**1631620**
东部地区	**13**	**3752**	**3260**	**279928**	**841760**
北　京					
天　津					
河　北					
上　海					
江　苏	1	400	381	11000	51206
浙　江	4	391	342	47828	147975
福　建					
山　东	3	1152	1066	169000	540150
广　东	5	1809	1471	52100	102429
海　南					
东北地区	**1**	**728**	**500**	**24000**	**15793**
辽　宁	1	728	500	24000	15793
吉　林					
黑龙江					
中部地区	**14**	**7303**	**6361**	**1114487**	**753950**
山　西					
安　徽	1	3902	3521	875253	9570
江　西	2	1239	966	53994	47782
河　南	3	709	548	79428	201146
湖　北					
湖　南	8	1453	1326	105812	495452
西部地区	**1**	**29**	**28**	**15000**	**20117**
内蒙古					
广　西					
重　庆	1	29	28	15000	20117
四　川					
贵　州					
云　南					
西　藏					
陕　西					
甘　肃					
青　海					
宁　夏					
新　疆					

2-8　续表 36

(通讯器材市场)

地　区	市场数量(个)	总摊位数(个)	年末出租摊位数(个)	营业面积(平方米)	成交额(万元)
全　国	**16**	**10309**	**8975**	**333748**	**689709**
东部地区	**8**	**6518**	**5650**	**149698**	**223792**
北　京					
天　津					
河　北	1	300	300	36000	44235
上　海					
江　苏	1	1604	1400	44232	40000
浙　江	3	1022	1001	43866	45974
福　建					
山　东					
广　东	3	3592	2949	25600	93583
海　南					
东北地区					
辽　宁					
吉　林					
黑龙江					
中部地区	**3**	**1151**	**794**	**34250**	**205955**
山　西					
安　徽					
江　西					
河　南					
湖　北	2	701	648	33000	193355
湖　南	1	450	146	1250	12600
西部地区	**5**	**2640**	**2531**	**149800**	**259962**
内蒙古					
广　西					
重　庆	3	1213	1104	84000	236662
四　川					
贵　州					
云　南					
西　藏					
陕　西	2	1427	1427	65800	23300
甘　肃					
青　海					
宁　夏					
新　疆					

2-8 续表 37

(计算机及辅助设备市场)

地 区	市场数量(个)	总摊位数(个)	年末出租摊位数(个)	营业面积(平方米)	成交额(万元)
全 国	**44**	**25412**	**21081**	**987575**	**2685334**
东部地区	**24**	**13308**	**10450**	**392385**	**1127699**
北 京	1	1283	1283	29800	255084
天 津					
河 北					
上 海	1	179	161	2889	21483
江 苏	4	1131	815	25199	163143
浙 江	10	4101	2563	122047	293812
福 建	1	719	560	38000	95724
山 东	4	1942	1759	98900	217427
广 东	3	3953	3309	75550	81026
海 南					
东北地区	**4**	**3423**	**2934**	**121109**	**633404**
辽 宁	1	1500	1311	55000	308304
吉 林	1	203	203	6109	74100
黑 龙 江	2	1720	1420	60000	251000
中部地区	**5**	**4724**	**4164**	**299810**	**538651**
山 西					
安 徽					
江 西					
河 南	1	2918	2918	215810	350000
湖 北					
湖 南	4	1806	1246	84000	188651
西部地区	**11**	**3957**	**3533**	**174271**	**385580**
内 蒙 古	1	416	416	15845	33625
广 西	1	780	780	20678	81380
重 庆	3	1053	742	50068	78060
四 川	1	78	60	4000	12825
贵 州	1	152	78	3000	10900
云 南					
西 藏					
陕 西	2	868	868	63221	122653
甘 肃					
青 海					
宁 夏	1	280	280	6800	35047
新 疆	1	330	309	10659	11090

2-8 续表 38

(医药、医疗用品及器材市场)

地 区	市场数量(个)	总摊位数(个)	年末出租摊位数(个)	营业面积(平方米)	成交额(万元)
全 国	**21**	**77600**	**47388**	**3193236**	**16530009**
东部地区	**8**	**16356**	**10630**	**877133**	**3880755**
北 京					
天 津					
河 北	1	12000	7000	360000	3500000
上 海	1	190	155	8000	19000
江 苏					
浙 江	2	1828	1309	86540	135334
福 建	1	28	28	1500	11400
山 东	1	968	806	60000	42510
广 东	2	1342	1332	361093	172511
海 南					
东北地区	**3**	**2264**	**1851**	**188900**	**972479**
辽 宁	1	724	355	93900	172479
吉 林	2	1540	1496	95000	800000
黑龙江					
中部地区	**6**	**11192**	**8499**	**679203**	**6067665**
山 西					
安 徽	1	5660	5460	67601	4000000
江 西	1	700	362	19000	970000
河 南	2	3046	930	114950	266974
湖 北					
湖 南	2	1786	1747	477652	830691
西部地区	**4**	**47788**	**26408**	**1448000**	**5609110**
内蒙古					
广 西	1	1116	1000	23000	960000
重 庆					
四 川	1	41612	20348	1255000	3837610
贵 州					
云 南					
西 藏					
陕 西					
甘 肃	1	5000	5000	150000	800000
青 海	1	60	60	20000	11500
宁 夏					
新 疆					

2-8 续表 39

(中药材市场)

地　区	市场数量(个)	总摊位数(个)	年末出租摊位数(个)	营业面积(平方米)	成交额(万元)
全　国	**21**	**77600**	**47388**	**3193236**	**16530009**
东部地区	**8**	**16356**	**10630**	**877133**	**3880755**
北　京					
天　津					
河　北	1	12000	7000	360000	3500000
上　海	1	190	155	8000	19000
江　苏					
浙　江	2	1828	1309	86540	135334
福　建	1	28	28	1500	11400
山　东	1	968	806	60000	42510
广　东	2	1342	1332	361093	172511
海　南					
东北地区	**3**	**2264**	**1851**	**188900**	**972479**
辽　宁	1	724	355	93900	172479
吉　林	2	1540	1496	95000	800000
黑龙江					
中部地区	**6**	**11192**	**8499**	**679203**	**6067665**
山　西					
安　徽	1	5660	5460	67601	4000000
江　西	1	700	362	19000	970000
河　南	2	3046	930	114950	266974
湖　北					
湖　南	2	1786	1747	477652	830691
西部地区	**4**	**47788**	**26408**	**1448000**	**5609110**
内蒙古					
广　西	1	1116	1000	23000	960000
重　庆					
四　川	1	41612	20348	1255000	3837610
贵　州					
云　南					
西　藏					
陕　西					
甘　肃	1	5000	5000	150000	800000
青　海	1	60	60	20000	11500
宁　夏					
新　疆					

2-8　续表 40

(家具、五金及装饰材料市场)

地　区	市场数量 (个)	总摊位数 (个)	年末出租摊位数 (个)	营业面积 (平方米)	成交额 (万元)
全　国	**494**	**314326**	**267390**	**42410488**	**52044332**
东部地区	**283**	**180925**	**158803**	**25699523**	**33859060**
北　京	15	8324	7197	1258468	1434959
天　津	6	4271	4106	496123	1166700
河　北	21	14065	10762	4722526	3701326
上　海	13	8444	8105	953103	635922
江　苏	81	53875	45869	6817028	8160333
浙　江	73	48282	44200	4815049	10489172
福　建	6	1736	1446	423230	466170
山　东	42	30581	27194	3686835	5359343
广　东	25	10816	9393	2489161	2364235
海　南	1	531	531	38000	80900
东北地区	**28**	**16433**	**15190**	**1511659**	**1296762**
辽　宁	22	13526	12503	1008858	1144116
吉　林	2	2102	2002	349301	69850
黑龙江	4	805	685	153500	82796
中部地区	**101**	**76206**	**56806**	**8718621**	**10721959**
山　西	3	1158	1070	177998	121403
安　徽	14	20992	9227	1292991	1247824
江　西	20	21732	19187	3018512	3435458
河　南	13	7565	6779	1235550	955497
湖　北	19	9877	6965	1218678	2162912
湖　南	32	14882	13578	1774892	2798865
西部地区	**82**	**40762**	**36591**	**6480685**	**6166551**
内蒙古	3	670	670	96000	116424
广　西	5	2866	2533	463608	381723
重　庆	23	10301	9281	1448540	2508684
四　川	12	10037	8822	1765278	640071
贵　州	5	1681	1659	370884	313029
云　南	4	1417	1145	323234	123851
西　藏					
陕　西	14	5335	4435	1078450	1182160
甘　肃	4	1836	1661	115000	254144
青　海	1	1168	1168	10949	92050
宁　夏	6	2951	2851	515225	212710
新　疆	5	2500	2366	293517	341705

2-8 续表 41

(家具市场)

地　区	市场数量(个)	总摊位数(个)	年末出租摊位数(个)	营业面积(平方米)	成交额(万元)
全　国	**158**	**90723**	**78304**	**16879171**	**16180342**
东部地区	**85**	**51308**	**43429**	**9821141**	**10028585**
北　京	9	4620	4276	891180	475886
天　津	1	418	267	48381	18319
河　北	7	8171	4974	3487518	2138948
上　海	2	349	349	160859	48537
江　苏	26	15330	12387	1954836	2162137
浙　江	26	15360	14786	1977357	4266452
福　建	2	710	584	213000	230735
山　东	8	5124	4745	660385	539903
广　东	4	1226	1061	427625	147668
海　南					
东北地区	**14**	**5545**	**4701**	**774457**	**618311**
辽　宁	11	4398	3623	523457	569409
吉　林	1	802	802	150000	8250
黑龙江	2	345	276	101000	40652
中部地区	**29**	**18875**	**16849**	**3158705**	**2694753**
山　西	1	531	531	134192	61398
安　徽	3	419	418	143865	61950
江　西	12	13530	11816	2086634	1984829
河　南	2	2375	2232	500000	397086
湖　北	4	829	729	132014	80159
湖　南	7	1191	1123	162000	109331
西部地区	**30**	**14995**	**13325**	**3124868**	**2838693**
内蒙古	3	670	670	96000	116424
广　西	2	1476	1148	208108	236916
重　庆	4	2438	1912	571058	1155059
四　川	6	5768	5403	1097338	292122
贵　州	2	442	442	123884	34415
云　南	2	645	445	187116	70409
西　藏					
陕　西	7	2202	2121	615095	699119
甘　肃	1	120	120	40000	161780
青　海					
宁　夏	2	724	624	142213	54449
新　疆	1	510	440	44056	18000

2-8 续表 42

(装饰材料市场)

地区	市场数量(个)	总摊位数(个)	年末出租摊位数(个)	营业面积(平方米)	成交额(万元)
全国	**197**	**122536**	**101730**	**15417087**	**18907203**
东部地区	**109**	**60295**	**54584**	**8773028**	**10335069**
北京	4	1974	1811	282288	912385
天津	2	570	570	42000	38400
河北	8	2552	2552	476084	444799
上海	4	3448	3157	308904	388199
江苏	33	21119	18783	3093913	2614654
浙江	23	15248	14227	1538003	2261118
福建	3	621	457	47500	133562
山东	19	9804	8569	1408748	2058559
广东	12	4428	3927	1537588	1402493
海南	1	531	531	38000	80900
东北地区	**9**	**5572**	**5324**	**324401**	**460120**
辽宁	8	5492	5244	294401	439620
吉林					
黑龙江	1	80	80	30000	20500
中部地区	**49**	**42112**	**28607**	**4374148**	**6416144**
山西	2	627	539	43806	60005
安徽	8	15545	4523	942013	1060496
江西	6	7286	6793	905192	1216807
河南	4	3524	2975	606800	342115
湖北	12	5165	4901	938820	1869308
湖南	17	9965	8876	937517	1867413
西部地区	**30**	**14557**	**13215**	**1945510**	**1695870**
内蒙古					
广西	2	990	985	205500	76807
重庆	15	6430	6074	683937	1058115
四川	2	1789	1208	181760	26189
贵州	2	975	962	180000	179402
云南	1	457	405	75410	40031
西藏					
陕西	3	1219	1121	285532	193493
甘肃	1	459	284	30000	8946
青海					
宁夏	2	1507	1507	185541	87175
新疆	2	731	669	117830	25712

2-8 续表 43

(五金材料市场)

地　区	市场数量(个)	总摊位数(个)	年末出租摊位数(个)	营业面积(平方米)	成交额(万元)
全　国	**67**	**52247**	**42748**	**4363331**	**9580540**
东部地区	**43**	**36890**	**31347**	**2815556**	**7497312**
北　京	1	550	334	35000	30203
天　津	3	3283	3269	405742	1109981
河　北	1	2000	1894	320000	826492
上　海	1	1820	1820	110000	63719
江　苏	11	9184	6692	525280	1009165
浙　江	9	7558	6734	263901	2357081
福　建					
山　东	8	7333	6199	631685	1286597
广　东	9	5162	4405	523948	814074
海　南					
东北地区	**2**	**2100**	**2000**	**299301**	**77170**
辽　宁	1	800	800	100000	15570
吉　林	1	1300	1200	199301	61600
黑龙江					
中部地区	**16**	**9102**	**6005**	**757294**	**1395213**
山　西					
安　徽					
江　西	1	738	400	11686	219500
河　南	6	1286	1202	47550	191706
湖　北	3	3883	1335	147844	213445
湖　南	6	3195	3068	550214	770562
西部地区	**6**	**4155**	**3396**	**491180**	**610845**
内蒙古					
广　西	1	400	400	50000	68000
重　庆					
四　川	3	2220	2043	406180	276760
贵　州					
云　南					
西　藏					
陕　西	1	800	220	11000	9000
甘　肃					
青　海					
宁　夏					
新　疆	1	735	733	24000	257085

2-8 续表 44

(其他装修市场)

地 区	市场数量(个)	总摊位数(个)	年末出租摊位数(个)	营业面积(平方米)	成交额(万元)
全 国	**56**	**40318**	**36856**	**4607256**	**5008789**
东部地区	**39**	**26860**	**24240**	**3584900**	**4178277**
北 京	1	1180	776	50000	16485
天 津					
河 北	5	1342	1342	438924	291087
上 海	5	2696	2648	329340	113358
江 苏	10	5242	5021	831999	1340377
浙 江	12	9011	7689	957498	1248221
福 建	1	405	405	162730	101873
山 东	5	6984	6359	814409	1066876
广 东					
海 南					
东北地区	**2**	**2940**	**2889**	**59500**	**106161**
辽 宁	1	2560	2560	37000	84517
吉 林					
黑 龙 江	1	380	329	22500	21644
中部地区	**6**	**5737**	**4975**	**347274**	**191259**
山 西					
安 徽	3	5028	4286	207113	125378
江 西	1	178	178	15000	14322
河 南					
湖 北					
湖 南	2	531	511	125161	51559
西部地区	**9**	**4781**	**4752**	**615582**	**533092**
内 蒙 古					
广 西					
重 庆					
四 川					
贵 州	1	264	255	67000	99212
云 南	1	315	295	60708	13411
西 藏					
陕 西	1	533	533	136823	133007
甘 肃	2	1257	1257	45000	83418
青 海	1	1168	1168	10949	92050
宁 夏	2	720	720	187471	71086
新 疆	1	524	524	107631	40908

2-8 续表 45

(汽车、摩托车及零配件市场)

地　　区	市场数量(个)	总摊位数(个)	年末出租摊位数(个)	营业面积(平方米)	成交额(万元)
全　　国	**239**	**88660**	**74373**	**14195592**	**61724716**
东部地区	**164**	**44029**	**36759**	**7831480**	**42371907**
北　　京	11	4299	3657	717892	8425192
天　　津	3	1423	344	244648	431988
河　　北	9	3939	3731	597967	1217629
上　　海	10	1828	959	256230	3715877
江　　苏	18	8215	6888	1734160	4653930
浙　　江	57	12196	10102	1395915	14435780
福　　建	4	380	374	67600	566087
山　　东	31	7433	6726	1884437	4012253
广　　东	21	4316	3978	932631	4913171
海　　南					
东北地区	**13**	**16494**	**13744**	**1204865**	**3830723**
辽　　宁	10	12123	10947	836990	2682893
吉　　林	2	3366	1792	336000	1118980
黑 龙 江	1	1005	1005	31875	28850
中部地区	**28**	**11640**	**10011**	**2697923**	**8633297**
山　　西					
安　　徽	5	2020	1960	248518	1420960
江　　西	7	1808	1300	947406	969191
河　　南	4	1853	1788	197178	1083833
湖　　北	5	2938	2360	498960	2701358
湖　　南	7	3021	2603	805861	2457955
西部地区	**34**	**16497**	**13859**	**2461324**	**6888789**
内 蒙 古					
广　　西	2	391	306	35800	87282
重　　庆	9	6041	5540	797463	3246496
四　　川	6	2287	2026	320409	525890
贵　　州	6	1549	1116	333518	1484668
云　　南	1	112	64	53333	50140
西　　藏					
陕　　西	2	1623	1597	38747	190700
甘　　肃					
青　　海					
宁　　夏	1	832	680	200000	10500
新　　疆	7	3662	2530	682054	1293113

2-8 续表 46

(汽车市场)

地 区	市场数量(个)	总摊位数(个)	年末出租摊位数(个)	营业面积(平方米)	成交额(万元)
全 国	**177**	**54601**	**45156**	**11347588**	**53604435**
东部地区	**123**	**24126**	**19555**	**6114633**	**38314826**
北 京	8	1513	1373	517424	7929300
天 津	3	1423	344	244648	431988
河 北	4	1753	1592	274067	518213
上 海	7	356	346	157689	3528454
江 苏	13	4770	4032	1396660	3977827
浙 江	51	8924	6932	1112732	13957055
福 建	3	260	254	59000	536187
山 东	22	4122	3755	1656583	3104274
广 东	12	1005	927	695830	4331528
海 南					
东北地区	**10**	**14926**	**12496**	**1038865**	**3642274**
辽 宁	7	10555	9699	670990	2494444
吉 林	2	3366	1792	336000	1118980
黑 龙 江	1	1005	1005	31875	28850
中部地区	**17**	**4133**	**3291**	**2153260**	**6382671**
山 西					
安 徽	3	1234	1233	202355	1282791
江 西	5	524	367	876300	824191
河 南	2	142	108	57178	940329
湖 北	4	938	680	238960	999358
湖 南	3	1295	903	778467	2336002
西部地区	**27**	**11416**	**9814**	**2040830**	**5264664**
内 蒙 古					
广 西	1	56	38	26000	79156
重 庆	7	4157	4051	635463	2068661
四 川	5	1697	1526	230409	432890
贵 州	5	1287	941	290518	1459668
云 南	1	112	64	53333	50140
西 藏					
陕 西	1	1113	1087	37347	130700
甘 肃					
青 海					
宁 夏	1	832	680	200000	10500
新 疆	6	2162	1427	567760	1032949

2-8 续表 47

(机动车零配件市场)

地　区	市场数量(个)	总摊位数(个)	年末出租摊位数(个)	营业面积(平方米)	成交额(万元)
全　国	**55**	**30595**	**26137**	**2620178**	**7739484**
东部地区	**39**	**18898**	**16221**	**1651621**	**3987501**
北　京	3	2786	2284	200468	495892
天　津					
河　北	4	1401	1354	273900	659936
上　海	3	1472	613	98541	187423
江　苏	5	3445	2856	337500	676103
浙　江	5	3052	2972	267957	448625
福　建	1	120	120	8600	29900
山　东	9	3311	2971	227854	907979
广　东	9	3311	3051	236801	581643
海　南					
东北地区	**3**	**1568**	**1248**	**166000**	**188449**
辽　宁	3	1568	1248	166000	188449
吉　林					
黑龙江					
中部地区	**8**	**6063**	**5351**	**431863**	**2128535**
山　西					
安　徽	1	689	674	36163	114836
江　西	2	1284	933	71106	145000
河　南	1	491	491	40000	71400
湖　北	1	2000	1680	260000	1702000
湖　南	3	1599	1573	24594	95299
西部地区	**5**	**4066**	**3317**	**370694**	**1434999**
内蒙古					
广　西					
重　庆	1	1204	1029	122000	996835
四　川	1	590	500	90000	93000
贵　州	1	262	175	43000	25000
云　南					
西　藏					
陕　西	1	510	510	1400	60000
甘　肃					
青　海					
宁　夏					
新　疆	1	1500	1103	114294	260164

2-8　续表 48

(花鸟鱼虫市场)

地　区	市场数量(个)	总摊位数(个)	年末出租摊位数(个)	营业面积(平方米)	成交额(万元)
全　国	**23**	**29183**	**20946**	**1877618**	**7634135**
东部地区	**15**	**11865**	**11078**	**1404396**	**6148489**
北　京					
天　津	1	699	696	30300	15251
河　北	1	161	161	19260	29200
上　海	2	558	516	36128	31161
江　苏	3	4562	4370	839000	4152048
浙　江	3	1885	1335	63048	611401
福　建	1	52	52	25480	11256
山　东	2	2350	2350	339960	1150000
广　东	2	1598	1598	51220	148172
海　南					
东北地区	**2**	**3660**	**3660**	**18300**	**170000**
辽　宁	2	3660	3660	18300	170000
吉　林					
黑龙江					
中部地区	**3**	**2958**	**2508**	**280390**	**594646**
山　西					
安　徽	1	1200	1100	108390	274586
江　西					
河　南	1	1300	950	62000	68000
湖　北					
湖　南	1	458	458	110000	252060
西部地区	**3**	**10700**	**3700**	**174532**	**721000**
内蒙古					
广　西					
重　庆					
四　川					
贵　州	1	400	400	100000	105000
云　南	1	10000	3000	44532	600000
西　藏					
陕　西					
甘　肃					
青　海					
宁　夏					
新　疆	1	300	300	30000	16000

2-8 续表 49

(花卉市场)

地 区	市场数量(个)	总摊位数(个)	年末出租摊位数(个)	营业面积(平方米)	成交额(万元)
全 国	**19**	**28127**	**19932**	**1798486**	**7508445**
东部地区	**12**	**10969**	**10224**	**1337264**	**6068799**
北 京					
天 津	1	699	696	30300	15251
河 北	1	161	161	19260	29200
上 海	1	160	160	7596	15171
江 苏	3	4562	4370	839000	4152048
浙 江	2	1585	1035	57668	572701
福 建	1	52	52	25480	11256
山 东	2	2350	2350	339960	1150000
广 东	1	1400	1400	18000	123172
海 南					
东北地区	**1**	**3500**	**3500**	**6300**	**124000**
辽 宁	1	3500	3500	6300	124000
吉 林					
黑龙江					
中部地区	**3**	**2958**	**2508**	**280390**	**594646**
山 西					
安 徽	1	1200	1100	108390	274586
江 西					
河 南	1	1300	950	62000	68000
湖 北					
湖 南	1	458	458	110000	252060
西部地区	**3**	**10700**	**3700**	**174532**	**721000**
内蒙古					
广 西					
重 庆					
四 川					
贵 州	1	400	400	100000	105000
云 南	1	10000	3000	44532	600000
西 藏					
陕 西					
甘 肃					
青 海					
宁 夏					
新 疆	1	300	300	30000	16000

2-8 续表 50

(旧货市场)

地　　区	市场数量(个)	总摊位数(个)	年末出租摊位数(个)	营业面积(平方米)	成交额(万元)
全　　国	**8**	**5793**	**5188**	**161830**	**232334**
东部地区	**6**	**4536**	**4138**	**133710**	**201813**
北　　京	1	3283	3283	39000	31339
天　　津					
河　　北					
上　　海					
江　　苏					
浙　　江	5	1253	855	94710	170474
福　　建					
山　　东					
广　　东					
海　　南					
东北地区					
辽　　宁					
吉　　林					
黑 龙 江					
中部地区	**2**	**1257**	**1050**	**28120**	**30521**
山　　西					
安　　徽					
江　　西	1	750	750	15000	20521
河　　南	1	507	300	13120	10000
湖　　北					
湖　　南					
西部地区					
内 蒙 古					
广　　西					
重　　庆					
四　　川					
贵　　州					
云　　南					
西　　藏					
陕　　西					
甘　　肃					
青　　海					
宁　　夏					
新　　疆					

2-8 续表 51

(其他专业市场)

地　区	市场数量(个)	总摊位数(个)	年末出租摊位数(个)	营业面积(平方米)	成交额(万元)
全　国	**37**	**27237**	**25817**	**2603864**	**6847783**
东部地区	**22**	**14309**	**13814**	**1611892**	**5274721**
北　京	1	22	22	48636	16526
天　津					
河　北	4	6597	6452	1013400	1756729
上　海	1	240	225	67000	130972
江　苏	6	2596	2351	134894	2690340
浙　江	2	780	780	105012	205628
福　建					
山　东	8	4074	3984	242950	474526
广　东					
海　南					
东北地区	**4**	**6143**	**5912**	**109000**	**257289**
辽　宁	4	6143	5912	109000	257289
吉　林					
黑龙江					
中部地区	**5**	**2429**	**2423**	**509263**	**377119**
山　西					
安　徽	1	288	288	123000	245679
江　西	1	1180	1180	223815	71987
河　南	2	613	607	153648	25443
湖　北					
湖　南	1	348	348	8800	34010
西部地区	**6**	**4356**	**3668**	**373709**	**938654**
内蒙古	5	3966	3323	363709	925500
广　西					
重　庆					
四　川					
贵　州	1	390	345	10000	13154
云　南					
西　藏					
陕　西					
甘　肃					
青　海					
宁　夏					
新　疆					

2-9　商品交易市场情况(按营业状态分)

(常年营业)

地　区	市场数量(个)	总摊位数(个)	年末出租摊位数(个)	营业面积(平方米)	成交额(万元)
全　国	**3994**	**3553853**	**3028379**	**281890916**	**1113980354**
东部地区	**2301**	**1897031**	**1644962**	**156868470**	**759906483**
北　京	84	68842	60637	5602250	40970906
天　津	42	33812	26679	3108775	10728080
河　北	187	291090	249397	23378865	59558659
上　海	117	57731	48473	4106853	101040386
江　苏	443	377082	323739	37167151	212131314
浙　江	665	459639	415699	31514319	181941802
福　建	108	49016	43034	3076203	14872549
山　东	361	306304	278277	30460404	82183148
广　东	286	248428	193947	17901812	54958039
海　南	8	5087	5080	551838	1521600
东北地区	**251**	**252748**	**221101**	**14733575**	**52078890**
辽　宁	153	164596	145299	8147914	39863935
吉　林	44	44222	39583	3519094	4354337
黑龙江	54	43930	36219	3066567	7860618
中部地区	**791**	**695083**	**575283**	**52865576**	**156829853**
山　西	30	28067	24840	2511492	6886436
安　徽	111	137602	113685	12742116	29253409
江　西	108	103153	94241	8208580	22065197
河　南	126	137440	103454	11615881	32274006
湖　北	116	83971	70376	6735825	23037209
湖　南	300	204850	168687	11051682	43313596
西部地区	**651**	**708991**	**587033**	**57423295**	**145165128**
内蒙古	47	36651	31536	3990012	6442578
广　西	65	73687	64755	3323168	12587332
重　庆	135	103117	91296	7609206	37817606
四　川	109	162481	126170	12169419	30619864
贵　州	54	63460	46626	5076834	15536628
云　南	28	58539	43522	1885654	4496193
西　藏	3	3213	2868	35000	268990
陕　西	51	42099	37112	4075274	8918120
甘　肃	27	28423	26458	2087682	3556503
青　海	9	7341	6810	606005	1085518
宁　夏	35	26698	24003	2940220	2741373
新　疆	88	103282	85877	13624821	21094423

2-9 续表 1

(季节性营业)

地　区	市场数量（个）	总摊位数（个）	年末出租摊位数（个）	营业面积（平方米）	成交额（万元）
全　国	**39**	**28924**	**16190**	**2500980**	**5951146**
东部地区	**23**	**24300**	**11926**	**1723292**	**5079656**
北　京	2	4000	1760	249000	109506
天　津					
河　北	3	401	401	223956	265659
上　海					
江　苏	4	1179	1064	45140	461148
浙　江	3	10944	1256	226086	974232
福　建	1	28	28	1500	11400
山　东	10	7748	7417	977610	3257711
广　东					
海　南					
东北地区	**5**	**697**	**659**	**239400**	**303158**
辽　宁	2	465	465	63400	142438
吉　林	1	13	13	30000	10670
黑龙江	2	219	181	146000	150050
中部地区	**5**	**3119**	**2872**	**130688**	**101791**
山　西					
安　徽					
江　西	1	310	310	60000	35405
河　南	2	2258	2216	53328	41733
湖　北					
湖　南	2	551	346	17360	24653
西部地区	**6**	**808**	**733**	**407600**	**466541**
内蒙古	3	309	244	223600	123690
广　西	2	445	435	114000	181951
重　庆					
四　川					
贵　州					
云　南	1	54	54	70000	160900
西　藏					
陕　西					
甘　肃					
青　海					
宁　夏					
新　疆					

2-9 续表 2

(其他)

地 区	市场数量（个）	总摊位数（个）	年末出租摊位数（个）	营业面积（平方米）	成交额（万元）
全 国	**4**	**1677**	**1362**	**81768**	**236263**
东部地区	**1**	**152**	**152**	**38568**	**122007**
北 京					
天 津					
河 北					
上 海	1	152	152	38568	122007
江 苏					
浙 江					
福 建					
山 东					
广 东					
海 南					
东北地区	**1**	**100**	**64**	**13700**	**10900**
辽 宁					
吉 林	1	100	64	13700	10900
黑 龙 江					
中部地区	**2**	**1425**	**1146**	**29500**	**103356**
山 西					
安 徽					
江 西					
河 南					
湖 北	1	351	351	10500	50835
湖 南	1	1074	795	19000	52521
西部地区					
内 蒙 古					
广 西					
重 庆					
四 川					
贵 州					
云 南					
西 藏					
陕 西					
甘 肃					
青 海					
宁 夏					
新 疆					

2-10 商品交易市场情况(按经营方式分)

(批发为主)

地区	市场数量(个)	总摊位数(个)	年末出租摊位数(个)	营业面积(平方米)	成交额(万元)
全国	**2316**	**2577417**	**2182603**	**220194392**	**987334091**
东部地区	**1323**	**1413774**	**1224050**	**125353999**	**683140172**
北京	30	37326	30484	3179915	30308134
天津	32	27283	22572	2613446	10269936
河北	143	256576	220184	21319547	57161193
上海	45	31455	27340	2388188	95007474
江苏	232	250111	215918	27858038	194381702
浙江	324	336271	302507	24372747	155168965
福建	46	25789	22777	2189235	12325173
山东	272	247200	224318	25906709	78747761
广东	194	198307	154494	15023096	48393024
海南	5	3456	3456	503078	1376810
东北地区	**140**	**141442**	**124579**	**8781107**	**43281280**
辽宁	85	92650	82963	5320353	34554557
吉林	27	18181	16863	1347943	2488862
黑龙江	28	30611	24753	2112811	6237861
中部地区	**460**	**499147**	**405938**	**40267619**	**131975434**
山西	25	26029	23066	2114494	6500900
安徽	69	114332	93377	10994412	25689177
江西	63	76988	72505	6030545	19207094
河南	86	105817	75368	9340390	28324695
湖北	63	59240	49440	4367933	17972390
湖南	154	116741	92182	7419845	34281178
西部地区	**393**	**523054**	**428036**	**45791667**	**128937205**
内蒙古	34	23024	20617	3633050	5621114
广西	35	32741	28619	2629579	10734153
重庆	72	73225	64835	5509858	33678934
四川	69	136098	104063	9681208	28583673
贵州	36	55826	40995	4474742	14169815
云南	14	49388	36225	1361429	4049754
西藏	1	2148	2121	10000	215336
陕西	28	24971	21974	1822203	6770814
甘肃	20	20739	18974	1811807	2432409
青海	6	5900	5369	565456	971395
宁夏	22	17718	16091	2166688	2429087
新疆	56	81276	68153	12125647	19280721

2-10　续表

(零售为主)

地　　区	市场数量(个)	总摊位数(个)	年末出租摊位数(个)	营业面积(平方米)	成交额(万元)
全　　国	**1721**	**1007037**	**863328**	**64279272**	**132833672**
东部地区	**1002**	**507709**	**432990**	**33276331**	**81967974**
北　　京	56	35516	31913	2671335	10772278
天　　津	10	6529	4107	495329	458144
河　　北	47	34915	29614	2283274	2663125
上　　海	73	26428	21285	1757233	6154919
江　　苏	215	128150	108885	9354253	18210760
浙　　江	344	134312	114448	7367658	27747069
福　　建	63	23255	20285	888468	2558776
山　　东	99	66852	61376	5531305	6693098
广　　东	92	50121	39453	2878716	6565015
海　　南	3	1631	1624	48760	144790
东北地区	**117**	**112103**	**97245**	**6205568**	**9111668**
辽　　宁	70	72411	62801	2890961	5451816
吉　　林	19	26154	22797	2214851	1887045
黑 龙 江	28	13538	11647	1099756	1772807
中部地区	**338**	**200480**	**173363**	**12758145**	**25059566**
山　　西	5	2038	1774	396998	385536
安　　徽	42	23270	20308	1747704	3564232
江　　西	46	26475	22046	2238035	2893508
河　　南	42	33881	30302	2328819	3991044
湖　　北	54	25082	21287	2378392	5115654
湖　　南	149	89734	77646	3668197	9109592
西部地区	**264**	**186745**	**159730**	**12039228**	**16694464**
内 蒙 古	16	13936	11163	580562	945154
广　　西	32	41391	36571	807589	2035130
重　　庆	63	29892	26461	2099348	4138672
四　　川	40	26383	22107	2488211	2036191
贵　　州	18	7634	5631	602092	1366813
云　　南	15	9205	7351	594225	607339
西　　藏	2	1065	747	25000	53654
陕　　西	23	17128	15138	2253071	2147306
甘　　肃	7	7684	7484	275875	1124094
青　　海	3	1441	1441	40549	114123
宁　　夏	13	8980	7912	773532	312286
新　　疆	32	22006	17724	1499174	1813702

2-11 商品交易市场情况(按经营环境分)

(露天式)

地 区	市场数量(个)	总摊位数(个)	年末出租摊位数(个)	营业面积(平方米)	成交额(万元)
全 国	**536**	**335359**	**290932**	**42966121**	**131806948**
东部地区	**304**	**175809**	**151492**	**24546986**	**80874971**
北 京	13	13266	10399	2142789	24126212
天 津	13	10493	7846	945428	2647403
河 北	53	52920	44698	5579787	7628648
上 海	7	3536	2564	387421	2797237
江 苏	39	14000	11586	1731572	10478148
浙 江	46	18651	17630	1707361	8931404
福 建	6	1092	1034	59787	875192
山 东	90	48764	44042	9779933	17733305
广 东	33	11327	9933	1839830	4590936
海 南	4	1760	1760	373078	1066486
东北地区	**41**	**32094**	**28949**	**3595802**	**6801889**
辽 宁	31	18635	16848	2279927	5231854
吉 林	4	6725	5641	313000	181135
黑 龙 江	6	6734	6460	1002875	1388900
中部地区	**92**	**62693**	**53540**	**5289082**	**21110037**
山 西	4	1878	1619	236800	206692
安 徽	14	8610	8179	845033	2925523
江 西	10	11579	9927	1062685	2808585
河 南	25	15531	11951	1820621	3620160
湖 北	15	9303	8551	589719	5185227
湖 南	24	15792	13313	734224	6363850
西部地区	**99**	**64763**	**56951**	**9534251**	**23020051**
内 蒙 古	16	11528	10569	1957439	2146822
广 西	3	1768	1768	294251	3645000
重 庆	10	8450	6270	643560	2912154
四 川	18	8235	7068	1018006	4865153
贵 州	11	6756	5831	856347	4340994
云 南	2	933	872	49830	292688
西 藏					
陕 西	11	6288	5837	933787	1413109
甘 肃	4	8831	8612	562000	1211770
青 海	3	1165	634	188348	47312
宁 夏	8	5011	3781	790697	354620
新 疆	13	5798	5709	2239986	1790429

2-11　续表 1

(封闭式)

地　　区	市场数量 (个)	总摊位数 (个)	年末出租摊位数 (个)	营业面积 (平方米)	成交额 (万元)
全　　国	**3024**	**2838126**	**2401778**	**201431303**	**818025232**
东部地区	**1763**	**1551877**	**1341822**	**114794301**	**573021953**
北　　京	69	53563	46553	3500186	15391687
天　　津	27	22428	18460	2040941	7815788
河　　北	110	205447	178162	15827200	48374419
上　　海	90	41748	35660	2538953	83796805
江　　苏	350	319989	277388	28886479	150408695
浙　　江	568	424270	375607	27662617	153542344
福　　建	89	42547	36889	2822417	13251433
山　　东	248	234828	214721	19284915	61116438
广　　东	208	203730	155062	12051833	38869230
海　　南	4	3327	3320	178760	455114
东北地区	**201**	**205837**	**178071**	**9673567**	**40570205**
辽　　宁	115	134868	118018	4826161	30467307
吉　　林	38	34394	30903	2805493	4012230
黑 龙 江	48	36575	29150	2041913	6090668
中部地区	**584**	**518338**	**423014**	**38148004**	**112754665**
山　　西	21	21613	19330	2051072	6477266
安　　徽	77	87879	66227	7135363	17335230
江　　西	87	83718	77288	6795899	17561956
河　　南	80	98474	74827	8025061	23651283
湖　　北	89	67550	56559	5639975	17324328
湖　　南	230	159104	128783	8500634	30404602
西部地区	**476**	**562074**	**458871**	**38815431**	**91678409**
内 蒙 古	30	21142	17462	1884373	2801202
广　　西	43	56658	50003	2022160	5428068
重　　庆	116	85311	75747	6345881	28708035
四　　川	79	139481	104781	9935333	21791018
贵　　州	36	50251	37564	3619121	8883461
云　　南	21	53984	39884	1678352	4070482
西　　藏	3	3213	2868	35000	268990
陕　　西	35	28387	25915	2817087	5711927
甘　　肃	14	13151	12429	1194002	1990648
青　　海	6	6176	6176	417657	1038206
宁　　夏	26	19229	17764	1678623	1903015
新　　疆	67	85091	68278	7187842	9083357

2-11 续表 2

(其他)

地区	市场数量(个)	总摊位数(个)	年末出租摊位数(个)	营业面积(平方米)	成交额(万元)
全国	**477**	**410969**	**353221**	**40076240**	**170335583**
东部地区	**258**	**193797**	**163726**	**19289043**	**111211222**
北京	4	6013	5445	208275	1562513
天津	2	891	373	122406	264889
河北	27	33124	26938	2195834	3821251
上海	21	12599	10401	1219047	14568351
江苏	58	44272	35829	6594240	51705619
浙江	54	27662	23718	2370427	20442286
福建	14	5405	5139	195499	757324
山东	33	30460	26931	2373166	6591116
广东	45	33371	28952	4010149	11497873
海南					
东北地区	**15**	**15614**	**14804**	**1717306**	**5020854**
辽宁	9	11558	10898	1105226	4307212
吉林	4	3216	3116	444301	182542
黑龙江	2	840	790	167779	531100
中部地区	**122**	**118596**	**102747**	**9588678**	**23170298**
山西	5	4576	3891	223620	202478
安徽	20	41113	39279	4761720	8992656
江西	12	8166	7336	409996	1730061
河南	23	25693	18892	1823527	5044296
湖北	13	7469	5617	516631	578489
湖南	49	31579	27732	1853184	6622318
西部地区	**82**	**82962**	**71944**	**9481213**	**30933209**
内蒙古	4	4290	3749	371800	1618244
广西	21	15706	13419	1120757	3696215
重庆	9	9356	9279	619765	6197417
四川	12	14765	14321	1216080	3963693
贵州	7	6453	3231	601366	2312173
云南	6	3676	2820	227472	293923
西藏					
陕西	5	7424	5360	324400	1793084
甘肃	9	6441	5417	331680	354085
青海					
宁夏	1	2458	2458	470900	483738
新疆	8	12393	11890	4196993	10220637

2-12 商品交易市场成交情况(按摊位分)

地区	粮油、食品类		#粮油类		#肉禽蛋类	
	摊位数(个)	成交额(万元)	摊位数(个)	成交额(万元)	摊位数(个)	成交额(万元)
全　国	**882099**	**337357458**	**78528**	**43162562**	**117747**	**45682426**
东部地区	**515716**	**200778039**	**40523**	**27216113**	**68048**	**28572236**
北　京	23407	27086269	1002	1464652	3605	2487790
天　津	12302	5917085	1471	810912	1055	634095
河　北	108747	19167003	3567	1043262	4903	1541177
上　海	20900	10905133	2611	844678	3881	1727444
江　苏	72324	42075644	9790	13199660	15302	8876745
浙　江	102919	37997640	9510	5624138	15533	4740445
福　建	20835	7762304	1413	247558	3643	759162
山　东	105709	27892011	6316	2364029	9549	2782184
广　东	45636	21276835	4806	1609991	10079	4954563
海　南	2937	698115	37	7233	498	68631
东北地区	**39603**	**17446913**	**3487**	**812877**	**6047**	**1309043**
辽　宁	23180	11285879	2345	639660	4048	591607
吉　林	7508	1211001	901	107965	1085	69204
黑龙江	8915	4950033	241	65252	914	648232
中部地区	**163610**	**63821183**	**17599**	**9141676**	**22075**	**6632790**
山　西	6447	2621505	752	362632	492	131441
安　徽	30516	10687136	2002	786065	5336	1733838
江　西	23427	9627667	3000	1419740	3349	1448591
河　南	31607	18755567	3588	3230184	2393	1197950
湖　北	18844	7028793	2125	770260	2810	883289
湖　南	52769	15100515	6132	2572795	7695	1237681
西部地区	**163170**	**55311323**	**16919**	**5991896**	**21577**	**9168357**
内蒙古	9573	3119339	592	420004	1032	322267
广　西	26924	5551847	3969	745247	4728	1014490
重　庆	24222	9912771	1625	774374	2808	1952505
四　川	33287	14028090	5257	1083076	5686	3283015
贵　州	12603	5935955	1664	1823061	1310	302557
云　南	4761	940778	921	249642	1115	195721
西　藏	2680	236597	92	10311	352	47803
陕　西	10171	4537824	495	442957	1030	441836
甘　肃	8694	1495467	335	115970	517	260758
青　海	2730	863246	113	14763	205	106627
宁　夏	10637	1551959	719	63919	908	174495
新　疆	16888	7137450	1137	248572	1886	1066283

2-12 续表 1

地区	#水产品类		#蔬菜类		#干鲜果品类	
	摊位数（个）	成交额（万元）	摊位数（个）	成交额（万元）	摊位数（个）	成交额（万元）
全国	**126661**	**66606852**	**326150**	**78165612**	**161232**	**85494891**
东部地区	**89583**	**42627979**	**206818**	**44760818**	**92362**	**53059066**
北京	2946	2663664	8092	8119577	5320	12018106
天津	1232	1532491	6059	1632953	2475	1036634
河北	4097	699529	66202	4864006	27930	10933477
上海	5221	3348521	5704	2091341	3259	2872007
江苏	13259	7852819	22738	6463480	9710	4884637
浙江	25177	10609474	32341	6462896	15149	9085283
福建	6293	4438455	5196	939177	2694	1045495
山东	22353	7707956	44252	8780238	18415	5121564
广东	8525	3741306	15072	5021717	6650	5858809
海南	480	33764	1162	385433	760	203054
东北地区	**6809**	**6323522**	**11491**	**3550163**	**6648**	**4600851**
辽宁	5269	5346428	6705	1277929	3287	3003255
吉林	980	510106	1424	200242	1030	256614
黑龙江	560	466988	3362	2071992	2331	1340982
中部地区	**16292**	**12239407**	**48645**	**14896013**	**26823**	**13652119**
山西	240	52671	2706	940021	1538	503348
安徽	2724	1390342	11338	2841993	6225	2868807
江西	2339	1008294	7225	2959745	3434	2087841
河南	4522	4224645	8570	3656245	5211	3761256
湖北	2155	1984519	5671	1274206	3051	1369937
湖南	4312	3578936	13135	3223803	7364	3060930
西部地区	**13977**	**5415944**	**59196**	**14958618**	**35399**	**14182855**
内蒙古	492	94061	4426	908571	1653	727855
广西	3867	248723	7141	1890867	4129	1174452
重庆	1322	907915	7306	1174117	2722	956950
四川	2918	1560376	10423	4603671	8109	3340101
贵州	468	548499	6121	1382716	2742	1858208
云南	359	87422	1579	366609	358	31901
西藏	83	15353	1839	97836	314	65294
陕西	1185	574282	3234	1146786	4171	1927121
甘肃	526	365347	6201	493537	877	256436
青海	271	124107	995	367634	1146	250115
宁夏	842	162683	3554	281615	4582	864451
新疆	1644	727176	6377	2244659	4596	2729971

2-12　续表 2

地　区	饮料类		烟酒类		服装、鞋帽、针纺织品类	
	摊位数（个）	成交额（万元）	摊位数（个）	成交额（万元）	摊位数（个）	成交额（万元）
全　国	**43016**	**10652704**	**30902**	**9845073**	**812537**	**184519752**
东部地区	**20776**	**6052521**	**13565**	**5203996**	**427071**	**140031831**
北　京	1081	534042	884	788553	10858	378203
天　津	272	105384	278	188053	3450	175770
河　北	2302	261912	2171	401301	44191	8655095
上　海	921	60677	80	14248	7197	575099
江　苏	3109	1083736	2885	1293199	86353	51705958
浙　江	5286	2470012	1563	994003	135304	54216086
福　建	2883	369618	320	316457	9001	1874270
山　东	3370	791969	4663	865436	57777	8458135
广　东	1549	374931	714	339945	72599	13975037
海　南	3	240	7	2801	341	18178
东北地区	**1464**	**175963**	**1222**	**146889**	**86744**	**13375400**
辽　宁	1232	161550	551	46057	59189	12218292
吉　林	189	12354	462	10483	12300	374739
黑龙江	43	2059	209	90349	15255	782369
中部地区	**12716**	**2927539**	**11215**	**3568657**	**143101**	**13921877**
山　西	189	18164	325	360048	10343	1109630
安　徽	2437	436677	1601	340188	22448	1931995
江　西	1022	296083	1362	506304	19025	3271950
河　南	2801	1072643	1807	302935	29805	2684467
湖　北	2259	441282	953	307093	20700	1568521
湖　南	4008	662690	5167	1752089	40780	3355314
西部地区	**8060**	**1496681**	**4900**	**925531**	**155621**	**17190644**
内蒙古	102	30357	184	46468	7574	317918
广　西	990	194727	427	63773	21175	840826
重　庆	1423	272212	1139	92954	18172	6710997
四　川	2212	303049	1111	344584	35873	2409844
贵　州	478	162174	314	146179	13627	2593768
云　南	1435	250197	296	13943	19854	1707163
西　藏	24	157	68	26237	6	415
陕　西	381	20240	191	17834	8025	1226309
甘　肃	147	24490	131	12983	6796	355725
青　海	73	1933	101	3465	1864	62174
宁　夏	238	50663	82	14873	5503	142277
新　疆	557	186482	856	142238	17152	823228

2-12 续表 3

地区	服装类		鞋帽类		针纺织品类	
	摊位数(个)	成交额(万元)	摊位数(个)	成交额(万元)	摊位数(个)	成交额(万元)
全 国	**503654**	**75276839**	**108317**	**16143441**	**200566**	**93099472**
东部地区	**254219**	**47390863**	**43327**	**7846613**	**129525**	**84794355**
北 京	7843	274929	1503	39881	1512	63393
天 津	2740	161337	481	7189	229	7244
河 北	37392	6136550	2831	605328	3968	1913217
上 海	5677	529209	245	12768	1275	33122
江 苏	44233	14377748	11137	2555067	30983	34773143
浙 江	70811	14846731	9574	2333088	54919	37036267
福 建	7262	1513248	975	145735	764	215287
山 东	36704	4913482	10045	1284292	11028	2260361
广 东	41242	4620317	6516	862580	24841	8492140
海 南	315	17312	20	685	6	181
东北地区	**50816**	**8344600**	**12177**	**1396448**	**23751**	**3634352**
辽 宁	33736	7541059	8005	1262459	17448	3414774
吉 林	8517	294167	1640	36842	2143	43730
黑龙江	8563	509374	2532	97147	4160	175848
中部地区	**91144**	**9334186**	**27246**	**2557218**	**24711**	**2030473**
山 西	7138	845575	1726	162338	1479	101717
安 徽	12586	1341052	3844	238798	6018	352145
江 西	10972	2007189	4039	512545	4014	752216
河 南	18045	1669917	6701	811207	5059	203343
湖 北	14320	1190959	3656	223141	2724	154421
湖 南	28083	2279494	7280	609189	5417	466631
西部地区	**107475**	**10207190**	**25567**	**4343162**	**22579**	**2640292**
内蒙古	4920	200321	1282	62228	1372	55369
广 西	14298	634633	3500	69316	3377	136877
重 庆	10805	2836692	4013	2465786	3354	1408519
四 川	27066	1797518	4685	351312	4122	261014
贵 州	9703	1857092	1986	403654	1938	333022
云 南	14640	1180013	2860	338695	2354	188455
西 藏	6	415				
陕 西	4690	652493	2189	491635	1146	82181
甘 肃	5771	322294	534	15740	491	17691
青 海	1126	51782	339	8899	399	1493
宁 夏	3091	79880	1133	16258	1279	46139
新 疆	11359	594057	3046	119639	2747	109532

2-12 续表 4

地 区	化妆品类		金银珠宝类		日用品类	
	摊位数（个）	成交额（万元）	摊位数（个）	成交额（万元）	摊位数（个）	成交额（万元）
全 国	**20834**	**2620056**	**33707**	**11449794**	**149744**	**31325684**
东部地区	**10156**	**1457640**	**23843**	**9755094**	**89125**	**22763607**
北 京	137	9553	368	96254	3965	681648
天 津	188	18877	27	654	794	88434
河 北	904	110982	633	46041	12230	3843910
上 海	60	4897	12	3462	799	2307694
江 苏	1887	220424	5241	1980127	20345	5033583
浙 江	2032	503695	5331	4661710	16580	4823105
福 建	77	10963	1419	955241	1063	217443
山 东	2490	412614	1315	1339539	19694	4251878
广 东	2374	164919	9493	669666	13630	1515155
海 南	7	716	4	2400	25	757
东北地区	**1486**	**158389**	**2253**	**221377**	**10423**	**2331975**
辽 宁	846	134172	1851	177807	9281	2295198
吉 林	483	16354	100	22143	871	27135
黑龙江	157	7863	302	21427	271	9642
中部地区	**4203**	**575128**	**2123**	**1069045**	**29883**	**3493409**
山 西	222	1733	2	32	1506	561362
安 徽	573	53560	1363	335242	4991	287814
江 西	520	101194	122	57686	6197	438083
河 南	985	119202	335	65465	6651	219749
湖 北	532	115234	66	104004	3491	433099
湖 南	1371	184205	235	506616	7047	1553302
西部地区	**4989**	**428899**	**5488**	**404278**	**20313**	**2736693**
内蒙古	306	10836	23	10925	1109	58008
广 西	442	5572	57	3044	2893	164977
重 庆	499	90548	34	7441	4059	1110152
四 川	844	89188	675	137650	2667	238709
贵 州	301	22997	43	7041	1433	480304
云 南	880	78349	293	85201	3729	221269
西 藏	2	312			30	1781
陕 西	156	12566	21	6713	860	145089
甘 肃	256	34837	45	8752	645	150602
青 海	161	4916			148	893
宁 夏	240	20741	78	4028	719	24978
新 疆	902	58037	4219	133483	2021	139931

2-12 续表 5

地区	五金、电料类		体育、娱乐用品类		#照相器材类	
	摊位数(个)	成交额(万元)	摊位数(个)	成交额(万元)	摊位数(个)	成交额(万元)
全国	**109094**	**24017441**	**10078**	**1569577**	**944**	**95633**
东部地区	**60402**	**16304516**	**4626**	**1112765**	**564**	**71015**
北京	1028	205623	299	32853	149	23751
天津	2332	818386	129	21794		
河北	4044	1537613	548	354004	1	127
上海	3324	183838	216	37794	197	36862
江苏	13216	2913285	534	55533	76	1600
浙江	16408	6878078	1005	268498	4	4090
福建	584	47821	96	67703	1	25
山东	10141	1818951	1162	164025	30	980
广东	9136	1844221	629	109745	106	3580
海南	189	56700	8	816		
东北地区	**5162**	**276195**	**496**	**55303**	**10**	**1034**
辽宁	2489	182251	412	47603	9	282
吉林	2590	89057	65	2529		
黑龙江	83	4887	19	5171	1	752
中部地区	**22494**	**4519429**	**2404**	**206989**	**57**	**2049**
山西	586	258128	9	402		
安徽	4965	368619	365	20765	4	339
江西	1579	476112	187	16777	33	1271
河南	5177	344222	658	20584	7	95
湖北	3721	699765	219	18148		
湖南	6466	2372583	966	130313	13	344
西部地区	**21036**	**2917301**	**2552**	**194520**	**313**	**21535**
内蒙古	568	77012	200	5616		
广西	1076	113813	440	7422	1	4
重庆	5765	1289511	313	100879		
四川	4247	412087	433	9735		
贵州	2009	282056	26	3403	4	1217
云南	427	7175	239	7108	226	6876
西藏						
陕西	716	83870	394	26907	71	13121
甘肃	475	27039	163	21538		
青海	53	4156	14	150	3	74
宁夏	109	5087	104	1283	2	10
新疆	5591	615495	226	10479	6	233

2-12　续表 6

地　区	书报杂志类		电子出版物及音像制品类		家用电器和音像器材类	
	摊位数（个）	成交额（万元）	摊位数（个）	成交额（万元）	摊位数（个）	成交额（万元）
全　国	**2738**	**1145469**	**2872**	**459035**	**32307**	**6154295**
东部地区	**1100**	**202856**	**984**	**172498**	**12895**	**2635583**
北　京	6	265	211	52876	491	110298
天　津	3	156	1	40	34	1619
河　北	107	10394	39	1542	686	192024
上　海	4	2623	3	334	117	23168
江　苏	502	32172	252	27574	2002	290279
浙　江	57	3476	167	29831	2477	937918
福　建	2	42	7	358	374	60551
山　东	328	134604	260	52094	3605	824097
广　东	91	19124	44	7849	3109	195629
海　南						
东北地区	**384**	**685453**	**259**	**8806**	**1709**	**215925**
辽　宁	347	684140	177	3382	1056	145351
吉　林	28	506	56	4482	547	20045
黑龙江	9	807	26	942	106	50529
中部地区	**983**	**247898**	**1280**	**234167**	**10224**	**2296193**
山　西			4	65	40	2760
安　徽	220	90348	86	4674	1732	320429
江　西	107	8003	137	28113	1935	439907
河　南	45	1576	55	6995	1879	277952
湖　北	65	11030	1	80	1093	212407
湖　南	546	136941	997	194240	3545	1042738
西部地区	**271**	**9262**	**349**	**43564**	**7479**	**1006594**
内蒙古	4	140	6	218	169	26749
广　西	8	53	18	808	273	14947
重　庆	19	1456	66	23543	569	316855
四　川	4	32	95	10109	1422	126401
贵　州	8	649	8	790	325	96923
云　南	1	1	53	2631	1621	58052
西　藏					1	39
陕　西	3	16	4	35	363	41861
甘　肃	7	320	23	3241	713	168581
青　海	1	79	2	76	107	1892
宁　夏	30	5286	17	122	76	3423
新　疆	186	1230	57	1991	1840	150871

2-12 续表 7

地　区	中西药品类		#西药类		#中草药及中成药类	
	摊位数(个)	成交额(万元)	摊位数(个)	成交额(万元)	摊位数(个)	成交额(万元)
全　国	**32432**	**16626126**	**1625**	**502248**	**30134**	**15886278**
东部地区	**11374**	**4490701**	**580**	**347124**	**10505**	**3964386**
北　京	5	447	4	178	1	269
天　津	11	1264	5	748	2	456
河　北	7064	3502518	40	2084	7019	3500254
上　海	163	20659	4	1228	158	19159
江　苏	146	292376	91	219325	54	61542
浙　江	1406	379010	360	114161	953	147843
福　建	85	15911	4	2238	76	12845
山　东	1007	60483	56	5066	814	42915
广　东	1487	218033	13	1856	1428	179103
海　南			3	240		
东北地区	**1806**	**919847**	**62**	**6635**	**1712**	**905158**
辽　宁	289	114306	61	6523	214	103370
吉　林	1516	805333			1498	801692
黑龙江	1	208	1	112		96
中部地区	**8911**	**6444854**	**327**	**110849**	**8365**	**6303488**
山　西	1	4				
安　徽	5497	4045539	19	38612	5468	4000570
江　西	517	1013882	41	16351	393	981268
河　南	584	271051	64	4848	492	264478
湖　北	105	8510	84	7031	1	217
湖　南	2207	1105868	119	44007	2011	1056955
西部地区	**10341**	**4770724**	**656**	**37640**	**9552**	**4713246**
内蒙古	42	9582	27	5843	3	934
广　西	1096	970029	14	1405	1048	961447
重　庆	254	27898	219	18564	25	7602
四　川	3528	2928725	318	3136	3184	2923181
贵　州	47	2375	4	78	39	2170
云　南	83	3741	17	1855	43	906
西　藏	3	271				
陕　西						
甘　肃	5025	803169	19	2762	5006	800407
青　海	63	11666	1	84	61	11561
宁　夏	4	90	1	37	1	30
新　疆	196	13178	36	3876	142	5008

2-12　续表 8

地　区	文化办公用品类		#计算机及其配套产品		家具类	
	摊位数(个)	成交额(万元)	摊位数(个)	成交额(万元)	摊位数(个)	成交额(万元)
全　国	**47430**	**8555290**	**20679**	**2343243**	**106759**	**21876531**
东部地区	**23957**	**4652910**	**10493**	**997198**	**55568**	**12680360**
北　京	1701	215110	1257	159860	4358	531554
天　津	117	5178	9	235	145	13733
河　北	2131	1341041	8	256	6683	2634125
上　海	451	56860	161	21483	1453	121100
江　苏	3205	607806	892	191098	15725	3062251
浙　江	7429	1579318	2715	262779	17332	4728703
福　建	577	88690	348	61872	676	286232
山　东	4357	550626	1794	218589	7697	1092336
广　东	3989	208281	3309	81026	1322	196286
海　南					177	14040
东北地区	**4095**	**716582**	**2262**	**496088**	**7594**	**658123**
辽　宁	2186	409578	665	197557	5344	539953
吉　林	455	53422	176	47400	1713	64264
黑龙江	1454	253582	1421	251131	537	53906
中部地区	**10237**	**2192325**	**4102**	**508260**	**21623**	**4206987**
山　西	23	2347			1151	74910
安　徽	1003	203983	112	2746	2501	1197220
江　西	1234	162096	24	1536	12159	2040223
河　南	3972	398896	2931	350124	1776	292207
湖　北	1085	569288	2	180	1337	164104
湖　南	2920	855715	1033	153674	2699	438323
西部地区	**9141**	**993473**	**3822**	**341697**	**21974**	**4331061**
内蒙古	491	46965	206	18600	986	193173
广　西	915	103844	699	75357	919	272836
重　庆	1516	166056	801	84222	3166	1592981
四　川	1303	188643	60	12825	5915	425539
贵　州	940	148775	179	36457	1844	217608
云　南	965	75779	192	7366	447	70041
西　藏						
陕　西	1128	68649	998	54120	2539	840063
甘　肃	218	53984	21	798	692	198665
青　海	186	5661	3	125	214	17420
宁　夏	400	43060	280	35047	661	57538
新　疆	1079	92057	383	16780	4591	445197

2-12 续表 9

地　区	通讯器材类		煤炭及制品类		木材及制品类	
	摊位数(个)	成交额(万元)	摊位数(个)	成交额(万元)	摊位数(个)	成交额(万元)
全　国	**16373**	**2757898**	**3053**	**2704574**	**21677**	**5929855**
东部地区	**10042**	**1642475**	**2867**	**2576757**	**13275**	**4220864**
北　京	256	87263			22	2667
天　津	10	442	2716	1156300		
河　北	1677	698969			223	288678
上　海	22	13991			979	453546
江　苏	1346	226949	94	862182	3037	570670
浙　江	2551	296753	43	553179	2845	486015
福　建	89	5797			478	75770
山　东	812	187421	14	5096	2543	1594305
广　东	3277	124493			3148	749213
海　南	2	397				
东北地区	**752**	**155145**	**3**	**145**	**1472**	**91377**
辽　宁	559	99306	3	145	1175	78070
吉　林	164	35549			277	11307
黑龙江	29	20290			20	2000
中部地区	**1951**	**394023**	**114**	**122820**	**3554**	**1003351**
山　西	5	11				
安　徽	106	8796			1042	254937
江　西	82	20051			472	38279
河　南	257	17049			6	180
湖　北	680	253979	66	120509	686	613834
湖　南	821	94137	48	2311	1348	96121
西部地区	**3628**	**566255**	**69**	**4852**	**3376**	**614263**
内蒙古	280	13960			148	17570
广　西	75	5976	1	89	171	19042
重　庆	1059	290185	3	510	169	23041
四　川	16	438			1586	438459
贵　州	26	3817	1	15	215	3626
云　南	485	93831			60	2463
西　藏						
陕　西	1006	43757				
甘　肃	30	9314	7	2076	40	1500
青　海						
宁　夏	58	6010	13	259	3	32
新　疆	593	98967	44	1903	984	108530

2-12 续表 10

地区	石油及制品类		化工材料及制品类		#化肥类	
	摊位数（个）	成交额（万元）	摊位数（个）	成交额（万元）	摊位数（个）	成交额（万元）
全国	**1223**	**15130238**	**21120**	**43466186**	**2357**	**714841**
东部地区	**734**	**10495130**	**15633**	**42388960**	**495**	**327374**
北京			50	17653		
天津	3	324	8	2589	2	1867
河北	3	486	1064	787005	196	95257
上海	301	8320000	60	6748		
江苏	9	2154	3529	21029502	252	221765
浙江	210	472545	4647	11222727	1	183
福建	2	63	11	2685		
山东	197	1699088	1262	5938088	43	8247
广东	9	470	5002	3381963	1	55
海南						
东北地区	**160**	**4570000**	**1529**	**47631**	**891**	**28451**
辽宁	160	4570000	417	15405	1	105
吉林			1112	32226	890	28346
黑龙江						
中部地区	**304**	**30108**	**2397**	**531860**	**242**	**62272**
山西			4	230		
安徽			557	206167	9	6993
江西			337	52009	10	10550
河南			532	23179	60	9577
湖北	50	12500	229	53766	101	25250
湖南	254	17608	738	196509	62	9902
西部地区	**25**	**35000**	**1561**	**497735**	**729**	**296744**
内蒙古			105	7745	105	7745
广西			120	40008	48	19650
重庆			17	10862	14	10300
四川			70	30000	70	30000
贵州						
云南			302	17675	122	7705
西藏						
陕西			231	155310		
甘肃			55	2493	27	582
青海			1	5095	1	5095
宁夏			57	33150	56	33100
新疆	25	35000	603	195397	286	182567

2-12 续表 11

地 区	金属材料类		建筑及装潢材料类		机电产品及设备类	
	摊位数（个）	成交额（万元）	摊位数（个）	成交额（万元）	摊位数（个）	成交额（万元）
全 国	**84519**	**214971519**	**260140**	**47312790**	**51212**	**15699568**
东部地区	**51098**	**166068940**	**115897**	**26760460**	**25023**	**9622913**
北 京	448	330053	4480	1291569	86	10370
天 津	891	1290354	1113	141653	530	218443
河 北	12369	3092321	5946	1230450	3702	1357859
上 海	1842	72290848	5497	1398635	692	173012
江 苏	15075	51776669	45650	8524301	7915	3658595
浙 江	10221	21077203	26382	6130297	5238	2038277
福 建	117	402433	2482	1507725	129	5108
山 东	7729	13611169	19163	4769189	5899	1651139
广 东	2256	1647890	4224	1595341	832	510110
海 南	150	550000	960	171300		
东北地区	**4992**	**3279537**	**13866**	**1546654**	**1202**	**42083**
辽 宁	3437	2730251	7889	697774	1	98
吉 林	1005	26286	1642	166255	995	32986
黑龙江	550	523000	4335	682625	206	8999
中部地区	**10975**	**19015087**	**68587**	**11587442**	**6968**	**1830021**
山 西	120	635200	1785	743065		
安 徽	1952	3671022	13836	2065428	1771	369979
江 西	999	73557	16719	1850442	446	375644
河 南	2161	4433150	8757	1471393	1529	113809
湖 北	2636	4437045	7987	2297164	267	95507
湖 南	3107	5765113	19503	3159950	2955	875082
西部地区	**17454**	**26607955**	**61790**	**7418234**	**18019**	**4204551**
内蒙古	233	246021	1201	201288	314	45239
广 西	1388	3560000	2154	290554	942	103333
重 庆	4737	8578762	11916	2138096	3893	1517178
四 川	4146	5754326	18689	1415326	4348	531529
贵 州	1915	1544083	3632	933027	870	366152
云 南	108	6998	1053	94821	340	12349
西 藏						
陕 西	109	308031	8263	1066311	635	101915
甘 肃	68	1403	1172	97141	43	1764
青 海	24	896	918	71800		
宁 夏	1653	396685	1803	142837	415	141770
新 疆	3073	6210750	10989	967033	6219	1383322

2-12 续表 12

地 区	#农机类		汽车类		种子饲料类	
	摊位数（个）	成交额（万元）	摊位数（个）	成交额（万元）	摊位数（个）	成交额（万元）
全 国	**3812**	**1844173**	**71210**	**63169173**	**4542**	**855603**
东部地区	**2473**	**1328336**	**35535**	**42774824**	**1015**	**239842**
北 京			3657	8425192	4	159
天 津			356	473718	25	16452
河 北	1301	944547	4270	1697089	74	27216
上 海			963	3716927	4	85
江 苏	941	315536	6545	4628007	186	61300
浙 江	12	1601	8895	14367072	129	62612
福 建			374	566087	180	37486
山 东	219	66652	6493	3983135	390	33640
广 东			3982	4917597	22	872
海 南					1	20
东北地区	**118**	**9926**	**13891**	**3844169**	**494**	**20874**
辽 宁			10944	2682739	220	8995
吉 林	118	9926	1889	1127892	274	11879
黑 龙 江			1058	33538		
中部地区	**365**	**268727**	**8600**	**9516591**	**1084**	**182086**
山 西			32	421913		
安 徽	2	1046	983	1424875	599	66760
江 西	127	159813	1408	1013818	60	5030
河 南	23	2761	690	1032940	70	2801
湖 北	25	5115	2397	2790952	70	15611
湖 南	188	99992	3090	2832093	285	91884
西部地区	**856**	**237184**	**13184**	**7033589**	**1949**	**412801**
内 蒙 古	236	34435			110	6767
广 西			38	79156	401	110043
重 庆	2	9261	5313	3091730	44	6147
四 川	166	46225	1918	566745	238	51957
贵 州	43	4725	1116	1484668	137	38701
云 南	13	828	66	50610	201	9899
西 藏						
陕 西			1597	190700	5	210
甘 肃	10	113	15	21300	50	2771
青 海						
宁 夏	176	102050	680	10500	71	39741
新 疆	210	39547	2441	1538180	692	146565

2-12 续表 13

地　区	棉麻类		其他类	
	摊位数(个)	成交额(万元)	摊位数(个)	成交额(万元)
全　国	**2678**	**3105196**	**191629**	**36890561**
东部地区	**1560**	**3045639**	**113200**	**26976185**
北　京	16	1020	4579	190918
天　津			944	71378
河　北	43	174	27947	8584566
上　海	10	40179	2555	430836
江　苏	788	2171271	12903	8406915
浙　江	631	830211	39867	4908060
福　建			1201	207191
山　东	52	2434	17565	3257357
广　东	20	350	5373	914084
海　南			266	4880
东北地区	**311**	**5518**	**18452**	**1396675**
辽　宁	92	2389	12437	675682
吉　林	211	2851	3208	214829
黑龙江	8	278	2807	506164
中部地区	**678**	**50051**	**29082**	**3045880**
山　西			2046	74927
安　徽	270	23155	12271	838101
江　西	68	3131	4430	184561
河　南	142	586	3389	387141
湖　北	52	5000	1136	710819
湖　南	146	18179	5810	850331
西部地区	**129**	**3988**	**30895**	**5471821**
内蒙古	5	406	8047	2073966
广　西			2247	252564
重　庆	12	1412	2917	443429
四　川	11	449	1532	178250
贵　州	32	535	4676	1061007
云　南	11	179	5866	846840
西　藏			51	3104
陕　西	6	30	308	23880
甘　肃	35	280	913	57068
青　海			150	30000
宁　夏	7	197	345	44784
新　疆	10	500	3843	456929

（三）36城市

2-13　商品交易市场总体情况

地　区	市场数量（个）	总摊位数（个）	年末出租摊位数（个）	营业面积（平方米）	成交额（万元）
36城市总计	**1482**	**1431019**	**1190505**	**106141856**	**518354768**
北　京	86	72842	62397	5851250	41080412
天　津	42	33812	26679	3108775	10728080
石家庄	43	56695	48743	5392426	13995837
太　原	8	4242	4180	538202	1173718
呼和浩特	9	7062	6333	425300	1327429
沈　阳	52	54930	47732	2339551	15995196
大　连	29	33303	30318	2056854	11819260
长　春	17	21254	18300	1336915	2371591
哈尔滨	26	28409	23155	2079300	4929980
上　海	118	57883	48625	4145421	101162393
南　京	39	39918	37667	2882208	14714759
杭　州	132	75189	68636	3647216	30777316
宁　波	112	54576	49781	4109003	36480397
合　肥	30	37201	23367	3361921	8859917
福　州	29	10426	9492	760291	5896420
厦　门	17	7157	6534	697166	2420073
南　昌	27	35195	32924	2075589	7849774
济　南	26	19355	18623	1593345	5316868
青　岛	52	58528	54980	4250884	12699425
郑　州	22	50758	32470	3190198	12884180
武　汉	36	26789	23250	2596526	10566786
长　沙	56	60087	45602	5276575	27735945
广　州	110	95281	76627	5780397	20028791
深　圳	28	52454	33931	1682261	6346952
南　宁	21	19151	17927	1172981	5267571
海　口	5	2291	2291	411078	1147386
重　庆	135	103117	91296	7609206	37817606
成　都	33	95430	66556	7987730	22563014
贵　阳	22	36565	27542	3297340	11241555
昆　明	14	49042	35713	1532370	3965285
拉　萨	3	3213	2868	35000	268990
西　安	36	33604	29363	3280005	7533411
兰　州	8	10080	9528	839198	1624878
西　宁	6	6887	6356	578405	1033946
银　川	22	18494	17352	1986746	1816422
乌鲁木齐	31	59799	53367	8234223	16913205

2-14 商品交易市场情况(按部分市场类别分)

(综合市场)

地　区	市场数量(个)	总摊位数(个)	年末出租摊位数(个)	营业面积(平方米)	成交额(万元)
36城市总计	**375**	**507764**	**425893**	**29276575**	**141964503**
北　京	26	32243	28493	2323703	25946389
天　津	11	8284	6722	750702	3197589
石家庄	12	25844	23884	2022024	7101798
太　原	2	1655	1655	270000	994000
呼和浩特	3	2550	1987	252200	1133780
沈　阳	10	5497	5121	139393	290040
大　连	10	14902	13819	737730	3734641
长　春	6	8158	7160	257713	407910
哈尔滨	6	4756	3598	431800	1982867
上　海	36	21603	17467	1020263	5568077
南　京	13	16785	15845	1257589	8780216
杭　州	40	20434	18725	934021	6618307
宁　波	42	23944	21335	1117716	4142781
合　肥	5	5810	5376	737800	3681627
福　州	12	4265	3796	112045	1237177
厦　门	8	3624	3244	267226	367065
南　昌	7	24068	22960	970040	5678050
济　南	6	6507	6459	321515	554366
青　岛	11	30484	29835	1066100	4967255
郑　州	2	24400	9155	642124	294884
武　汉	6	6505	6490	984025	2922852
长　沙	10	20987	18600	1901582	12057276
广　州	10	7542	6145	231280	731347
深　圳	11	39682	23106	1373274	5117822
南　宁	5	5339	4175	495834	2475464
海　口					
重　庆	39	58435	51377	3006588	15624885
成　都	8	15366	13602	1388065	7070879
贵　阳	1	25077	17650	1468960	4150000
昆　明					
拉　萨	3	3213	2868	35000	268990
西　安	2	1790	1390	61526	73409
兰　州	1	2126	2126	260932	474884
西　宁					
银　川	5	3835	3365	159700	186029
乌鲁木齐	6	32054	28363	2278105	4131847

2-14 续表 1

(生产资料综合市场)

地　　区	市场数量(个)	总摊位数(个)	年末出租摊位数(个)	营业面积(平方米)	成交额(万元)
36城市总计	**11**	**14687**	**14460**	**2155221**	**4252105**
北　　京					
天　　津					
石 家 庄	2	1706	1706	418200	1010122
太　　原					
呼和浩特					
沈　　阳	1	500	410	6000	15000
大　　连	1	700	600	30000	50000
长　　春					
哈 尔 滨					
上　　海					
南　　京					
杭　　州	1	1200	1200	95300	454000
宁　　波	1	247	247	44764	75858
合　　肥					
福　　州					
厦　　门					
南　　昌					
济　　南					
青　　岛					
郑　　州					
武　　汉	1	4285	4285	850000	2010500
长　　沙					
广　　州					
深　　圳					
南　　宁					
海　　口					
重　　庆	2	1690	1690	254123	351127
成　　都	1	1800	1800	85000	205000
贵　　阳					
昆　　明					
拉　　萨					
西　　安					
兰　　州					
西　　宁					
银　　川					
乌鲁木齐	1	2559	2522	371834	80498

2-14 续表 2

(工业消费品综合市场)

地 区	市场数量(个)	总摊位数(个)	年末出租摊位数(个)	营业面积(平方米)	成交额(万元)
36城市总计	**72**	**150413**	**121806**	**7137480**	**31171430**
北 京	5	3085	2478	86427	141396
天 津	1	432	432	9300	45075
石家庄	6	15610	13684	1251424	4274610
太 原					
呼和浩特					
沈 阳	1	1457	1293	14193	45705
大 连	3	2870	2593	139000	144506
长 春	2	4497	4429	133289	199427
哈尔滨	2	1346	1331	19800	50760
上 海	1	1033	848	38000	47911
南 京	1	844	844	17333	87990
杭 州	5	3810	3800	92173	859714
宁 波	5	6905	6534	373373	1116501
合 肥	1	2000	1572	200000	67905
福 州					
厦 门					
南 昌	3	10628	9544	219120	3346443
济 南	4	4182	4134	144515	173252
青 岛	3	4996	4899	318500	1539229
郑 州	1	1400	900	36000	70000
武 汉					
长 沙	4	13378	11110	861323	8389598
广 州	5	2899	2477	135620	212403
深 圳	3	31453	15664	978564	1253858
南 宁					
海 口					
重 庆	13	34120	30174	1729852	8599640
成 都					
贵 阳					
昆 明					
拉 萨					
西 安	1	980	580	30000	11909
兰 州	1	2126	2126	260932	474884
西 宁					
银 川	1	362	360	48742	18714
乌鲁木齐					

2-14　续表 3

(农产品综合市场)

地　区	市场数量(个)	总摊位数(个)	年末出租摊位数(个)	营业面积(平方米)	成交额(万元)
36城市总计	**219**	**171164**	**150370**	**11169522**	**82183376**
北　京	19	26533	23535	2191776	25769477
天　津	5	4088	3466	450000	2565747
石家庄	4	8528	8494	352400	1817066
太　原	2	1655	1655	270000	994000
呼和浩特	3	2550	1987	252200	1133780
沈　阳	6	2411	2336	93900	189012
大　连	3	1832	1832	82980	275442
长　春	1	853	174	18824	138872
哈尔滨	4	3410	2267	412000	1932107
上　海	29	14148	11986	734214	4789978
南　京	7	5669	5065	538170	6233119
杭　州	26	9239	7757	204941	1178018
宁　波	33	14791	12731	430207	2635194
合　肥	3	3709	3703	520000	3595965
福　州	11	4105	3699	108545	1226371
厦　门	4	1528	1452	45516	162563
南　昌	2	1558	1534	156590	1998973
济　南	2	2325	2325	177000	381114
青　岛	5	2994	2491	173000	769724
郑　州					
武　汉	5	2220	2205	134025	912352
长　沙	2	5186	5186	870650	3488519
广　州	4	4133	3511	91680	508411
深　圳	6	6066	5630	341615	3808034
南　宁	4	4515	3390	482834	2449202
海　口					
重　庆	16	16655	14007	552972	5935597
成　都	5	12772	11075	1193489	6547618
贵　阳					
昆　明					
拉　萨	3	3213	2868	35000	268990
西　安					
兰　州					
西　宁					
银　川	3	2410	1942	76958	74381
乌鲁木齐	2	2068	2067	178036	403750

2-14 续表 4

(其他综合市场)

地　区	市场数量(个)	总摊位数(个)	年末出租摊位数(个)	营业面积(平方米)	成交额(万元)
36城市总计	**73**	**171500**	**139257**	**8814352**	**24357592**
北　京	2	2625	2480	45500	35516
天　津	5	3764	2824	291402	586767
石家庄					
太　原					
呼和浩特					
沈　阳	2	1129	1082	25300	40323
大　连	3	9500	8794	485750	3264693
长　春	3	2808	2557	105600	69611
哈尔滨					
上　海	6	6422	4633	248049	730188
南　京	5	10272	9936	702086	2459107
杭　州	8	6185	5968	541607	4126575
宁　波	3	2001	1823	269372	315228
合　肥	1	101	101	17800	17757
福　州	1	160	97	3500	10806
厦　门	4	2096	1792	221710	204502
南　昌	2	11882	11882	594330	332634
济　南					
青　岛	3	22494	22445	574600	2658302
郑　州	1	23000	8255	606124	224884
武　汉					
长　沙	4	2423	2304	169609	179159
广　州	1	510	157	3980	10533
深　圳	2	2163	1812	53095	55930
南　宁	1	824	785	13000	26262
海　口					
重　庆	8	5970	5506	469641	738521
成　都	2	794	727	109576	318261
贵　阳	1	25077	17650	1468960	4150000
昆　明					
拉　萨					
西　安	1	810	810	31526	61500
兰　州					
西　宁					
银　川	1	1063	1063	34000	92934
乌鲁木齐	3	27427	23774	1728235	3647599

2-14 续表 5

(专业市场)

地 区	市场数量(个)	总摊位数(个)	年末出租摊位数(个)	营业面积(平方米)	成交额(万元)
36城市总计	**1107**	**923255**	**764612**	**76865281**	**376390265**
北 京	60	40599	33904	3527547	15134023
天 津	31	25528	19957	2358073	7530491
石家庄	31	30851	24859	3370402	6894039
太 原	6	2587	2525	268202	179718
呼和浩特	6	4512	4346	173100	193649
沈 阳	42	49433	42611	2200158	15705156
大 连	19	18401	16499	1319124	8084619
长 春	11	13096	11140	1079202	1963681
哈尔滨	20	23653	19557	1647500	2947113
上 海	82	36280	31158	3125158	95594316
南 京	26	23133	21822	1624619	5934543
杭 州	92	54755	49911	2713195	24159009
宁 波	70	30632	28446	2991287	32337616
合 肥	25	31391	17991	2624121	5178290
福 州	17	6161	5696	648246	4659243
厦 门	9	3533	3290	429940	2053008
南 昌	20	11127	9964	1105549	2171724
济 南	20	12848	12164	1271830	4762502
青 岛	41	28044	25145	3184784	7732170
郑 州	20	26358	23315	2548074	12589296
武 汉	30	20284	16760	1612501	7643934
长 沙	46	39100	27002	3374993	15678669
广 州	100	87739	70482	5549117	19297444
深 圳	17	12772	10825	308987	1229130
南 宁	16	13812	13752	677147	2792107
海 口	5	2291	2291	411078	1147386
重 庆	96	44682	39919	4602618	22192721
成 都	25	80064	52954	6599665	15492135
贵 阳	21	11488	9892	1828380	7091555
昆 明	14	49042	35713	1532370	3965285
拉 萨					
西 安	34	31814	27973	3218479	7460002
兰 州	7	7954	7402	578266	1149994
西 宁	6	6887	6356	578405	1033946
银 川	17	14659	13987	1827046	1630393
乌鲁木齐	25	27745	25004	5956118	12781358

2-14 续表 6

(生产资料市场)

地 区	市场数量(个)	总摊位数(个)	年末出租摊位数(个)	营业面积(平方米)	成交额(万元)
36城市总计	**184**	**127155**	**104615**	**21532697**	**168532616**
北 京	11	2926	2575	375963	800039
天 津	7	3791	3726	268136	2471280
石 家 庄	3	917	913	395716	135635
太 原					
呼和浩特	1	587	421	69255	18739
沈 阳	5	2453	2029	352971	1950510
大 连	3	521	401	460000	4790080
长 春	2	1669	1669	161000	18115
哈 尔 滨	4	5100	4840	891000	1282000
上 海	16	3698	3579	789839	81952746
南 京	4	9677	9050	248148	547139
杭 州	6	994	840	123796	773593
宁 波	19	10613	10084	1572661	26843655
合 肥	4	1904	1734	309338	3226548
福 州	1	180	153	61000	953000
厦 门					
南 昌	3	1894	1761	355260	219681
济 南	2	172	162	45000	99920
青 岛	5	1078	767	1125960	611664
郑 州	2	2161	2161	615335	158548
武 汉	5	2154	2066	290400	3632968
长 沙	12	17375	6250	1088007	5823832
广 州	2	530	400	55400	448720
深 圳					
南 宁	5	1906	1906	137631	1549121
海 口	2	945	945	273794	711140
重 庆	25	11477	10318	1463062	10099190
成 都	10	19232	14266	3711939	7273046
贵 阳	6	3171	2532	788171	1993609
昆 明	2	783	629	70805	22505
拉 萨					
西 安	7	6827	6192	1009354	1224520
兰 州	1	35	26	11066	10200
西 宁					
银 川	4	2181	2062	291102	558795
乌鲁木齐	5	10204	10158	4121588	8332078

2-14　续表 7

(建材市场)

地　区	市场数量(个)	总摊位数(个)	年末出租摊位数(个)	营业面积(平方米)	成交额(万元)
36城市总计	**65**	**68489**	**50155**	**12016196**	**8517237**
北　京	8	2252	1972	214402	357946
天　津	1	508	508	186000	99246
石家庄					
太　原					
呼和浩特	1	587	421	69255	18739
沈　阳	1	273	92	39171	133360
大　连					
长　春					
哈尔滨	1	4100	4100	450000	650000
上　海	4	966	923	306843	363697
南　京	4	9677	9050	248148	547139
杭　州	1	61	61	25000	49054
宁　波	5	1859	1784	221246	1119882
合　肥	2	820	793	88000	42239
福　州	1	180	153	61000	953000
厦　门					
南　昌	1	1055	962	34486	56000
济　南					
青　岛					
郑　州	2	2161	2161	615335	158548
武　汉					
长　沙	7	12738	2092	808810	278288
广　州					
深　圳					
南　宁	1	108	108	20000	12121
海　口	1	795	795	68000	161140
重　庆	7	2501	2163	368634	475032
成　都	7	12856	7934	2816200	1052694
贵　阳	2	1370	1050	470000	460148
昆　明					
拉　萨					
西　安	5	5820	5266	949800	632360
兰　州	1	35	26	11066	10200
西　宁					
银　川					
乌鲁木齐	2	7767	7741	3944800	886404

2-14 续表 8

(金属材料市场)

地　区	市场数量(个)	总摊位数(个)	年末出租摊位数(个)	营业面积(平方米)	成交额(万元)
36城市总计	**66**	**31380**	**28806**	**5900709**	**130269964**
北　京	2	394	323	144981	316868
天　津	4	567	502	80736	1215734
石家庄	1	110	110	201716	41395
太　原					
呼和浩特					
沈　阳	3	1980	1737	311000	1785590
大　连	1	175	85	430000	210000
长　春	1	874	874	61000	8400
哈尔滨	2	840	580	321000	565000
上　海	5	1542	1504	157066	72246239
南　京					
杭　州	2	686	535	65871	427871
宁　波	9	4920	4687	509015	16315843
合　肥	2	1084	941	221338	3184309
福　州					
厦　门					
南　昌	1	679	679	46021	38580
济　南	2	172	162	45000	99920
青　岛	3	795	484	646000	507948
郑　州					
武　汉	5	2154	2066	290400	3632968
长　沙	1	2150	2150	180000	5100000
广　州	2	530	400	55400	448720
深　圳					
南　宁	1	588	588	35631	1260000
海　口	1	150	150	205794	550000
重　庆	9	4879	4533	671432	8495369
成　都	1	2310	2310	562579	5450000
贵　阳	4	1801	1482	318171	1533461
昆　明					
拉　萨					
西　安	1	160	121	7300	439060
兰　州					
西　宁					
银　川	2	1700	1663	242470	396995
乌鲁木齐	1	140	140	90788	5999694

2-14 续表 9

(机械设备市场)

地　　区	市场数量(个)	总摊位数(个)	年末出租摊位数(个)	营业面积(平方米)	成交额(万元)
36城市总计	**17**	**11211**	**10531**	**1206069**	**2597303**
北　　京					
天　　津					
石 家 庄	1	800	800	190000	88138
太　　原					
呼和浩特					
沈　　阳					
大　　连					
长　　春					
哈 尔 滨					
上　　海	1	187	170	4500	78832
南　　京					
杭　　州	1	42	39	15925	63154
宁　　波					
合　　肥					
福　　州					
厦　　门					
南　　昌	1	160	120	274753	125101
济　　南					
青　　岛					
郑　　州					
武　　汉					
长　　沙	1	682	682	4200	120000
广　　州					
深　　圳					
南　　宁	1	500	500	30000	81000
海　　口					
重　　庆	6	2859	2581	246442	726160
成　　都	1	2978	2934	220000	360000
贵　　阳					
昆　　明	1	465	311	63507	11018
拉　　萨					
西　　安	1	847	805	52254	153100
兰　　州					
西　　宁					
银　　川	1	296	214	32488	24800
乌鲁木齐	1	1395	1375	72000	766000

2-14 续表 10

(其他生产资料市场)

地　区	市场数量 (个)	总摊位数 (个)	年末出租摊位数 (个)	营业面积 (平方米)	成交额 (万元)
36城市总计	**11**	**4521**	**4483**	**487829**	**14558957**
北　京	1	280	280	16580	125225
天　津					
石家庄					
太　原					
呼和浩特					
沈　阳					
大　连	2	346	316	30000	4580080
长　春	1	795	795	100000	9715
哈尔滨	1	160	160	120000	67000
上　海	2	410	410	44532	8831922
南　京					
杭　州					
宁　波	1	330	330	25600	36711
合　肥					
福　州					
厦　门					
南　昌					
济　南					
青　岛					
郑　州					
武　汉					
长　沙	1	660	652	24117	20200
广　州					
深　圳					
南　宁					
海　口					
重　庆	1	638	638	113000	208124
成　都					
贵　阳					
昆　明					
拉　萨					
西　安					
兰　州					
西　宁					
银　川					
乌鲁木齐	1	902	902	14000	679980

2-14 续表 11

(农产品市场)

地　区	市场数量（个）	总摊位数（个）	年末出租摊位数（个）	营业面积（平方米）	成交额（万元）
36城市总计	**241**	**160760**	**138594**	**13496195**	**89954500**
北　京	7	6290	3661	635125	3396907
天　津	11	9402	6519	1012266	2829429
石家庄	8	3545	2255	321102	177221
太　原	1	75	75	8000	56000
呼和浩特					
沈　阳	6	3850	3340	385000	7067531
大　连	3	1344	1344	78200	755966
长　春	2	1949	1949	183601	625210
哈尔滨					
上　海	25	12610	10248	729945	6333302
南　京	7	3040	2930	369339	3864974
杭　州	23	15555	14242	732843	7824876
宁　波	18	8848	7817	342366	2652402
合　肥	6	3036	1436	271064	317985
福　州	6	1626	1622	140267	2685972
厦　门	7	3414	3172	395940	1622721
南　昌	4	1468	1459	95400	1104191
济　南	6	3918	3898	424910	3193470
青　岛	17	13372	12057	1129540	3527257
郑　州	3	8095	7295	904800	10050000
武　汉	3	2989	1966	163069	2113975
长　沙	3	3502	3492	160779	4980457
广　州	16	6649	5911	469974	4446632
深　圳	6	2792	2379	65433	924009
南　宁	2	5124	5124	112620	615252
海　口	2	815	815	99284	355346
重　庆	17	7176	6321	373744	3221106
成　都	3	2951	2929	157577	2730655
贵　阳	5	4093	3622	387939	2939256
昆　明	2	1421	1421	106500	507958
拉　萨					
西　安	6	9128	7481	693077	3659942
兰　州	2	784	706	79200	773189
西　宁	3	3338	2807	447348	863992
银　川	4	4426	4426	879460	744407
乌鲁木齐	7	4135	3875	1140483	2992910

2-14 续表 12

(粮油市场)

地　区	市场数量(个)	总摊位数(个)	年末出租摊位数(个)	营业面积(平方米)	成交额(万元)
36城市总计	**32**	**8726**	**7473**	**880906**	**5641038**
北　京					
天　津	3	1003	833	174410	546960
石家庄	1	185	76	10000	24195
太　原					
呼和浩特					
沈　阳	1	288	288	37000	295400
大　连					
长　春					
哈尔滨					
上　海	9	1025	939	47385	253868
南　京	1	256	256	81000	266272
杭　州	2	2398	1698	118000	1698699
宁　波	2	286	279	24500	188143
合　肥					
福　州	1	268	268	31700	71500
厦　门					
南　昌					
济　南					
青　岛	3	332	302	155107	233498
郑　州					
武　汉					
长　沙					
广　州	2	598	498	33800	47933
深　圳					
南　宁					
海　口					
重　庆					
成　都	1	216	198	17000	180000
贵　阳	1	313	313	8900	1130865
昆　明	1	912	912	60500	286958
拉　萨					
西　安	1	270	270	11444	320650
兰　州	1	130	130	38000	52389
西　宁					
银　川	1	38	38	7160	13708
乌鲁木齐	1	208	175	25000	30000

2-14 续表 13

(肉禽蛋市场)

地 区	市场数量(个)	总摊位数(个)	年末出租摊位数(个)	营业面积(平方米)	成交额(万元)
36城市总计	**29**	**16121**	**15262**	**1638981**	**11091473**
北 京	1	58	54	1100	16591
天 津					
石 家 庄	1	250	230	15000	24520
太 原					
呼和浩特					
沈 阳					
大 连					
长 春					
哈 尔 滨					
上 海	4	1146	886	19450	175070
南 京	3	1451	1431	181700	2913942
杭 州	3	1223	1216	66399	1476674
宁 波	1	798	791	17900	353241
合 肥	1	546	413	109464	193178
福 州	1	191	191	2100	17080
厦 门					
南 昌	3	648	648	52400	620518
济 南					
青 岛					
郑 州					
武 汉					
长 沙					
广 州	1	316	316	6019	153180
深 圳	1	440	278	7000	51798
南 宁	1	4744	4744	66000	530252
海 口					
重 庆	4	1885	1691	102406	2079777
成 都	1	2225	2225	86777	2287436
贵 阳	1	108	56	35202	38941
昆 明					
拉 萨					
西 安					
兰 州					
西 宁					
银 川					
乌鲁木齐	2	92	92	870064	159275

2-14 续表 14

(水产品市场)

地 区	市场数量(个)	总摊位数(个)	年末出租摊位数(个)	营业面积(平方米)	成交额(万元)
36城市总计	**51**	**36858**	**34457**	**2291681**	**30188734**
北 京	3	1979	1636	59025	1013910
天 津					
石家庄	1	300	300	8000	35899
太 原					
呼和浩特					
沈 阳	3	2382	2382	105000	4154572
大 连	2	1034	1034	63200	696657
长 春	1	1261	1261	120601	608385
哈尔滨					
上 海	3	3664	3564	289500	2735233
南 京	1	766	766	55239	478250
杭 州	1	1098	1089	69135	1009121
宁 波	9	5787	5062	143733	1305922
合 肥					
福 州	2	783	779	82900	2209411
厦 门	2	1045	1045	176320	901657
南 昌	1	820	811	43000	483673
济 南	2	2200	2200	230000	2665045
青 岛	4	2130	2087	53920	292208
郑 州	1	595	595	44800	1250000
武 汉	1	2104	1433	138294	2010000
长 沙	2	3216	3206	158579	4965874
广 州	5	1053	860	56665	947762
深 圳	2	921	886	33000	751213
南 宁					
海 口					
重 庆	1	380	230	98000	65000
成 都					
贵 阳	1	172	172	8037	485000
昆 明					
拉 萨					
西 安	1	1800	1800	123333	900000
兰 州					
西 宁					
银 川	1	413	413	31400	168942
乌鲁木齐	1	955	846	100000	55000

2-14　续表 15

(蔬菜市场)

地　区	市场数量(个)	总摊位数(个)	年末出租摊位数(个)	营业面积(平方米)	成交额(万元)
36城市总计	**57**	**45834**	**39960**	**4024922**	**12438177**
北　京	2	1753	1711	340000	2271500
天　津	6	6995	4282	538630	872007
石家庄	3	2555	1543	273102	70516
太　原					
呼和浩特					
沈　阳	1	380	320	93000	300000
大　连					
长　春					
哈尔滨					
上　海	2	467	467	52110	872413
南　京	1	400	310	47000	178530
杭　州	5	4358	4249	164334	700362
宁　波	3	868	795	104933	459793
合　肥	2	689	619	62000	62486
福　州					
厦　门	2	1269	1241	178520	567605
南　昌					
济　南	3	1498	1478	84910	420641
青　岛	6	8641	7499	639722	1214433
郑　州					
武　汉					
长　沙	1	286	286	2200	14583
广　州	5	3365	2963	131479	417513
深　圳					
南　宁					
海　口	1	435	435	49284	216060
重　庆	6	1941	1938	77879	445965
成　都	1	510	506	53800	263219
贵　阳	1	2000	2000	105800	482450
昆　明	1	509	509	46000	221000
拉　萨					
西　安	1	1600	1548	250000	491053
兰　州					
西　宁	1	2198	2198	260000	822671
银　川	1	1517	1517	370000	78019
乌鲁木齐	2	1600	1546	100219	995358

2-14 续表 16

(干鲜果品市场)

地　区	市场数量(个)	总摊位数(个)	年末出租摊位数(个)	营业面积(平方米)	成交额(万元)
36城市总计	**31**	**20441**	**15353**	**2339905**	**14335294**
北　京	1	2500	260	235000	94906
天　津					
石家庄	2	255	106	15000	22091
太　原	1	75	75	8000	56000
呼和浩特					
沈　阳	1	800	350	150000	2317559
大　连	1	310	310	15000	59309
长　春					
哈尔滨					
上　海	2	628	508	150510	1215160
南　京					
杭　州	4	1499	1488	84090	1060725
宁　波	1	420	420	35000	184576
合　肥					
福　州	1	251	251	19567	360791
厦　门	1	242	242	25000	78427
南　昌					
济　南	1	220	220	110000	107784
青　岛	2	870	783	225000	1188176
郑　州					
武　汉	1	365	337	12775	91235
长　沙					
广　州	3	1317	1274	242011	2880244
深　圳					
南　宁	1	380	380	46620	85000
海　口	1	380	380	50000	139286
重　庆	2	1173	1153	60787	447450
成　都					
贵　阳					
昆　明					
拉　萨					
西　安	2	4278	2683	268300	1698239
兰　州					
西　宁	1	740	459	71145	11321
银　川	1	2458	2458	470900	483738
乌鲁木齐	1	1280	1216	45200	1753277

2-14 续表 17

(其他农产品市场)

地 区	市场数量（个）	总摊位数（个）	年末出租摊位数（个）	营业面积（平方米）	成交额（万元）
36城市总计	**40**	**32519**	**25844**	**2309800**	**16129124**
北 京					
天 津	2	1404	1404	299226	1410462
石家庄					
太 原					
呼和浩特					
沈 阳					
大 连					
长 春	1	688	688	63000	16825
哈尔滨					
上 海	5	5680	3884	170990	1081558
南 京	1	167	167	4400	27980
杭 州	8	4979	4502	230885	1879295
宁 波	1	428	225	6300	30067
合 肥	3	1801	404	99600	62321
福 州	1	133	133	4000	27190
厦 门	2	858	644	16100	75032
南 昌					
济 南					
青 岛	2	1399	1386	55791	598942
郑 州	2	7500	6700	860000	8800000
武 汉	1	520	196	12000	12740
长 沙					
广 州					
深 圳	3	1431	1215	25433	120998
南 宁					
海 口					
重 庆	4	1797	1309	34672	182914
成 都					
贵 阳	1	1500	1081	230000	802000
昆 明					
拉 萨					
西 安	1	1180	1180	40000	250000
兰 州	1	654	576	41200	720800
西 宁	1	400	150	116203	30000
银 川					
乌鲁木齐					

2-14 续表 18

(食品、饮料及烟酒市场)

地 区	市场数量(个)	总摊位数(个)	年末出租摊位数(个)	营业面积(平方米)	成交额(万元)
36城市总计	**34**	**19498**	**15690**	**1287576**	**4573261**
北 京	2	417	401	25500	54666
天 津	1	3136	1865	266800	475000
石家庄					
太 原					
呼和浩特					
沈 阳	2	2208	1379	47761	189805
大 连					
长 春	1	135	123	1300	11093
哈尔滨	1	1845	1456	20000	824699
上 海	2	671	669	43000	30005
南 京					
杭 州	2	520	520	48500	363100
宁 波	3	2196	2192	190000	704221
合 肥	2	979	761	163900	199649
福 州					
厦 门					
南 昌					
济 南	2	800	670	90000	197320
青 岛	1	360	283	16000	255368
郑 州					
武 汉	1	120	120	1144	15521
长 沙	1	312	301	7600	20305
广 州	3	854	764	65000	100377
深 圳					
南 宁	2	240	230	12500	130150
海 口					
重 庆	4	2251	1626	68553	244003
成 都	1	239	239	25000	70000
贵 阳	1	970	970	23752	445660
昆 明	2	1245	1121	171266	242319
拉 萨					
西 安					
兰 州					
西 宁					
银 川					
乌鲁木齐					

2-14　续表 19

(茶叶市场)

地　　区	市场数量 (个)	总摊位数 (个)	年末出租摊位数 (个)	营业面积 (平方米)	成交额 (万元)
36城市总计	**18**	**5345**	**5058**	**592443**	**1049469**
北　　京	2	417	401	25500	54666
天　　津					
石 家 庄					
太　　原					
呼和浩特					
沈　　阳	1	230	230	17633	30000
大　　连					
长　　春					
哈 尔 滨					
上　　海	2	671	669	43000	30005
南　　京					
杭　　州	1	300	300	29500	128500
宁　　波					
合　　肥	1	414	409	118900	23813
福　　州					
厦　　门					
南　　昌					
济　　南	2	800	670	90000	197320
青　　岛					
郑　　州					
武　　汉	1	120	120	1144	15521
长　　沙					
广　　州	2	454	454	30000	86675
深　　圳					
南　　宁	2	240	230	12500	130150
海　　口					
重　　庆	1	215	215	28000	40500
成　　都	1	239	239	25000	70000
贵　　阳					
昆　　明	2	1245	1121	171266	242319
拉　　萨					
西　　安					
兰　　州					
西　　宁					
银　　川					
乌鲁木齐					

2-14 续表 20

(纺织、服装、鞋帽市场)

地区	市场数量(个)	总摊位数(个)	年末出租摊位数(个)	营业面积(平方米)	成交额(万元)
36城市总计	**180**	**305433**	**262988**	**11998811**	**40933765**
北京	7	11150	9941	348059	305282
天津	2	2806	2701	39800	140843
石家庄	3	20801	16194	1308000	5129659
太原	4	1981	1919	126010	62320
呼和浩特	2	3159	3159	50000	114960
沈阳	9	25040	21995	481988	4979191
大连	3	4299	3568	62034	344395
长春	3	3941	3671	84000	179033
哈尔滨	10	14403	11307	559000	516668
上海	8	7518	6261	221224	509972
南京	2	3754	3754	84000	304196
杭州	20	22280	20766	554873	4868604
宁波	5	4305	3964	221086	462040
合肥	2	5602	5480	205000	594974
福州	2	1396	1320	120369	371402
厦门					
南昌	2	994	971	31734	43950
济南	3	4236	3935	257941	400142
青岛	3	8103	8089	275300	2665000
郑州	5	7668	6366	189285	464198
武汉	13	11908	9798	681354	762265
长沙	7	5412	5325	165000	241038
广州	33	51526	38652	3145811	9587467
深圳					
南宁	3	4082	4032	55250	118112
海口					
重庆	6	3626	3546	243027	2263869
成都	4	10150	9869	360000	907223
贵阳					
昆明	3	34521	28738	838110	2458543
拉萨					
西安	4	7446	6738	438182	1224420
兰州	2	5910	5620	425000	300319
西宁	1	2321	2321	100108	66404
银川	3	5496	5195	120000	156109
乌鲁木齐	6	9599	7793	207266	391167

2-14 续表 21

(布料及纺织品市场)

地　　区	市场数量 (个)	总摊位数 (个)	年末出租摊位数 (个)	营业面积 (平方米)	成交额 (万元)
36城市总计	**20**	**43826**	**31517**	**2985764**	**9482284**
北　　京					
天　　津					
石 家 庄	1	1065	483	8000	4648
太　　原					
呼和浩特					
沈　　阳					
大　　连	1	2600	2239	30000	308400
长　　春					
哈 尔 滨	2	2550	2335	57000	58600
上　　海	1	2560	1942	98000	26592
南　　京					
杭　　州	5	4572	4125	207290	2522898
宁　　波	1	1678	1668	35700	67201
合　　肥	1	2600	2495	60000	71523
福　　州					
厦　　门					
南　　昌					
济　　南					
青　　岛	1	226	226	23800	301100
郑　　州	2	1806	906	69300	33200
武　　汉	2	235	217	10674	20121
长　　沙					
广　　州	2	23367	14572	2346000	6042070
深　　圳					
南　　宁					
海　　口					
重　　庆					
成　　都	1	567	309	40000	25931
贵　　阳					
昆　　明					
拉　　萨					
西　　安					
兰　　州					
西　　宁					
银　　川					
乌鲁木齐					

2-14 续表 22

(服装市场)

地区	市场数量(个)	总摊位数(个)	年末出租摊位数(个)	营业面积(平方米)	成交额(万元)
36城市总计	**125**	**204205**	**184381**	**7425516**	**22372487**
北京	6	10705	9496	330059	272536
天津	2	2806	2701	39800	140843
石家庄	2	19736	15711	1300000	5125011
太原	3	1641	1579	97010	51320
呼和浩特	2	3159	3159	50000	114960
沈阳	6	6806	6547	118488	237266
大连	1	388	314	12000	18750
长春	2	3411	3411	65000	166965
哈尔滨	5	4363	4107	428000	172600
上海	7	4958	4319	123224	483380
南京	2	3754	3754	84000	304196
杭州	14	16847	16183	333583	2334110
宁波	3	2272	2093	181586	382764
合肥	1	3002	2985	145000	523451
福州	2	1396	1320	120369	371402
厦门					
南昌	1	508	485	17234	27800
济南	1	2770	2770	200000	207688
青岛	1	7017	7003	230000	2340664
郑州	3	5862	5460	119985	430998
武汉	9	10953	9007	620680	698544
长沙	7	5412	5325	165000	241038
广州	26	22927	19950	602677	2939762
深圳					
南宁	3	4082	4032	55250	118112
海口					
重庆	2	1317	1317	101391	209525
成都	3	9583	9560	320000	881292
贵阳					
昆明	3	34521	28738	838110	2458543
拉萨					
西安	2	4238	3582	203000	592849
兰州	2	5910	5620	425000	300319
西宁					
银川					
乌鲁木齐	4	3861	3853	99070	225799

2-14 续表 23

(鞋帽市场)

地　区	市场数量 (个)	总摊位数 (个)	年末出租摊位数 (个)	营业面积 (平方米)	成交额 (万元)
36城市总计	**18**	**18038**	**14167**	**704357**	**3138779**
北　京					
天　津					
石家庄					
太　原	1	340	340	29000	11000
呼和浩特					
沈　阳	2	2750	1900	16500	78818
大　连					
长　春					
哈尔滨	2	3300	1880	24000	53600
上　海					
南　京					
杭　州					
宁　波					
合　肥					
福　州					
厦　门					
南　昌	1	486	486	14500	16150
济　南	2	1466	1165	57941	192454
青　岛					
郑　州					
武　汉	2	720	574	50000	43600
长　沙					
广　州	5	5232	4130	197134	605635
深　圳					
南　宁					
海　口					
重　庆	1	536	536	80100	1505951
成　都					
贵　阳					
昆　明					
拉　萨					
西　安	2	3208	3156	235182	631571
兰　州					
西　宁					
银　川					
乌鲁木齐					

2-14 续表 24

(其他纺织服装鞋帽市场)

地　区	市场数量(个)	总摊位数(个)	年末出租摊位数(个)	营业面积(平方米)	成交额(万元)
36城市总计	**17**	**39364**	**32923**	**883174**	**5940215**
北　京	1	445	445	18000	32746
天　津					
石家庄					
太　原					
呼和浩特					
沈　阳	1	15484	13548	347000	4663107
大　连	1	1311	1015	20034	17245
长　春	1	530	260	19000	12068
哈尔滨	1	4190	2985	50000	231868
上　海					
南　京					
杭　州	1	861	458	14000	11596
宁　波	1	355	203	3800	12075
合　肥					
福　州					
厦　门					
南　昌					
济　南					
青　岛	1	860	860	21500	23236
郑　州					
武　汉					
长　沙					
广　州					
深　圳					
南　宁					
海　口					
重　庆	3	1773	1693	61536	548393
成　都					
贵　阳					
昆　明					
拉　萨					
西　安					
兰　州					
西　宁	1	2321	2321	100108	66404
银　川	3	5496	5195	120000	156109
乌鲁木齐	2	5738	3940	108196	165368

2-14 续表 25

(日用品及文化用品市场)

地 区	市场数量(个)	总摊位数(个)	年末出租摊位数(个)	营业面积(平方米)	成交额(万元)
36城市总计	**34**	**24974**	**22175**	**1385724**	**5618364**
北 京					
天 津					
石家庄					
太 原					
呼和浩特					
沈 阳	2	3272	2237	195000	149402
大 连					
长 春					
哈尔滨					
上 海	2	97	85	10000	2177650
南 京					
杭 州					
宁 波					
合 肥					
福 州					
厦 门					
南 昌					
济 南	1	1500	1500	45000	115490
青 岛					
郑 州	1	150	150	7000	12000
武 汉	2	775	770	97676	539132
长 沙	2	485	475	26185	208876
广 州	19	16802	15098	932302	2126238
深 圳					
南 宁					
海 口					
重 庆	4	1360	1343	47161	268431
成 都					
贵 阳					
昆 明					
拉 萨					
西 安					
兰 州					
西 宁					
银 川					
乌鲁木齐	1	533	517	25400	21145

2-14 续表 26

(小商品市场)

地　区	市场数量 (个)	总摊位数 (个)	年末出租摊位数 (个)	营业面积 (平方米)	成交额 (万元)
36城市总计	**16**	**10971**	**9151**	**445200**	**712980**
北　京					
天　津					
石家庄					
太　原					
呼和浩特					
沈　阳	1	1777	742	150000	132000
大　连					
长　春					
哈尔滨					
上　海	1	27	15	5000	21650
南　京					
杭　州					
宁　波					
合　肥					
福　州					
厦　门					
南　昌					
济　南	1	1500	1500	45000	115490
青　岛					
郑　州					
武　汉					
长　沙					
广　州	12	7134	6377	219800	422695
深　圳					
南　宁					
海　口					
重　庆					
成　都					
贵　阳					
昆　明					
拉　萨					
西　安					
兰　州					
西　宁					
银　川					
乌鲁木齐	1	533	517	25400	21145

2-14 续表 27

(其他日用品及文化用品市场)

地区	市场数量(个)	总摊位数(个)	年末出租摊位数(个)	营业面积(平方米)	成交额(万元)
36城市总计	**12**	**8758**	**8278**	**381550**	**3545903**
北京					
天津					
石家庄					
太原					
呼和浩特					
沈阳	1	1495	1495	45000	17402
大连					
长春					
哈尔滨					
上海	1	70	70	5000	2156000
南京					
杭州					
宁波					
合肥					
福州					
厦门					
南昌					
济南					
青岛					
郑州					
武汉	2	775	770	97676	539132
长沙					
广州	4	5058	4600	186713	564938
深圳					
南宁					
海口					
重庆	4	1360	1343	47161	268431
成都					
贵阳					
昆明					
拉萨					
西安					
兰州					
西宁					
银川					
乌鲁木齐					

2-14 续表 28

(黄金、珠宝、玉器等首饰市场)

地　区	市场数量 (个)	总摊位数 (个)	年末出租摊位数 (个)	营业面积 (平方米)	成交额 (万元)
36城市总计	**11**	**6249**	**4585**	**200716**	**2669361**
北　京	2	833	460	18829	111238
天　津					
石家庄					
太　原					
呼和浩特					
沈　阳					
大　连					
长　春					
哈尔滨					
上　海					
南　京					
杭　州	1	360	360	20000	1594800
宁　波					
合　肥					
福　州	2	1042	1037	14500	310113
厦　门					
南　昌	1	70	65	30927	38200
济　南					
青　岛	1	1240	533	46600	10405
郑　州	1	102	101	8000	43723
武　汉					
长　沙	1	50	50	20000	471578
广　州	1	1200	669	10000	42680
深　圳	1	1352	1310	31860	46624
南　宁					
海　口					
重　庆					
成　都					
贵　阳					
昆　明					
拉　萨					
西　安					
兰　州					
西　宁					
银　川					
乌鲁木齐					

2-14 续表 29

(电器、通讯器材、电子设备市场)

地 区	市场数量 (个)	总摊位数 (个)	年末出租摊位数 (个)	营业面积 (平方米)	成交额 (万元)
36城市总计	**61**	**38830**	**33350**	**2184038**	**3371011**
北 京	3	3055	2707	60075	557875
天 津					
石家庄	1	300	300	36000	44235
太 原					
呼和浩特	1	416	416	15845	33625
沈 阳	1	728	500	24000	15793
大 连	1	1500	1311	55000	308304
长 春					
哈尔滨	2	1720	1420	60000	251000
上 海	2	426	356	10689	57709
南 京	1	200	193	4189	38500
杭 州	8	2363	2109	108094	161251
宁 波	2	464	452	23363	65972
合 肥	1	3902	3521	875253	9570
福 州	1	719	560	38000	95724
厦 门					
南 昌	2	1239	966	53994	47782
济 南					
青 岛	2	693	500	45000	60200
郑 州	1	2918	2918	215810	350000
武 汉	1	435	405	25000	180870
长 沙	4	2111	1301	49250	190251
广 州	5	1346	1197	51050	142950
深 圳	6	8008	6532	102200	134088
南 宁	1	780	780	20678	81380
海 口					
重 庆	8	2450	1944	161068	340942
成 都					
贵 阳	1	152	78	3000	10900
昆 明					
拉 萨					
西 安	4	2295	2295	129021	145953
兰 州					
西 宁					
银 川	1	280	280	6800	35047
乌鲁木齐	1	330	309	10659	11090

2-14 续表 30

(家电市场)

地　区	市场数量(个)	总摊位数(个)	年末出租摊位数(个)	营业面积(平方米)	成交额(万元)
36城市总计	**14**	**8207**	**6912**	**1069975**	**296312**
北　京					
天　津					
石家庄					
太　原					
呼和浩特					
沈　阳	1	728	500	24000	15793
大　连					
长　春					
哈尔滨					
上　海					
南　京					
杭　州	3	354	305	40628	90321
宁　波					
合　肥	1	3902	3521	875253	9570
福　州					
厦　门					
南　昌	2	1239	966	53994	47782
济　南					
青　岛	1	146	121	9000	10300
郑　州					
武　汉					
长　沙					
广　州	3	893	744	35500	74919
深　圳	2	916	727	16600	27510
南　宁					
海　口					
重　庆	1	29	28	15000	20117
成　都					
贵　阳					
昆　明					
拉　萨					
西　安					
兰　州					
西　宁					
银　川					
乌鲁木齐					

2-14 续表 31

(通讯器材市场)

地 区	市场数量 (个)	总摊位数 (个)	年末出租摊位数 (个)	营业面积 (平方米)	成交额 (万元)
36城市总计	**13**	**7865**	**6779**	**252016**	**613179**
北 京					
天 津					
石家庄	1	300	300	36000	44235
太 原					
呼和浩特					
沈 阳					
大 连					
长 春					
哈尔滨					
上 海					
南 京					
杭 州	1	374	374	11003	11729
宁 波	1	74	74	3363	10200
合 肥					
福 州					
厦 门					
南 昌					
济 南					
青 岛					
郑 州					
武 汉	1	435	405	25000	180870
长 沙	1	450	146	1250	12600
广 州					
深 圳	3	3592	2949	25600	93583
南 宁					
海 口					
重 庆	3	1213	1104	84000	236662
成 都					
贵 阳					
昆 明					
拉 萨					
西 安	2	1427	1427	65800	23300
兰 州					
西 宁					
银 川					
乌鲁木齐					

2-14 续表 32

(计算机及辅助设备市场)

地 区	市场数量（个）	总摊位数（个）	年末出租摊位数（个）	营业面积（平方米）	成交额（万元）
36城市总计	**30**	**20584**	**17970**	**811972**	**2116400**
北 京	1	1283	1283	29800	255084
天 津					
石家庄					
太 原					
呼和浩特	1	416	416	15845	33625
沈 阳					
大 连	1	1500	1311	55000	308304
长 春					
哈尔滨	2	1720	1420	60000	251000
上 海	1	179	161	2889	21483
南 京	1	200	193	4189	38500
杭 州	4	1635	1430	56463	59201
宁 波	1	390	378	20000	55772
合 肥					
福 州	1	719	560	38000	95724
厦 门					
南 昌					
济 南					
青 岛	1	547	379	36000	49900
郑 州	1	2918	2918	215810	350000
武 汉					
长 沙	3	1661	1155	48000	177651
广 州	2	453	453	15550	68031
深 圳	1	3500	2856	60000	12995
南 宁	1	780	780	20678	81380
海 口					
重 庆	3	1053	742	50068	78060
成 都					
贵 阳	1	152	78	3000	10900
昆 明					
拉 萨					
西 安	2	868	868	63221	122653
兰 州					
西 宁					
银 川	1	280	280	6800	35047
乌鲁木齐	1	330	309	10659	11090

2-14　续表 33

(医药、医疗用品及器材市场)

地　　区	市场数量（个）	总摊位数（个）	年末出租摊位数（个）	营业面积（平方米）	成交额（万元）
36城市总计	**4**	**42269**	**20960**	**1289093**	**3879321**
北　京					
天　津					
石家庄					
太　原					
呼和浩特					
沈　阳					
大　连					
长　春					
哈尔滨					
上　海	1	190	155	8000	19000
南　京					
杭　州					
宁　波					
合　肥					
福　州					
厦　门					
南　昌					
济　南					
青　岛					
郑　州					
武　汉					
长　沙					
广　州	1	407	397	6093	11211
深　圳					
南　宁					
海　口					
重　庆					
成　都	1	41612	20348	1255000	3837610
贵　阳					
昆　明					
拉　萨					
西　安					
兰　州					
西　宁	1	60	60	20000	11500
银　川					
乌鲁木齐					

2-14 续表 34

(家具、五金及装饰材料市场)

地　区	市场数量(个)	总摊位数(个)	年末出租摊位数(个)	营业面积(平方米)	成交额(万元)
36城市总计	**209**	**118601**	**99290**	**15564605**	**16509544**
北　京	15	8324	7197	1258468	1434959
天　津	6	4271	4106	496123	1166700
石家庄	13	4578	4497	1066584	693789
太　原	1	531	531	134192	61398
呼和浩特	2	350	350	38000	26325
沈　阳	9	6514	6314	400648	476316
大　连	6	3902	3553	314890	195874
长　春	2	2102	2002	349301	69850
哈尔滨	3	585	534	117500	72746
上　海	13	8444	8105	953103	635922
南　京	9	3832	3317	768983	339046
杭　州	14	6281	5695	793199	1861897
宁　波	12	3474	3337	429857	546517
合　肥	6	13894	3144	595013	309238
福　州	3	1026	832	240030	201876
厦　门					
南　昌	3	3212	2850	420128	289943
济　南	3	1227	1227	182041	241900
青　岛	6	2025	1955	361101	171313
郑　州	3	3346	2986	358650	547745
武　汉	3	1320	1052	183858	99623
长　沙	11	7492	7447	1012301	1571808
广　州	7	4118	3326	502240	442801
深　圳	4	620	604	109494	124409
南　宁	3	1680	1680	338468	298092
海　口	1	531	531	38000	80900
重　庆	23	10301	9281	1448540	2508684
成　都	4	4090	3648	845338	379101
贵　阳	3	1239	1217	247000	278614
昆　明	3	960	740	247824	83820
拉　萨					
西　安	11	4495	3670	910098	1014467
兰　州	2	1225	1050	63000	66286
西　宁	1	1168	1168	10949	92050
银　川	4	1444	1344	329684	125535
乌鲁木齐					

2-14　续表 35

(家具市场)

地　　区	市场数量（个）	总摊位数（个）	年末出租摊位数（个）	营业面积（平方米）	成交额（万元）
36城市总计	**68**	**28614**	**26078**	**5925799**	**4659590**
北　京	9	4620	4276	891180	475886
天　津	1	418	267	48381	18319
石家庄	2	926	845	252500	140581
太　原	1	531	531	134192	61398
呼和浩特	2	350	350	38000	26325
沈　阳	2	908	908	168148	98780
大　连	4	1922	1593	195309	126874
长　春	1	802	802	150000	8250
哈尔滨	1	125	125	65000	30602
上　海	2	349	349	160859	48537
南　京	4	1481	1345	322566	159226
杭　州	4	1240	1164	284673	238895
宁　波	5	765	698	173988	106767
合　肥					
福　州	1	310	222	53000	10003
厦　门					
南　昌	1	500	500	130000	45608
济　南	3	1227	1227	182041	241900
青　岛	1	225	219	80000	12648
郑　州	1	1675	1674	300000	370992
武　汉	1	267	249	52014	36273
长　沙	2	296	296	48000	23265
广　州	1	512	467	64892	19305
深　圳	2	234	228	65768	88779
南　宁	1	500	500	148468	200000
海　口					
重　庆	4	2438	1912	571058	1155059
成　都	2	2542	2256	435338	101541
贵　阳					
昆　明	2	645	445	187116	70409
拉　萨					
西　安	6	2082	2006	581095	688919
兰　州					
西　宁					
银　川	2	724	624	142213	54449
乌鲁木齐					

2-14 续表 36

(装饰材料市场)

地　　区	市场数量（个）	总摊位数（个）	年末出租摊位数（个）	营业面积（平方米）	成交额（万元）
36城市总计	**81**	**53743**	**40290**	**5450488**	**6114994**
北　京	4	1974	1811	282288	912385
天　津	2	570	570	42000	38400
石家庄	8	2552	2552	476084	444799
太　原					
呼和浩特					
沈　阳	5	2770	2570	141500	258019
大　连	2	1980	1960	119581	69000
长　春					
哈尔滨	1	80	80	30000	20500
上　海	4	3448	3157	308904	388199
南　京	5	2351	1972	446417	179820
杭　州	4	1199	1020	143853	216872
宁　波	3	1035	1035	170924	189820
合　肥	4	13234	2534	518013	245853
福　州	1	311	205	24300	90000
厦　门					
南　昌	1	1974	1950	278442	24835
济　南					
青　岛	2	924	885	171600	60598
郑　州	1	1321	1012	42000	146753
武　汉	1	510	353	100000	27350
长　沙	6	5471	5442	627177	1205843
广　州	4	1979	1704	260562	166863
深　圳	2	386	376	43726	35630
南　宁	1	780	780	140000	30092
海　口	1	531	531	38000	80900
重　庆	15	6430	6074	683937	1058115
成　都					
贵　阳	2	975	962	180000	179402
昆　明					
拉　萨					
西　安	1	499	471	151180	36000
兰　州	1	459	284	30000	8946
西　宁					
银　川					
乌鲁木齐					

2-14 续表 37

(五金材料市场)

地 区	市场数量 (个)	总摊位数 (个)	年末出租摊位数 (个)	营业面积 (平方米)	成交额 (万元)
36城市总计	**21**	**16694**	**14689**	**1824253**	**3598343**
北 京	1	550	334	35000	30203
天 津	3	3283	3269	405742	1109981
石 家 庄					
太 原					
呼和浩特					
沈 阳					
大 连					
长 春	1	1300	1200	199301	61600
哈 尔 滨					
上 海	1	1820	1820	110000	63719
南 京					
杭 州	1	986	986	17120	1005447
宁 波	2	1134	1072	68000	99350
合 肥					
福 州					
厦 门					
南 昌	1	738	400	11686	219500
济 南					
青 岛	1	150	150	24000	33650
郑 州	1	350	300	16650	30000
武 汉	1	543	450	31844	36000
长 沙	3	1725	1709	337124	342700
广 州	2	1627	1155	176786	256633
深 圳					
南 宁	1	400	400	50000	68000
海 口					
重 庆					
成 都	1	1288	1224	330000	232560
贵 阳					
昆 明					
拉 萨					
西 安	1	800	220	11000	9000
兰 州					
西 宁					
银 川					
乌鲁木齐					

2-14 续表 38

(其他装修市场)

地区	市场数量(个)	总摊位数(个)	年末出租摊位数(个)	营业面积(平方米)	成交额(万元)
36城市总计	**28**	**16003**	**15071**	**1927912**	**1455144**
北京	1	1180	776	50000	16485
天津					
石家庄	3	1100	1100	338000	108409
太原					
呼和浩特					
沈阳	1	2560	2560	37000	84517
大连					
长春					
哈尔滨	1	380	329	22500	21644
上海	5	2696	2648	329340	113358
南京					
杭州	5	2856	2525	347553	400683
宁波	1	40	32	3945	35780
合肥	2	660	610	77000	63385
福州	1	405	405	162730	101873
厦门					
南昌					
济南					
青岛	1	360	349	63893	42904
郑州					
武汉					
长沙					
广州					
深圳					
南宁					
海口					
重庆					
成都					
贵阳	1	264	255	67000	99212
昆明	1	315	295	60708	13411
拉萨					
西安	1	533	533	136823	133007
兰州	1	766	766	33000	57340
西宁	1	1168	1168	10949	92050
银川	2	720	720	187471	71086
乌鲁木齐					

2-14 续表 39

(汽车、摩托车及零配件市场)

地区	市场数量(个)	总摊位数(个)	年末出租摊位数(个)	营业面积(平方米)	成交额(万元)
36城市总计	**125**	**54245**	**45630**	**6924404**	**37826124**
北京	11	4299	3657	717892	8425192
天津	3	1423	344	244648	431988
石家庄	3	710	700	243000	713500
太原					
呼和浩特					
沈阳	5	3288	2968	283790	696193
大连	3	6835	6322	349000	1690000
长春	1	3300	1726	300000	1060380
哈尔滨					
上海	10	1828	959	256230	3715877
南京	3	2630	2578	149960	840688
杭州	16	4652	4179	272682	6140487
宁波	9	546	416	179614	1007155
合肥	3	874	815	96163	245740
福州	1	120	120	8600	29900
厦门	2	119	118	34000	430287
南昌	4	1500	1142	103106	407456
济南	3	995	772	226938	514260
青岛	6	1173	961	185283	430963
郑州	1	55	38	40786	874998
武汉	2	583	583	170000	299580
长沙	4	1903	1903	735871	1918464
广州	12	2907	2668	293247	1825196
深圳					
南宁					
海口					
重庆	9	6041	5540	797463	3246496
成都	2	1790	1655	244811	294500
贵阳	4	1463	1073	278518	1318516
昆明	1	112	64	53333	50140
拉萨					
西安	2	1623	1597	38747	190700
兰州					
西宁					
银川	1	832	680	200000	10500
乌鲁木齐	4	2644	2052	420722	1016968

2-14 续表 40

(汽车市场)

地　区	市场数量(个)	总摊位数(个)	年末出租摊位数(个)	营业面积(平方米)	成交额(万元)
36城市总计	**85**	**33718**	**28746**	**5338972**	**33459078**
北　京	8	1513	1373	517424	7929300
天　津	3	1423	344	244648	431988
石家庄	2	210	200	143000	313575
太　原					
呼和浩特					
沈　阳	2	1720	1720	117790	507744
大　连	3	6835	6322	349000	1690000
长　春	1	3300	1726	300000	1060380
哈尔滨					
上　海	7	356	346	157689	3528454
南　京	2	2130	2078	87960	785688
杭　州	13	3415	3002	172725	5837162
宁　波	9	546	416	179614	1007155
合　肥	1	88	88	50000	107571
福　州					
厦　门	2	119	118	34000	430287
南　昌	2	216	209	32000	262456
济　南	1	71	68	130000	267510
青　岛	4	712	572	135323	371756
郑　州	1	55	38	40786	874998
武　汉	2	583	583	170000	299580
长　沙	1	255	255	710667	1821100
广　州	4	412	404	143446	1420553
深　圳					
南　宁					
海　口					
重　庆	7	4157	4051	635463	2068661
成　都	1	1200	1155	154811	201500
贵　阳	3	1201	898	235518	1293516
昆　明	1	112	64	53333	50140
拉　萨					
西　安	1	1113	1087	37347	130700
兰　州					
西　宁					
银　川	1	832	680	200000	10500
乌鲁木齐	3	1144	949	306428	756804

2-14 续表 41

(机动车零配件市场)

地 区	市场数量(个)	总摊位数(个)	年末出租摊位数(个)	营业面积(平方米)	成交额(万元)
36城市总计	**37**	**19623**	**16244**	**1532632**	**4136059**
北 京	3	2786	2284	200468	495892
天 津					
石家庄	1	500	500	100000	399925
太 原					
呼和浩特					
沈 阳	3	1568	1248	166000	188449
大 连					
长 春					
哈尔滨					
上 海	3	1472	613	98541	187423
南 京	1	500	500	62000	55000
杭 州	3	1237	1177	99957	303325
宁 波					
合 肥	1	689	674	36163	114836
福 州	1	120	120	8600	29900
厦 门					
南 昌	2	1284	933	71106	145000
济 南	2	924	704	96938	246750
青 岛	2	461	389	49960	59207
郑 州					
武 汉					
长 沙	2	1521	1521	22404	70710
广 州	8	2495	2264	149801	404643
深 圳					
南 宁					
海 口					
重 庆	1	1204	1029	122000	996835
成 都	1	590	500	90000	93000
贵 阳	1	262	175	43000	25000
昆 明					
拉 萨					
西 安	1	510	510	1400	60000
兰 州					
西 宁					
银 川					
乌鲁木齐	1	1500	1103	114294	260164

2-14 续表 42

(花鸟鱼虫市场)

地　区	市场数量(个)	总摊位数(个)	年末出租摊位数(个)	营业面积(平方米)	成交额(万元)
36城市总计	**13**	**18117**	**10072**	**624038**	**2066887**
北　京					
天　津	1	699	696	30300	15251
石家庄					
太　原					
呼和浩特					
沈　阳					
大　连					
长　春					
哈尔滨					
上　海	2	558	516	36128	31161
南　京					
杭　州	2	1750	1200	59208	570401
宁　波					
合　肥	1	1200	1100	108390	274586
福　州	1	52	52	25480	11256
厦　门					
南　昌					
济　南					
青　岛					
郑　州	1	1300	950	62000	68000
武　汉					
长　沙	1	458	458	110000	252060
广　州	1	1400	1400	18000	123172
深　圳					
南　宁					
海　口					
重　庆					
成　都					
贵　阳	1	400	400	100000	105000
昆　明	1	10000	3000	44532	600000
拉　萨					
西　安					
兰　州					
西　宁					
银　川					
乌鲁木齐	1	300	300	30000	16000

2-14　续表 43

(花卉市场)

地　　区	市场数量 (个)	总摊位数 (个)	年末出租摊位数 (个)	营业面积 (平方米)	成交额 (万元)
36城市总计	**11**	**17419**	**9416**	**590126**	**2012197**
北　　京					
天　　津	1	699	696	30300	15251
石 家 庄					
太　　原					
呼和浩特					
沈　　阳					
大　　连					
长　　春					
哈 尔 滨					
上　　海	1	160	160	7596	15171
南　　京					
杭　　州	1	1450	900	53828	531701
宁　　波					
合　　肥	1	1200	1100	108390	274586
福　　州	1	52	52	25480	11256
厦　　门					
南　　昌					
济　　南					
青　　岛					
郑　　州	1	1300	950	62000	68000
武　　汉					
长　　沙	1	458	458	110000	252060
广　　州	1	1400	1400	18000	123172
深　　圳					
南　　宁					
海　　口					
重　　庆					
成　　都					
贵　　阳	1	400	400	100000	105000
昆　　明	1	10000	3000	44532	600000
拉　　萨					
西　　安					
兰　　州					
西　　宁					
银　　川					
乌鲁木齐	1	300	300	30000	16000

2-14 续表 44

(旧货市场)

地　区	市场数量(个)	总摊位数(个)	年末出租摊位数(个)	营业面积(平方米)	成交额(万元)
36城市总计	**5**	**4726**	**4517**	**99460**	**117514**
北　京	1	3283	3283	39000	31339
天　津					
石家庄					
太　原					
呼和浩特					
沈　阳					
大　连					
长　春					
哈尔滨					
上　海					
南　京					
杭　州					
宁　波	2	186	184	32340	55654
合　肥					
福　州					
厦　门					
南　昌	1	750	750	15000	20521
济　南					
青　岛					
郑　州	1	507	300	13120	10000
武　汉					
长　沙					
广　州					
深　圳					
南　宁					
海　口					
重　庆					
成　都					
贵　阳					
昆　明					
拉　萨					
西　安					
兰　州					
西　宁					
银　川					
乌鲁木齐					

2-14 续表 45

(其他专业市场)

地区	市场数量(个)	总摊位数(个)	年末出租摊位数(个)	营业面积(平方米)	成交额(万元)
36城市总计	**6**	**2398**	**2146**	**277924**	**337997**
北京	1	22	22	48636	16526
天津					
石家庄					
太原					
呼和浩特					
沈阳	3	2080	1849	29000	180415
大连					
长春					
哈尔滨					
上海	1	240	225	67000	130972
南京					
杭州					
宁波					
合肥					
福州					
厦门					
南昌					
济南					
青岛					
郑州	1	56	50	133288	10084
武汉					
长沙					
广州					
深圳					
南宁					
海口					
重庆					
成都					
贵阳					
昆明					
拉萨					
西安					
兰州					
西宁					
银川					
乌鲁木齐					

2-15 商品交易市场情况(按营业状态分)

(常年营业)

地区	市场数量(个)	总摊位数(个)	年末出租摊位数(个)	营业面积(平方米)	成交额(万元)
总计	**1472**	**1424184**	**1186141**	**105643807**	**517561064**
北京	84	68842	60637	5602250	40970906
天津	42	33812	26679	3108775	10728080
石家庄	43	56695	48743	5392426	13995837
太原	8	4242	4180	538202	1173718
呼和浩特	9	7062	6333	425300	1327429
沈阳	51	54585	47387	2335551	15882858
大连	29	33303	30318	2056854	11819260
长春	17	21254	18300	1336915	2371591
哈尔滨	26	28409	23155	2079300	4929980
上海	117	57731	48473	4106853	101040386
南京	39	39918	37667	2882208	14714759
杭州	131	75087	68534	3643716	30745738
宁波	111	53734	48939	3955417	36220243
合肥	30	37201	23367	3361921	8859917
福州	29	10426	9492	760291	5896420
厦门	17	7157	6534	697166	2420073
南昌	27	35195	32924	2075589	7849774
济南	26	19355	18623	1593345	5316868
青岛	50	57498	54171	4217884	12619197
郑州	22	50758	32470	3190198	12884180
武汉	36	26789	23250	2596526	10566786
长沙	55	59845	45360	5266180	27722377
广州	110	95281	76627	5780397	20028791
深圳	28	52454	33931	1682261	6346952
南宁	20	19029	17815	1166981	5203246
海口	5	2291	2291	411078	1147386
重庆	135	103117	91296	7609206	37817606
成都	33	95430	66556	7987730	22563014
贵阳	22	36565	27542	3297340	11241555
昆明	14	49042	35713	1532370	3965285
拉萨	3	3213	2868	35000	268990
西安	36	33604	29363	3280005	7533411
兰州	8	10080	9528	839198	1624878
西宁	6	6887	6356	578405	1033946
银川	22	18494	17352	1986746	1816422
乌鲁木齐	31	59799	53367	8234223	16913205

2-15 续表 1

(季节性营业)

地 区	市场数量(个)	总摊位数(个)	年末出租摊位数(个)	营业面积(平方米)	成交额(万元)
总 计	**9**	**6683**	**4212**	**459481**	**671697**
北 京	2	4000	1760	249000	109506
天 津					
石 家 庄					
太 原					
呼和浩特					
沈 阳	1	345	345	4000	112338
大 连					
长 春					
哈 尔 滨					
上 海					
南 京					
杭 州	1	102	102	3500	31578
宁 波	1	842	842	153586	260154
合 肥					
福 州					
厦 门					
南 昌					
济 南					
青 岛	2	1030	809	33000	80228
郑 州					
武 汉					
长 沙	1	242	242	10395	13568
广 州					
深 圳					
南 宁	1	122	112	6000	64325
海 口					
重 庆					
成 都					
贵 阳					
昆 明					
拉 萨					
西 安					
兰 州					
西 宁					
银 川					
乌鲁木齐					

2-15 续表 2

(其他)

地区	市场数量(个)	总摊位数(个)	年末出租摊位数(个)	营业面积(平方米)	成交额(万元)
总计	**1**	**152**	**152**	**38568**	**122007**
北京					
天津					
石家庄					
太原					
呼和浩特					
沈阳					
大连					
长春					
哈尔滨					
上海	1	152	152	38568	122007
南京					
杭州					
宁波					
合肥					
福州					
厦门					
南昌					
济南					
青岛					
郑州					
武汉					
长沙					
广州					
深圳					
南宁					
海口					
重庆					
成都					
贵阳					
昆明					
拉萨					
西安					
兰州					
西宁					
银川					
乌鲁木齐					

2-16 商品交易市场情况(按经营方式分)

(批发为主)

地 区	市场数量(个)	总摊位数(个)	年末出租摊位数(个)	营业面积(平方米)	成交额(万元)
总 计	**848**	**1075385**	**877209**	**80773527**	**457528103**
北 京	30	37326	30484	3179915	30308134
天 津	32	27283	22572	2613446	10269936
石家庄	31	45568	39989	4672002	13036339
太 原	6	3406	3344	354010	1033320
呼和浩特	2	2364	1823	236000	1085780
沈 阳	31	35205	30381	1761504	14632745
大 连	16	15932	14784	1259930	10227485
长 春	8	9296	8517	714726	1002187
哈尔滨	11	20715	16618	1202000	3512267
上 海	45	31455	27340	2388188	95007474
南 京	15	21582	20025	1415881	11594061
杭 州	69	49553	45337	2383690	22787519
宁 波	52	34322	32824	3054968	33525156
合 肥	18	31345	17998	2746189	7632958
福 州	11	4220	4115	571846	5380732
厦 门	5	2643	2614	402766	1596691
南 昌	20	30467	29343	1812204	7498723
济 南	18	12481	11752	1089789	4519267
青 岛	35	49978	46917	3640784	12100107
郑 州	17	44457	26702	2678482	10702429
武 汉	30	24507	21244	2244763	10120742
长 沙	28	45037	31470	3393354	24162085
广 州	90	88119	70781	5349249	18154535
深 圳	16	46080	28453	1392305	5943616
南 宁	12	7187	6152	728835	4228044
海 口	4	1760	1760	373078	1066486
重 庆	72	73225	64835	5509858	33678934
成 都	30	92628	64132	7472392	22416473
贵 阳	17	35026	26360	3011822	10480179
昆 明	9	46774	33713	1138863	3768705
拉 萨	1	2148	2121	10000	215336
西 安	17	18273	15935	1205486	5616168
兰 州	7	9314	8762	806198	1567538
西 宁	4	5659	5128	547456	930396
银 川	12	11958	11117	1379242	1561131
乌鲁木齐	27	58092	51767	8032306	16164425

2-16 续表

(零售为主)

地　区	市场数量(个)	总摊位数(个)	年末出租摊位数(个)	营业面积(平方米)	成交额(万元)
总　计	**634**	**355634**	**313296**	**25368329**	**60826665**
北　京	56	35516	31913	2671335	10772278
天　津	10	6529	4107	495329	458144
石家庄	12	11127	8754	720424	959498
太　原	2	836	836	184192	140398
呼和浩特	7	4698	4510	189300	241649
沈　阳	21	19725	17351	578047	1362451
大　连	13	17371	15534	796924	1591775
长　春	9	11958	9783	622189	1369404
哈尔滨	15	7694	6537	877300	1417713
上　海	73	26428	21285	1757233	6154919
南　京	24	18336	17642	1466327	3120698
杭　州	63	25636	23299	1263526	7989797
宁　波	60	20254	16957	1054035	2955241
合　肥	12	5856	5369	615732	1226959
福　州	18	6206	5377	188445	515688
厦　门	12	4514	3920	294400	823382
南　昌	7	4728	3581	263385	351051
济　南	8	6874	6871	503556	797601
青　岛	17	8550	8063	610100	599318
郑　州	5	6301	5768	511716	2181751
武　汉	6	2282	2006	351763	446044
长　沙	28	15050	14132	1883221	3573860
广　州	20	7162	5846	431148	1874256
深　圳	12	6374	5478	289956	403336
南　宁	9	11964	11775	444146	1039527
海　口	1	531	531	38000	80900
重　庆	63	29892	26461	2099348	4138672
成　都	3	2802	2424	515338	146541
贵　阳	5	1539	1182	285518	761376
昆　明	5	2268	2000	393507	196580
拉　萨	2	1065	747	25000	53654
西　安	19	15331	13428	2074519	1917243
兰　州	1	766	766	33000	57340
西　宁	2	1228	1228	30949	103550
银　川	10	6536	6235	607504	255291
乌鲁木齐	4	1707	1600	201917	748780

2-17 商品交易市场情况(按经营环境分)

(露天式)

地区	市场数量(个)	总摊位数(个)	年末出租摊位数(个)	营业面积(平方米)	成交额(万元)
总计	**163**	**106832**	**89674**	**13518000**	**66222825**
北京	13	13266	10399	2142789	24126212
天津	13	10493	7846	945428	2647403
石家庄	7	2760	1347	331933	171181
太原					
呼和浩特					
沈阳	9	5781	5040	380800	3380740
大连	2	955	865	609000	280000
长春	1	688	688	63000	16825
哈尔滨	3	4940	4680	771000	1215000
上海	7	3536	2564	387421	2797237
南京	2	913	402	58500	347494
杭州	7	1003	778	97459	674302
宁波	11	7226	7030	756522	3052026
合肥	2	1288	1188	158390	382157
福州	1	251	251	19567	360791
厦门	4	812	761	37520	504051
南昌	3	1335	1202	320239	269642
济南	5	1352	1122	243938	452618
青岛	12	5827	5251	1343587	1452207
郑州	1	2358	2035	9985	43962
武汉	5	3368	2636	215094	2527340
长沙	4	3159	3041	268560	5635587
广州	7	2424	2291	227384	759109
深圳	3	595	561	44394	78724
南宁	2	968	968	82251	1345000
海口	4	1760	1760	373078	1066486
重庆	10	8450	6270	643560	2912154
成都	2	3541	2832	703058	3538581
贵阳	5	5083	4313	682283	3296010
昆明	1	509	509	46000	221000
拉萨					
西安	8	5814	5363	857570	1306459
兰州					
西宁	2	1140	609	187348	41321
银川	2	1757	1605	292470	32531
乌鲁木齐	5	3480	3467	217872	1288675

2-17 续表 1

(封闭式)

地　区	市场数量(个)	总摊位数(个)	年末出租摊位数(个)	营业面积(平方米)	成交额(万元)
总　计	**1175**	**1188921**	**979916**	**76969470**	**382869607**
北　京	69	53563	46553	3500186	15391687
天　津	27	22428	18460	2040941	7815788
石家庄	26	44762	39796	4124587	11970038
太　原	8	4242	4180	538202	1173718
呼和浩特	8	5288	5100	285300	415305
沈　阳	42	48769	42312	1743751	11592242
大　连	24	25966	23726	1161854	8482652
长　春	13	17590	14736	863614	2276516
哈尔滨	23	23469	18475	1308300	3714980
上　海	90	41748	35660	2538953	83796805
南　京	37	39005	37265	2823708	14367265
杭　州	113	66688	61270	3169396	25003183
宁　波	94	44270	40159	3137024	32154964
合　肥	22	26099	13176	1508278	4516970
福　州	25	9248	8317	703144	5472580
厦　门	8	3725	3225	552916	1666020
南　昌	23	33642	31504	1737350	7446878
济　南	18	17132	16653	1163807	4417360
青　岛	36	49760	47716	2397635	10655837
郑　州	19	47994	30085	3030275	12800134
武　汉	30	22878	20164	2349588	8003446
长　沙	41	44252	30439	3795117	17492336
广　州	96	87033	68866	5165350	16342322
深　圳	22	50458	32120	1612434	5721110
南　宁	13	12736	12676	574896	1434986
海　口	1	531	531	38000	80900
重　庆	116	85311	75747	6345881	28708035
成　都	24	79606	51846	6228512	15260375
贵　阳	15	30926	22673	2503157	6281080
昆　明	13	48533	35204	1486370	3744285
拉　萨	3	3213	2868	35000	268990
西　安	25	22176	20381	2161035	4492343
兰　州	6	9915	9372	790132	1562289
西　宁	4	5747	5747	391057	992625
银　川	19	14279	13289	1223376	1300153
乌鲁木齐	22	45939	39625	3940344	6053410

2-17 续表 2

(其他)

地 区	市场数量(个)	总摊位数(个)	年末出租摊位数(个)	营业面积(平方米)	成交额(万元)
总 计	**144**	**135266**	**120915**	**15654386**	**69262336**
北 京	4	6013	5445	208275	1562513
天 津	2	891	373	122406	264889
石家庄	10	9173	7600	935906	1854618
太 原					
呼和浩特	1	1774	1233	140000	912124
沈 阳	1	380	380	215000	1022214
大 连	3	6382	5727	286000	3056608
长 春	3	2976	2876	410301	78250
哈尔滨					
上 海	21	12599	10401	1219047	14568351
南 京					
杭 州	12	7498	6588	380361	5099831
宁 波	7	3080	2592	215457	1273407
合 肥	6	9814	9003	1695253	3960790
福 州	3	927	924	37580	63049
厦 门	5	2620	2548	106730	250002
南 昌	1	218	218	18000	133254
济 南	3	871	848	185600	446890
青 岛	4	2941	2013	509662	591381
郑 州	2	406	350	149938	40084
武 汉	1	543	450	31844	36000
长 沙	11	12676	12122	1212898	4608022
广 州	7	5824	5470	387663	2927360
深 圳	3	1401	1250	25433	547118
南 宁	6	5447	4283	515834	2487585
海 口					
重 庆	9	9356	9279	619765	6197417
成 都	7	12283	11878	1056160	3764058
贵 阳	2	556	556	111900	1664465
昆 明					
拉 萨					
西 安	3	5614	3619	261400	1734609
兰 州	2	165	156	49066	62589
西 宁					
银 川	1	2458	2458	470900	483738
乌鲁木齐	4	10380	10275	4076007	9571120

2-18 商品交易市场成交情况(按摊位分)

地区	粮油、食品类		#粮油类		#肉禽蛋类	
	摊位数(个)	成交额(万元)	摊位数(个)	成交额(万元)	摊位数(个)	成交额(万元)
总计	**313588**	**178816870**	**30010**	**19961444**	**45404**	**24757015**
北京	23407	27086269	1002	1464652	3605	2487790
天津	12302	5917085	1471	810912	1055	634095
石家庄	9171	1847609	1183	161639	1085	146738
太原	1660	1039000	415	209000	35	23000
呼和浩特	1871	1083940	141	202218	375	182639
沈阳	7209	7458800	710	323622	1154	96227
大连	5751	2256703	634	162858	875	225130
长春	1946	711477	39	5048	55	7147
哈尔滨	3289	2445975	161	41885	555	545724
上海	20900	10905133	2611	844678	3881	1727444
南京	9605	9890988	2361	3499387	2323	2595876
杭州	21943	9819827	2006	2431604	3856	2084863
宁波	21022	5302407	1088	361921	2849	807659
合肥	5754	3963520	422	431650	1452	870427
福州	5061	3919684	729	138407	876	419128
厦门	5033	1804696	103	13875	641	110832
南昌	6015	3503665	289	351060	844	819392
济南	5635	3537187	221	70459	784	1236205
青岛	27491	6539903	1168	517265	3808	432878
郑州	7455	10051174	1022	1570345	300	290000
武汉	4469	3251879	931	440904	732	339177
长沙	10006	9672867	1891	1747191	752	409228
广州	9111	4887823	918	146773	1668	349942
深圳	8294	4414520	1102	318986	1327	802480
南宁	6041	3042608	298	183247	996	739062
海口	815	355346				
重庆	24222	9912771	1625	774374	2808	1952505
成都	14225	9061823	2529	670055	3445	2712497
贵阳	4098	3001326	585	1216775	118	62481
昆明	1418	507792	749	223036	245	81587
拉萨	2680	236597	92	10311	352	47803
西安	7422	3568282	317	376612	771	372356
兰州	669	740714	131	52404	187	221328
西宁	2541	829586	103	13777	194	105086
银川	5850	796295	406	35824	584	72443
乌鲁木齐	9207	5451599	557	138690	817	745846

2-18 续表 1

地区	#水产品类		#蔬菜类		#干鲜果品类	
	摊位数（个）	成交额（万元）	摊位数（个）	成交额（万元）	摊位数（个）	成交额（万元）
总 计	**53931**	**42565884**	**101795**	**38585904**	**57317**	**44251796**
北 京	2946	2663664	8092	8119577	5320	12018106
天 津	1232	1532491	6059	1632953	2475	1036634
石家庄	394	49215	4687	798946	1802	690681
太 原	30	5000	582	479000	598	323000
呼和浩特	34	1300	536	233695	283	135371
沈 阳	2083	4162480	1303	360719	1325	2440676
大 连	1563	816710	1707	464867	812	350058
长 春	634	478393	283	105296	197	85928
哈尔滨	406	433146	591	478809	941	813219
上 海	5221	3348521	5704	2091341	3259	2872007
南 京	1760	1942679	2504	1043857	640	799786
杭 州	3630	2209215	8403	934313	3511	1961095
宁 波	7177	2252106	6887	1264907	1256	400751
合 肥	725	616717	1164	800890	606	623620
福 州	1941	2810162	879	138696	624	412330
厦 门	1505	1003817	1748	537884	491	97617
南 昌	899	555177	552	799315	451	589123
济 南	1889	1574785	2252	517465	452	134963
青 岛	6428	2445461	8737	1500462	6987	1561115
郑 州	1895	3220000	1200	2070000	1738	2160829
武 汉	650	1300082	1150	556304	413	99070
长 沙	889	2680611	3680	2309724	2480	2372027
广 州	1357	1079020	3689	1345694	1131	1955548
深 圳	1656	950346	2696	1354648	1499	984420
南 宁	240	15705	3271	1232089	1209	842503
海 口			435	216060	380	139286
重 庆	1322	907915	7306	1174117	2722	956950
成 都	1469	1236362	3461	2567052	3317	1872417
贵 阳	176	486480	2437	749650	763	485670
昆 明	42	22958	342	157290	40	22921
拉 萨	83	15353	1839	97836	314	65294
西 安	1035	534216	1683	426071	3601	1858937
兰 州	265	349800	2	16	81	116867
西 宁	261	117054	854	345053	1129	248616
银 川	752	149946	2085	112812	1997	423592
乌鲁木齐	1342	598997	2995	1568496	2473	2300769

2-18 续表 2

地区	饮料类		烟酒类		服装、鞋帽、针纺织品类	
	摊位数（个）	成交额（万元）	摊位数（个）	成交额（万元）	摊位数（个）	成交额（万元）
总计	**13782**	**3836156**	**10263**	**5336508**	**340190**	**53097726**
北京	1081	534042	884	788553	10858	378203
天津	272	105384	278	188053	3450	175770
石家庄	784	59115	817	57688	19125	5195728
太原	60	8000	10	3000	1919	62320
呼和浩特	10	6795	2	9	2225	79162
沈阳	321	34757	95	6207	21341	4255893
大连	251	102967	75	14482	7644	1381200
长春	28	1910	63	2240	6632	243726
哈尔滨	25	925	129	81428	11524	518080
上海	921	60677	80	14248	7197	575099
南京	352	425601	193	596630	5812	635414
杭州	735	349128	316	280010	21036	5247503
宁波	504	125964	468	442638	7637	967336
合肥	543	68582	334	134843	6941	606925
福州	17	210	16	360	1536	341414
厦门	24	2957	35	12675	144	4050
南昌	104	43845	245	92757	11063	2499815
济南	691	199216	37	3082	4768	440201
青岛	681	63495	1687	511431	14768	3300235
郑州					7743	519910
武汉	362	75720	76	17172	9814	757602
长沙	578	283565	1667	1345206	6123	727924
广州	491	115734	178	33477	40076	9685411
深圳	374	51541	137	168717	8884	411170
南宁	303	143844	26	15975	6571	123811
海口						
重庆	1423	272212	1139	92954	18172	6710997
成都	608	127832	392	219804	23164	1621824
贵阳	225	117899	150	110631	9730	1966720
昆明	1100	235256	3	207	18096	1628231
拉萨	24	157	68	26237	6	415
西安	342	18440	154	14125	6027	1150495
兰州	43	16368	22	8862	5874	320531
西宁	63	1638	90	3252	1691	53383
银川	222	50448	58	14312	5223	137388
乌鲁木齐	220	131932	339	35243	7376	373840

2-18 续表 3

地 区	服装类		鞋帽类		针纺织品类	
	摊位数（个）	成交额（万元）	摊位数（个）	成交额（万元）	摊位数（个）	成交额（万元）
总 计	**228788**	**30340574**	**43503**	**6784349**	**67899**	**15972803**
北 京	7843	274929	1503	39881	1512	63393
天 津	2740	161337	481	7189	229	7244
石 家 庄	16285	3876732	1024	162453	1816	1156543
太 原	1579	51320	340	11000		
呼和浩特	1882	63561	218	12013	125	3588
沈 阳	11158	2977888	3851	356339	6332	921666
大 连	3937	663001	1133	197707	2574	520492
长 春	4715	204094	779	23764	1138	15868
哈 尔 滨	6103	324600	2083	61023	3338	132457
上 海	5677	529209	245	12768	1275	33122
南 京	3797	361704	886	114408	1129	159302
杭 州	15104	2543620	873	37477	5059	2666406
宁 波	5233	723511	832	157174	1572	86651
合 肥	3949	527096	342	780	2650	79049
福 州	1412	304032	53	15396	71	21986
厦 门	99	2147	34	1751	11	152
南 昌	6336	1681069	2257	267027	2470	551719
济 南	2640	188619	1484	209060	644	42522
青 岛	10733	2164731	1656	304178	2379	831326
郑 州	5120	370757	960	68845	1663	80308
武 汉	8318	630151	989	82110	507	45341
长 沙	5486	525485	394	123596	243	78843
广 州	21162	3011882	4456	626869	14458	6046660
深 圳	5779	141966	528	56466	2577	212738
南 宁	4188	93013	1570	12378	813	18420
海 口						
重 庆	10805	2836692	4013	2465786	3354	1408519
成 都	18823	1392213	2097	117654	2244	111957
贵 阳	6630	1358320	1400	326300	1700	282100
昆 明	13719	1129081	2258	318575	2119	180575
拉 萨	6	415				
西 安	3111	586449	1939	486049	977	77997
兰 州	5294	302415	321	7017	259	11099
西 宁	1006	44376	290	8087	395	920
银 川	2953	78126	1069	15589	1201	43673
乌鲁木齐	5166	216033	1145	77640	1065	80167

2-18 续表 4

地 区	化妆品类		金银珠宝类		日用品类	
	摊位数（个）	成交额（万元）	摊位数（个）	成交额（万元）	摊位数（个）	成交额（万元）
总 计	**8283**	**828246**	**8480**	**2905646**	**60833**	**12817453**
北 京	137	9553	368	96254	3965	681648
天 津	188	18877	27	654	794	88434
石家庄	410	47834	238	7756	3369	1395334
太 原						
呼和浩特	181	7363	3	698	401	14702
沈 阳	49	3740			4456	913751
大 连	190	83891	53	14558	1269	456930
长 春	120	4025	47	16124	290	8374
哈尔滨	81	2257	11	488	103	2559
上 海	60	4897	12	3462	799	2307694
南 京	16	959	10	200	2537	571817
杭 州	148	4853	364	1595851	2934	572536
宁 波	147	26445			2060	380056
合 肥	16	120			624	9692
福 州	22	1980	1039	310493	24	6297
厦 门	1	130	16	1677	83	6353
南 昌	215	50313	68	38245	4545	278076
济 南	251	12671	251	5880	1559	112685
青 岛	410	15047	110	11336	3584	503676
郑 州	227	9665	101	43723	2115	56472
武 汉					80	20000
长 沙	189	61951	93	475777	1659	1071443
广 州	2000	103086	572	36197	10944	1138632
深 圳	131	8427	593	39791	836	22467
南 宁	66	1402	13	959	25	3078
海 口						
重 庆	499	90548	34	7441	4059	1110152
成 都	521	77124	125	9050	500	51757
贵 阳	260	16900			1020	406500
昆 明	844	76902	262	78972	3300	210473
拉 萨	2	312			30	1781
西 安	122	9571	21	6713	753	143993
兰 州	85	30025	10	2673	489	141416
西 宁	156	4518			140	730
银 川	222	20511	78	4028	679	23783
乌鲁木齐	317	22349	3961	96646	808	104162

2-18 续表 5

地区	五金、电料类		体育、娱乐用品类		#照相器材类	
	摊位数（个）	成交额（万元）	摊位数（个）	成交额（万元）	摊位数（个）	成交额（万元）
总计	**44910**	**10412953**	**4188**	**689163**	**760**	**84622**
北京	1028	205623	299	32853	149	23751
天津	2332	818386	129	21794		
石家庄	1174	385357	388	175704		
太原						
呼和浩特	128	4959	145	5223		
沈阳	587	16605	38	6700		
大连	479	85281	97	35019	7	272
长春	1456	59869	10	487		
哈尔滨	26	1403	7	282		
上海	3324	183838	216	37794	197	36862
南京	630	222488	13	1285		
杭州	2572	1822452	40	7986		
宁波	2293	569265	91	8263		
合肥	789	15933	203	525		
福州	56	15174				
厦门	57	7136	1	28	1	25
南昌	423	191500	9	102		
济南	546	14379	86	7780		
青岛	972	317835	241	25832	9	522
郑州	2495	70052	190	7460		
武汉	1240	233500				
长沙	2786	1720355	140	81994		
广州	3268	900354	402	53180	100	3190
深圳	2681	177378	38	15766		
南宁	463	69522	118	2984	1	4
海口	189	56700				
重庆	5765	1289511	313	100879		
成都	1825	313075	58	757		
贵阳	667	248600				
昆明	329	1579	229	6890	225	6875
拉萨						
西安	552	68970	363	24830	71	13121
兰州	149	14187	62	18423		
西宁	36	2830	11	76		
银川	65	4182	97	1046		
乌鲁木齐	3528	304675	154	7221		

2-18 续表 6

地 区	书报杂志类		电子出版物及音像制品类		家用电器和音像器材类	
	摊位数（个）	成交额（万元）	摊位数（个）	成交额（万元）	摊位数（个）	成交额（万元）
总 计	**1034**	**178746**	**611**	**146412**	**15509**	**2172682**
北 京	6	265	211	52876	491	110298
天 津	3	156	1	40	34	1619
石家庄	36	9551	13	1152	465	97005
太 原						
呼和浩特						
沈 阳	62	13000			525	17634
大 连	5	511	44	687	329	109867
长 春	1	36	26	582	231	17193
哈尔滨	7	242	21	622	42	41280
上 海	4	2623	3	334	117	23168
南 京	2	13	2	7	328	16461
杭 州	27	540	2	14	373	109542
宁 波	5	17			160	27583
合 肥	160	300			586	3550
福 州			2	244	58	28253
厦 门					5	150
南 昌	13	154	14	1200	895	82590
济 南	4	253			557	9658
青 岛	36	821	9	1458	383	39380
郑 州					1026	31180
武 汉					565	141250
长 沙	348	123754	109	60335	1296	416804
广 州	90	19023			680	103200
深 圳					2211	42944
南 宁					8	1158
海 口						
重 庆	19	1456	66	23543	569	316855
成 都			40	1600	110	44160
贵 阳					170	55000
昆 明					1521	54432
拉 萨					1	39
西 安			3	30	146	18359
兰 州			3	195	415	153260
西 宁					104	1821
银 川	30	5286	12	73	69	1658
乌鲁木齐	176	745	30	1420	1039	55331

2-18 续表 7

地 区	中西药品类		#西药类		#中草药及中成药类	
	摊位数（个）	成交额（万元）	摊位数（个）	成交额（万元）	摊位数（个）	成交额（万元）
总 计	**4536**	**3275366**	**292**	**62711**	**4136**	**3203587**
北 京	5	447	4	178	1	269
天 津	11	1264	5	748	2	456
石 家 庄	12	1100	12	1100		
太 原						
呼和浩特						
沈 阳						
大 连	7	1088	2	73		
长 春	18	3641				
哈 尔 滨						
上 海	163	20659	4	1228	158	19159
南 京						
杭 州	4	399	1	111	2	258
宁 波						
合 肥	3	26			3	26
福 州	4	809	1	630		
厦 门	1	118			1	118
南 昌						
济 南						
青 岛	58	1058	4	156	1	33
郑 州						
武 汉						
长 沙	221	260401	28	38000	188	222000
广 州	421	12101	2	529	419	11572
深 圳	37	3648	3	74	34	3574
南 宁	6	1131	4	635	2	496
海 口						
重 庆	254	27898	219	18564	25	7602
成 都	3105	2921805			3105	2921805
贵 阳						
昆 明						
拉 萨	3	271				
西 安						
兰 州	5	797	3	685	2	112
西 宁	61	11521			60	11500
银 川						
乌鲁木齐	137	5184			133	4607

2-18 续表 8

地 区	文化办公用品类		#计算机及其配套产品		家具类	
	摊位数(个)	成交额(万元)	摊位数(个)	成交额(万元)	摊位数(个)	成交额(万元)
总 计	**27723**	**5084162**	**16746**	**1748109**	**39895**	**6907888**
北 京	1701	215110	1257	159860	4358	531554
天 津	117	5178	9	235	145	13733
石家庄	1538	1227303	4	73	2162	486984
太 原					531	61398
呼和浩特	323	24745	206	18600	350	26325
沈 阳	224	37000			2137	148220
大 连	1109	351888	652	196699	1414	79576
长 春	61	1242			1453	50789
哈尔滨	1433	251316	1420	251000	357	43031
上 海	451	56860	161	21483	1453	121100
南 京	213	41950	189	29880	2113	199714
杭 州	1911	142082	1301	62573	1753	377987
宁 波	437	52011	264	39040	1320	240012
合 肥	462	1340			59	13610
福 州	428	64221	348	61872	178	18171
厦 门	4	460			120	42312
南 昌	452	73784			426	37750
济 南	418	15851			1329	251660
青 岛	570	67329	385	50489	715	60277
郑 州	3166	355682	2918	350000	1328	246914
武 汉	812	549632			397	21984
长 沙	1590	705010	963	146550	1095	268808
广 州	632	129334	453	68031	733	87235
深 圳	3036	14531	2856	12995	136	33294
南 宁	701	75577	698	75347	501	200740
海 口					177	14040
重 庆	1516	166056	801	84222	3166	1592981
成 都	154	49387			2185	213966
贵 阳	668	92300	78	10900	657	152414
昆 明	954	75484	191	7315	406	61819
拉 萨	3	77				
西 安	1066	66314	997	54110	2314	796771
兰 州	119	50876	6	698	460	28732
西 宁	181	5371			214	17420
银 川	394	42868	280	35047	651	55003
乌鲁木齐	879	75993	309	11090	3102	311564

2-18 续表 9

地 区	通讯器材类		煤炭及制品类		木材及制品类	
	摊位数（个）	成交额（万元）	摊位数（个）	成交额（万元）	摊位数（个）	成交额（万元）
总 计	**11283**	**1932132**	**2762**	**1592714**	**6184**	**2301858**
北 京	256	87263			22	2667
天 津	10	442	2716	1156300		
石家庄	1635	695842			145	287955
太 原						
呼和浩特	178	11769				
沈 阳	9	1820			286	35865
大 连	478	95657			349	10000
长 春	63	7626				
哈尔滨	22	1554			20	2000
上 海	22	13991			979	453546
南 京					15	3240
杭 州	941	112527			280	154318
宁 波	188	26932	32	433315	306	82235
合 肥	2	300			41	8654
福 州	80	5451			196	31089
厦 门	2	220			247	44061
南 昌	12	280			160	11500
济 南	204	4652				
青 岛	89	5665			206	93201
郑 州	115	1999				
武 汉	421	184870	10	2500	410	510250
长 沙	382	55919			311	11437
广 州	61	3690			188	32369
深 圳	3119	100930				
南 宁	75	5976	1	89	1	1310
海 口						
重 庆	1059	290185	3	510	169	23041
成 都					1359	418288
贵 阳	15	3000				
昆 明	470	88200				
拉 萨						
西 安	1006	43757				
兰 州	12	8087				
西 宁						
银 川	55	5980				
乌鲁木齐	302	67548			494	84832

2-18 续表 10

地 区	石油及制品类		化工材料及制品类		#化肥类	
	摊位数(个)	成交额(万元)	摊位数(个)	成交额(万元)	摊位数(个)	成交额(万元)
总 计	**945**	**13320435**	**6890**	**10394551**	**267**	**76671**
北 京			50	17653		
天 津	3	324	8	2589	2	1867
石 家 庄			85	156785		
太 原						
呼和浩特						
沈 阳			410	15000		
大 连	160	4570000				
长 春			214	2825		
哈 尔 滨						
上 海	301	8320000	60	6748		
南 京						
杭 州	190	408300	351	295243		
宁 波			3530	9284104		
合 肥						
福 州						
厦 门			4	2520		
南 昌			122	22596		
济 南			5	670		
青 岛			10	1265	5	885
郑 州			465	13312		
武 汉	50	12500	200	50000	101	25250
长 沙	241	9311	420	154418		
广 州			16	3515		
深 圳			311	148532		
南 宁			40	15000	28	10500
海 口						
重 庆			17	10862	14	10300
成 都						
贵 阳						
昆 明			251	9170	102	4309
拉 萨						
西 安			231	155310		
兰 州						
西 宁						
银 川			15	23560	15	23560
乌鲁木齐			75	2874		

2-18 续表 11

地 区	金属材料类		建筑及装潢材料类		机电产品及设备类	
	摊位数（个）	成交额（万元）	摊位数（个）	成交额（万元）	摊位数（个）	成交额（万元）
总 计	**33580**	**130610784**	**116849**	**19509312**	**22229**	**5567072**
北 京	448	330053	4480	1291569	86	10370
天 津	891	1290354	1113	141653	530	218443
石家庄	174	43628	4445	924245	1341	148216
太 原						
呼和浩特			421	18739		
沈 阳	1736	1785492	3816	413242	1	98
大 连	113	221500	2723	150730		
长 春	864	12592	119	3571	237	11470
哈尔滨	550	523000	4277	679715		
上 海	1842	72290848	5497	1398635	692	173012
南 京			12663	1249097		
杭 州	758	1065828	4985	1189992	538	425606
宁 波	3985	15604043	3891	1573427	125	19662
合 肥	981	3187734	2913	308263	855	38657
福 州			492	1079429		
厦 门	36	9665	365	37922		
南 昌	774	49645	4975	231890	192	156406
济 南	162	99920			31	2100
青 岛	456	506730	1216	125323	108	17145
郑 州			3721	362502	481	17600
武 汉	2088	3638468	585	72139	240	60000
长 沙	2275	5106004	8675	1899150	1372	414461
广 州	660	514265	1753	206763	24	3738
深 圳	286	3300	494	87626		
南 宁	588	1260000	875	39415	500	81000
海 口	150	550000	960	171300		
重 庆	4737	8578762	11916	2138096	3893	1517178
成 都	3225	5586150	9340	1009133	3656	445000
贵 阳	1465	1519861	2860	856348	500	350000
昆 明			334	22001	318	11419
拉 萨						
西 安	80	298500	6303	834347	635	101915
兰 州			616	47754		
西 宁			918	71800		
银 川	1633	396408	693	70532	333	82000
乌鲁木齐	2623	6138034	8415	802964	5541	1261576

2-18 续表 12

地区	#农机类		汽车类		种子饲料类	
	摊位数(个)	成交额(万元)	摊位数(个)	成交额(万元)	摊位数(个)	成交额(万元)
总计	**327**	**148989**	**45429**	**38281643**	**820**	**167163**
北京			3657	8425192	4	159
天津			356	473718	25	16452
石家庄	5	6237	700	713500	5	546
太原						
呼和浩特						
沈阳			2963	695881	220	8995
大连			6322	1690000		
长春			1726	1060380		
哈尔滨						
上海			963	3716927	4	85
南京			2585	842788		
杭州			4179	6140487	5	918
宁波			416	1007155	3	5289
合肥	1	150	762	222407		
福州			120	29900	2	47
厦门			118	430287	6	246
南昌	40	57984	1187	444601		
济南	25	1700	772	514260		
青岛	86	14056	962	431008	5	68
郑州			38	874998		
武汉	20	5000	583	299580	60	15000
长沙			2163	2248659	8	312
广州			2668	1825196	12	327
深圳			4	4426		
南宁					300	74000
海口						
重庆	2	9261	5313	3091730	44	6147
成都			1541	334750		
贵阳			1073	1318516		
昆明	7	401	64	50140	55	1810
拉萨						
西安			1597	190700		
兰州						
西宁						
银川	141	54200	680	10500	43	36500
乌鲁木齐			1917	1193957	19	262

2-18 续表 13

地区	棉麻类		其他类	
	摊位数（个）	成交额（万元）	摊位数（个）	成交额（万元）
总计	**844**	**186668**	**48865**	**7984459**
北京	16	1020	4579	190918
天津			944	71378
石家庄			511	29900
太原				
呼和浩特			95	43000
沈阳			1247	126496
大连			1456	106725
长春	211	2851	2484	148561
哈尔滨			1231	333823
上海	10	40179	2555	430836
南京			578	16107
杭州	20	2843	2231	650544
宁波	200	128047	961	174191
合肥	239	350	1100	274586
福州			161	43194
厦门			232	12410
南昌	39	1836	976	37224
济南			1317	84763
青岛			213	59907
郑州			1804	221537
武汉	52	5000	736	647740
长沙	39	3100	1816	556980
广州			1647	134141
深圳			2329	597944
南宁			705	107992
海口				
重庆	12	1412	2917	443429
成都			423	55729
贵阳			3984	1025540
昆明			5759	844508
拉萨			51	3104
西安	6	30	220	21959
兰州			495	41978
西宁			150	30000
银川			250	34061
乌鲁木齐			2708	383254

（四）三大地带合计

2-19 商品交易市场总体情况

地区	市场数量（个）	总摊位数（个）	年末出租摊位数（个）	营业面积（平方米）	成交额（万元）
三大地带合计	**1525**	**1162876**	**1000986**	**89989078**	**588119223**
环渤海	**306**	**288289**	**252262**	**20269420**	**101669516**
北京	86	72842	62397	5851250	41080412
天津	42	33812	26679	3108775	10728080
唐山	19	15519	11533	1068761	4030275
沈阳	52	54930	47732	2339551	15995196
大连	29	33303	30318	2056854	11819260
济南	26	19355	18623	1593345	5316868
青岛	52	58528	54980	4250884	12699425
长三角	**978**	**650557**	**574502**	**54680819**	**436812282**
上海	118	57883	48625	4145421	101162393
南京	39	39918	37667	2882208	14714759
苏州	66	76961	70533	8478642	82754629
无锡	51	49776	42326	6433562	46191944
常州	52	40117	30960	4907068	22576441
镇江	13	6953	6197	1127331	1978012
南通	80	46944	41812	4233722	22547788
扬州	39	16108	14436	1604225	5070363
泰州	24	17582	15169	1775931	3600679
杭州	132	75189	68636	3647216	30777316
宁波	112	54576	49781	4109003	36480397
嘉兴	64	56634	53208	3448948	21286998
湖州	29	12389	9273	1056819	2249367
绍兴	41	52735	46703	4159229	32470731
舟山	12	6346	5550	327605	2433083
台州	106	40446	33626	2343889	10517382
珠三角	**241**	**224030**	**174222**	**15038839**	**49637425**
广州	110	95281	76627	5780397	20028791
深圳	28	52454	33931	1682261	6346952
珠海	6	3508	3038	77990	1501009
佛山	21	14272	13086	2684054	6495691
江门	7	3591	2605	179477	920441
东莞	52	37003	29518	4067698	11458701
中山	3	2630	2292	77142	62098
惠州	4	4634	4231	392000	2218348
肇庆	10	10657	8894	97820	605394

2-20　商品交易市场情况(按部分市场类别分)

(综合市场)

地　区	市场数量(个)	总摊位数(个)	年末出租摊位数(个)	营业面积(平方米)	成交额(万元)
三大地带合计	**423**	**350838**	**295371**	**19234083**	**98591324**
环渤海	**84**	**107040**	**98338**	**6039606**	**40868183**
北　京	26	32243	28493	2323703	25946389
天　津	11	8284	6722	750702	3197589
唐　山	10	9123	7889	700463	2177903
沈　阳	10	5497	5121	139393	290040
大　连	10	14902	13819	737730	3734641
济　南	6	6507	6459	321515	554366
青　岛	11	30484	29835	1066100	4967255
长三角	**292**	**180680**	**155110**	**10904037**	**49613187**
上　海	36	21603	17467	1020263	5568077
南　京	13	16785	15845	1257589	8780216
苏　州	4	1471	748	37959	81838
无　锡	11	23891	20953	1935130	6247808
常　州	14	7923	7309	1217002	6349285
镇　江	4	2996	2688	610500	713354
南　通	10	5101	4409	233614	1046536
扬　州	8	3259	2766	185080	669071
泰　州	9	10609	8721	618400	1742510
杭　州	40	20434	18725	934021	6618307
宁　波	42	23944	21335	1117716	4142781
嘉　兴	21	8761	7615	180682	1176736
湖　州	22	10839	8201	668558	1763282
绍　兴	10	7142	4206	395822	1958125
舟　山	6	2955	2218	47515	266957
台　州	42	12967	11904	444186	2488304
珠三角	**47**	**63118**	**41923**	**2290440**	**8109954**
广　州	10	7542	6145	231280	731347
深　圳	11	39682	23106	1373274	5117822
珠　海	2	1268	1096	8690	34272
佛　山	5	2934	2555	135408	770897
江　门	4	2572	1587	88477	129291
东　莞	5	3448	2201	258764	492860
中　山	1	859	761	27522	34316
惠　州	1	3249	3098	130000	676665
肇　庆	8	1564	1374	37025	122484

2-20 续表 1

(生产资料综合市场)

地　区	市场数量（个）	总摊位数（个）	年末出租摊位数（个）	营业面积（平方米）	成交额（万元）
三大地带合计	**12**	**10046**	**9044**	**1851081**	**2029804**
环渤海	**2**	**1200**	**1010**	**36000**	**65000**
北　京					
天　津					
唐　山					
沈　阳	1	500	410	6000	15000
大　连	1	700	600	30000	50000
济　南					
青　岛					
长三角	**10**	**8846**	**8034**	**1815081**	**1964804**
上　海					
南　京					
苏　州					
无　锡	3	3129	2775	917130	800018
常　州					
镇　江	1	2008	1963	525000	433027
南　通					
扬　州					
泰　州					
杭　州	1	1200	1200	95300	454000
宁　波	1	247	247	44764	75858
嘉　兴					
湖　州	3	1357	944	207001	166341
绍　兴					
舟　山	1	905	905	25886	35560
台　州					
珠三角					
广　州					
深　圳					
珠　海					
佛　山					
江　门					
东　莞					
中　山					
惠　州					
肇　庆					

2-20　续表 2

(工业消费品综合市场)

地　　区	市场数量（个）	总摊位数（个）	年末出租摊位数（个）	营业面积（平方米）	成交额（万元）
三大地带合计	**58**	**95746**	**74792**	**4223996**	**13360753**
环 渤 海	**18**	**17676**	**16344**	**720155**	**2552993**
北　　京	5	3085	2478	86427	141396
天　　津	1	432	432	9300	45075
唐　　山	1	654	515	8220	463830
沈　　阳	1	1457	1293	14193	45705
大　　连	3	2870	2593	139000	144506
济　　南	4	4182	4134	144515	173252
青　　岛	3	4996	4899	318500	1539229
长 三 角	**29**	**38912**	**35728**	**2191979**	**7994070**
上　　海	1	1033	848	38000	47911
南　　京	1	844	844	17333	87990
苏　　州	1	800	352	22000	20031
无　　锡	3	11131	10537	575000	2181892
常　　州	1	450	345	360000	394568
镇　　江					
南　　通	4	3272	2730	196764	828079
扬　　州	1	1985	1534	135000	421800
泰　　州	1	2466	2382	48000	74177
杭　　州	5	3810	3800	92173	859714
宁　　波	5	6905	6534	373373	1116501
嘉　　兴					
湖　　州	1	790	790	24000	283831
绍　　兴	2	1339	1241	121719	842061
舟　　山					
台　　州	3	4087	3791	188617	835515
珠 三 角	**11**	**39158**	**22720**	**1311862**	**2813690**
广　　州	5	2899	2477	135620	212403
深　　圳	3	31453	15664	978564	1253858
珠　　海					
佛　　山	2	1557	1481	67678	670764
江　　门					
东　　莞					
中　　山					
惠　　州	1	3249	3098	130000	676665
肇　　庆					

2-20 续表 3

(农产品综合市场)

地　　区	市场数量（个）	总摊位数（个）	年末出租摊位数（个）	营业面积（平方米）	成交额（万元）
三大地带合计	**282**	**153630**	**129617**	**8027971**	**64131898**
环 渤 海	**43**	**41103**	**36874**	**3236656**	**30343213**
北　　京	19	26533	23535	2191776	25769477
天　　津	5	4088	3466	450000	2565747
唐　　山	3	920	889	68000	392697
沈　　阳	6	2411	2336	93900	189012
大　　连	3	1832	1832	82980	275442
济　　南	2	2325	2325	177000	381114
青　　岛	5	2994	2491	173000	769724
长 三 角	**213**	**94290**	**77529**	**4020347**	**28667678**
上　　海	29	14148	11986	734214	4789978
南　　京	7	5669	5065	538170	6233119
苏　　州	2	289	189	6959	29900
无　　锡	4	6605	4741	373000	3117398
常　　州	10	6011	5552	524702	4628788
镇　　江	2	738	532	82000	240996
南　　通	3	750	694	12650	80632
扬　　州	6	935	893	44500	198398
泰　　州	6	3514	3107	135400	724937
杭　　州	26	9239	7757	204941	1178018
宁　　波	33	14791	12731	430207	2635194
嘉　　兴	21	8761	7615	180682	1176736
湖　　州	16	7053	5087	289557	1251618
绍　　兴	7	5462	2629	213622	679285
舟　　山	5	2050	1313	21629	231397
台　　州	36	8275	7638	228114	1471284
珠 三 角	**26**	**18237**	**15214**	**770968**	**5121007**
广　　州	4	4133	3511	91680	508411
深　　圳	6	6066	5630	341615	3808034
珠　　海	2	1268	1096	8690	34272
佛　　山	3	1377	1074	67730	100133
江　　门	2	1225	639	39458	77659
东　　莞	4	2648	1888	180764	478963
中　　山	1	859	761	27522	34316
惠　　州					
肇　　庆	4	661	615	13509	79219

2-20 续表 4

(其他综合市场)

地区	市场数量(个)	总摊位数(个)	年末出租摊位数(个)	营业面积(平方米)	成交额(万元)
三大地带合计	**71**	**91416**	**81918**	**5131035**	**19068869**
环渤海	**21**	**47061**	**44110**	**2046795**	**7906977**
北京	2	2625	2480	45500	35516
天津	5	3764	2824	291402	586767
唐山	6	7549	6485	624243	1321376
沈阳	2	1129	1082	25300	40323
大连	3	9500	8794	485750	3264693
济南					
青岛	3	22494	22445	574600	2658302
长三角	**40**	**38632**	**33819**	**2876630**	**10986635**
上海	6	6422	4633	248049	730188
南京	5	10272	9936	702086	2459107
苏州	1	382	207	9000	31907
无锡	1	3026	2900	70000	148500
常州	3	1462	1412	332300	1325929
镇江	1	250	193	3500	39331
南通	3	1079	985	24200	137825
扬州	1	339	339	5580	48873
泰州	2	4629	3232	435000	943396
杭州	8	6185	5968	541607	4126575
宁波	3	2001	1823	269372	315228
嘉兴					
湖州	2	1639	1380	148000	61492
绍兴	1	341	336	60481	436779
舟山					
台州	3	605	475	27455	181505
珠三角	**10**	**5723**	**3989**	**207610**	**175257**
广州	1	510	157	3980	10533
深圳	2	2163	1812	53095	55930
珠海					
佛山					
江门	2	1347	948	49019	51632
东莞	1	800	313	78000	13897
中山					
惠州					
肇庆	4	903	759	23516	43265

2-20 续表 5

(专业市场)

地　区	市场数量（个）	总摊位数（个）	年末出租摊位数（个）	营业面积（平方米）	成交额（万元）
三大地带合计	**1102**	**812038**	**705615**	**70754995**	**489527899**
环渤海	**222**	**181249**	**153924**	**14229814**	**60801333**
北　京	60	40599	33904	3527547	15134023
天　津	31	25528	19957	2358073	7530491
唐　山	9	6396	3644	368298	1852372
沈　阳	42	49433	42611	2200158	15705156
大　连	19	18401	16499	1319124	8084619
济　南	20	12848	12164	1271830	4762502
青　岛	41	28044	25145	3184784	7732170
长三角	**686**	**469877**	**419392**	**43776782**	**387199095**
上　海	82	36280	31158	3125158	95594316
南　京	26	23133	21822	1624619	5934543
苏　州	62	75490	69785	8440683	82672791
无　锡	40	25885	21373	4498432	39944136
常　州	38	32194	23651	3690066	16227156
镇　江	9	3957	3509	516831	1264658
南　通	70	41843	37403	4000108	21501252
扬　州	31	12849	11670	1419145	4401292
泰　州	15	6973	6448	1157531	1858169
杭　州	92	54755	49911	2713195	24159009
宁　波	70	30632	28446	2991287	32337616
嘉　兴	43	47873	45593	3268266	20110262
湖　州	7	1550	1072	388261	486085
绍　兴	31	45593	42497	3763407	30512606
舟　山	6	3391	3332	280090	2166126
台　州	64	27479	21722	1899703	8029078
珠三角	**194**	**160912**	**132299**	**12748399**	**41527471**
广　州	100	87739	70482	5549117	19297444
深　圳	17	12772	10825	308987	1229130
珠　海	4	2240	1942	69300	1466737
佛　山	16	11338	10531	2548646	5724794
江　门	3	1019	1018	91000	791150
东　莞	47	33555	27317	3808934	10965841
中　山	2	1771	1531	49620	27782
惠　州	3	1385	1133	262000	1541683
肇　庆	2	9093	7520	60795	482910

2-20 续表 6

(生产资料市场)

地 区	市场数量(个)	总摊位数(个)	年末出租摊位数(个)	营业面积(平方米)	成交额(万元)
三大地带合计	**168**	**85030**	**74818**	**14045812**	**207186919**
环 渤 海	**34**	**11024**	**9743**	**2648330**	**11424493**
北 京	11	2926	2575	375963	800039
天 津	7	3791	3726	268136	2471280
唐 山	1	83	83	20300	701000
沈 阳	5	2453	2029	352971	1950510
大 连	3	521	401	460000	4790080
济 南	2	172	162	45000	99920
青 岛	5	1078	767	1125960	611664
长 三 角	**120**	**63668**	**56548**	**9763189**	**191067345**
上 海	16	3698	3579	789839	81952746
南 京	4	9677	9050	248148	547139
苏 州	12	7848	7358	878130	32563093
无 锡	12	12677	10570	2740969	34725018
常 州	14	7672	6200	1289133	8114719
镇 江	1	258	88	15196	313000
南 通	7	1248	961	239793	365438
扬 州	7	1971	1820	356417	501468
泰 州	3	1460	1191	503627	642901
杭 州	6	994	840	123796	773593
宁 波	19	10613	10084	1572661	26843655
嘉 兴	5	1878	1506	261678	1606110
湖 州	1	1	1	235	24686
绍 兴	4	2034	1701	532391	1056719
舟 山	1	1	1	3200	469780
台 州	8	1638	1598	207976	567280
珠 三 角	**14**	**10338**	**8527**	**1634293**	**4695081**
广 州	2	530	400	55400	448720
深 圳					
珠 海					
佛 山	3	805	311	184667	165679
江 门					
东 莞	9	9003	7816	1394226	4080682
中 山					
惠 州					
肇 庆					

2-20 续表 7

(木材市场)

地　区	市场数量(个)	总摊位数(个)	年末出租摊位数(个)	营业面积(平方米)	成交额(万元)
三大地带合计	**17**	**6154**	**5609**	**1584747**	**1602193**
环渤海	**2**	**400**	**400**	**402760**	**121776**
北　京					
天　津					
唐　山					
沈　阳	1	200	200	2800	31560
大　连					
济　南					
青　岛	1	200	200	399960	90216
长三角	**11**	**2458**	**2239**	**593081**	**759335**
上　海	4	593	572	276898	432056
南　京					
苏　州	1	350	350	32000	16120
无　锡					
常　州	2	760	598	173333	99572
镇　江					
南　通					
扬　州	1	189	189	30000	122600
泰　州					
杭　州	1	115	115	15000	27967
宁　波					
嘉　兴					
湖　州					
绍　兴					
舟　山					
台　州	2	451	415	65850	61020
珠三角	**4**	**3296**	**2970**	**588906**	**721082**
广　州					
深　圳					
珠　海					
佛　山					
江　门					
东　莞	4	3296	2970	588906	721082
中　山					
惠　州					
肇　庆					

2-20 续表 8

(建材市场)

地　区	市场数量 (个)	总摊位数 (个)	年末出租摊位数 (个)	营业面积 (平方米)	成交额 (万元)
三大地带合计	**47**	**25399**	**23074**	**4149778**	**5375859**
环渤海	**10**	**3033**	**2572**	**439573**	**590552**
北　京	8	2252	1972	214402	357946
天　津	1	508	508	186000	99246
唐　山					
沈　阳	1	273	92	39171	133360
大　连					
济　南					
青　岛					
长三角	**36**	**22311**	**20466**	**3702905**	**4733307**
上　海	4	966	923	306843	363697
南　京	4	9677	9050	248148	547139
苏　州	5	2200	2111	143081	246832
无　锡	1	1580	1193	1560000	345000
常　州	5	2585	2372	616056	1676243
镇　江					
南　通	2	619	604	78033	132263
扬　州	4	1343	1199	227737	116833
泰　州	2	895	643	123627	82236
杭　州	1	61	61	25000	49054
宁　波	5	1859	1784	221246	1119882
嘉　兴	2	461	461	149634	39928
湖　州					
绍　兴					
舟　山					
台　州	1	65	65	3500	14200
珠三角	**1**	**55**	**36**	**7300**	**52000**
广　州					
深　圳					
珠　海					
佛　山					
江　门					
东　莞	1	55	36	7300	52000
中　山					
惠　州					
肇　庆					

2-20 续表 9

(化工材料及制品市场)

地　区	市场数量(个)	总摊位数(个)	年末出租摊位数(个)	营业面积(平方米)	成交额(万元)
三大地带合计	**14**	**13327**	**11486**	**1616821**	**34446752**
环渤海					
北　京					
天　津					
唐　山					
沈　阳					
大　连					
济　南					
青　岛					
长三角	**11**	**7875**	**6813**	**878801**	**31217152**
上　海					
南　京					
苏　州	1	1300	1105	52093	10423137
无　锡	1	850	850	3000	7532180
常　州	2	1281	967	265904	2564291
镇　江					
南　通					
扬　州					
泰　州					
杭　州	1	90	90	2000	205547
宁　波	3	3455	3251	411800	8937904
嘉　兴	1	440	112	68004	1351733
湖　州					
绍　兴	1	125	108	21000	48000
舟　山					
台　州	1	334	330	55000	154360
珠三角	**3**	**5452**	**4673**	**738020**	**3229600**
广　州					
深　圳					
珠　海					
佛　山					
江　门					
东　莞	3	5452	4673	738020	3229600
中　山					
惠　州					
肇　庆					

2-20 续表 10

(金属材料市场)

地区	市场数量(个)	总摊位数(个)	年末出租摊位数(个)	营业面积(平方米)	成交额(万元)
三大地带合计	**65**	**30096**	**25575**	**5636186**	**147837983**
环渤海	**16**	**4166**	**3376**	**1678017**	**4837060**
北京	2	394	323	144981	316868
天津	4	567	502	80736	1215734
唐山	1	83	83	20300	701000
沈阳	3	1980	1737	311000	1785590
大连	1	175	85	430000	210000
济南	2	172	162	45000	99920
青岛	3	795	484	646000	507948
长三角	**43**	**24395**	**21351**	**3658102**	**142308524**
上海	5	1542	1504	157066	72246239
南京					
苏州	3	2776	2620	606665	21689082
无锡	9	8866	7517	999969	25291291
常州	3	1792	1198	178140	3644087
镇江	1	258	88	15196	313000
南通	2	128	115	73000	82242
扬州	2	439	432	98680	262035
泰州	1	565	548	380000	560665
杭州	2	686	535	65871	427871
宁波	9	4920	4687	509015	16315843
嘉兴	1	78	78	8340	168000
湖州					
绍兴	2	1727	1411	491000	989469
舟山					
台州	3	618	618	75160	318700
珠三角	**6**	**1535**	**848**	**300067**	**692399**
广州	2	530	400	55400	448720
深圳					
珠海					
佛山	3	805	311	184667	165679
江门					
东莞	1	200	137	60000	78000
中山					
惠州					
肇庆					

2-20 续表 11

(机械设备市场)

地　区	市场数量(个)	总摊位数(个)	年末出租摊位数(个)	营业面积(平方米)	成交额(万元)
三大地带合计	**10**	**3221**	**2465**	**338733**	**2385631**
环渤海					
北　京					
天　津					
唐　山					
沈　阳					
大　连					
济　南					
青　岛					
长三角	**10**	**3221**	**2465**	**338733**	**2385631**
上　海	1	187	170	4500	78832
南　京					
苏　州	1	122	122	26291	12502
无　锡	1	1381	1010	178000	1556547
常　州	1	734	620	3000	79201
镇　江					
南　通	2	402	151	78960	87365
扬　州					
泰　州					
杭　州	1	42	39	15925	63154
宁　波					
嘉　兴					
湖　州					
绍　兴	1	182	182	20391	19250
舟　山	1	1	1	3200	469780
台　州	1	170	170	8466	19000
珠三角					
广　州					
深　圳					
珠　海					
佛　山					
江　门					
东　莞					
中　山					
惠　州					
肇　庆					

2-20 续表 12

(其他生产资料市场)

地 区	市场数量(个)	总摊位数(个)	年末出租摊位数(个)	营业面积(平方米)	成交额(万元)
三大地带合计	**10**	**3465**	**3333**	**180447**	**13884061**
环渤海	**3**	**626**	**596**	**46580**	**4705305**
北 京	1	280	280	16580	125225
天 津					
唐 山					
沈 阳					
大 连	2	346	316	30000	4580080
济 南					
青 岛					
长三角	**7**	**2839**	**2737**	**133867**	**9178756**
上 海	2	410	410	44532	8831922
南 京					
苏 州	1	1100	1050	18000	175420
无 锡					
常 州					
镇 江					
南 通	1	99	91	9800	63568
扬 州					
泰 州					
杭 州					
宁 波	1	330	330	25600	36711
嘉 兴	1	899	855	35700	46449
湖 州	1	1	1	235	24686
绍 兴					
舟 山					
台 州					
珠三角					
广 州					
深 圳					
珠 海					
佛 山					
江 门					
东 莞					
中 山					
惠 州					
肇 庆					

2-20 续表 13

(农产品市场)

地　区	市场数量(个)	总摊位数(个)	年末出租摊位数(个)	营业面积(平方米)	成交额(万元)
三大地带合计	**304**	**162518**	**136333**	**11755827**	**88075926**
环渤海	**53**	**41414**	**31461**	**3901811**	**21076793**
北　京	7	6290	3661	635125	3396907
天　津	11	9402	6519	1012266	2829429
唐　山	3	3238	642	236770	306233
沈　阳	6	3850	3340	385000	7067531
大　连	3	1344	1344	78200	755966
济　南	6	3918	3898	424910	3193470
青　岛	17	13372	12057	1129540	3527257
长三角	**202**	**95144**	**82683**	**5439103**	**52863804**
上　海	25	12610	10248	729945	6333302
南　京	7	3040	2930	369339	3864974
苏　州	27	12821	11636	606521	11296477
无　锡	9	3593	3438	231477	2195969
常　州	3	4318	2722	445484	2706418
镇　江					
南　通	31	14446	12974	470760	3313938
扬　州	11	3950	3487	206644	2354795
泰　州	4	557	557	286800	853077
杭　州	23	15555	14242	732843	7824876
宁　波	18	8848	7817	342366	2652402
嘉　兴	9	3257	2903	447692	4443472
湖　州	1	252	157	6300	10827
绍　兴	11	4272	3667	215485	1359424
舟　山	3	2033	1974	121888	1582017
台　州	20	5592	3931	225559	2071836
珠三角	**49**	**25960**	**22189**	**2414913**	**14135329**
广　州	16	6649	5911	469974	4446632
深　圳	6	2792	2379	65433	924009
珠　海	4	2240	1942	69300	1466737
佛　山	4	4661	4569	483429	1466189
江　门	3	1019	1018	91000	791150
东　莞	15	8128	5899	1226157	5028287
中　山	1	471	471	9620	12325
惠　州					
肇　庆					

2-20 续表 14

(粮油市场)

地　区	市场数量(个)	年末出租摊位数(个)	营业面积(平方米)	成交额(万元)
三大地带合计	**42**	**9501**	**1412323**	**12488432**
环 渤 海	**7**	**1423**	**366517**	**1075858**
北　京				
天　津	3	833	174410	546960
唐　山				
沈　阳	1	288	37000	295400
大　连				
济　南				
青　岛	3	302	155107	233498
长 三 角	**30**	**7267**	**800879**	**10893041**
上　海	9	939	47385	253868
南　京	1	256	81000	266272
苏　州	2	458	8103	5504633
无　锡	2	516	117667	92165
常　州				
镇　江				
南　通	1	1989	118826	1389226
扬　州	1	473	6500	310180
泰　州	1	75	170000	568955
杭　州	2	1698	118000	1698699
宁　波	2	279	24500	188143
嘉　兴	2	156	44866	227832
湖　州				
绍　兴	3	357	37112	234558
舟　山				
台　州	4	71	26920	158510
珠 三 角	**5**	**811**	**244927**	**519533**
广　州	2	498	33800	47933
深　圳				
珠　海				
佛　山				
江　门				
东　莞	3	313	211127	471600
中　山				
惠　州				
肇　庆				

2-20 续表 15

(肉禽蛋市场)

地 区	市场数量(个)	总摊位数(个)	营业面积(平方米)	成交额(万元)
三大地带合计	**39**	**19026**	**1677069**	**12451835**
环渤海	**1**	**58**	**1100**	**16591**
北 京	1	58	1100	16591
天 津				
唐 山				
沈 阳				
大 连				
济 南				
青 岛				
长三角	**29**	**10735**	**513613**	**7489672**
上 海	4	1146	19450	175070
南 京	3	1451	181700	2913942
苏 州	3	1197	76360	389200
无 锡	1	1258	38220	1673115
常 州				
镇 江				
南 通	11	3350	106134	453985
扬 州	1	20	2500	12900
泰 州	1	282	4300	28845
杭 州	3	1223	66399	1476674
宁 波	1	798	17900	353241
嘉 兴				
湖 州				
绍 兴				
舟 山				
台 州	1	10	650	12700
珠三角	**9**	**8233**	**1162356**	**4945572**
广 州	1	316	6019	153180
深 圳	1	440	7000	51798
珠 海				
佛 山	2	3554	421537	1279794
江 门	1	495	45000	480200
东 莞	4	3428	682800	2980600
中 山				
惠 州				
肇 庆				

2-20 续表 16

(水产品市场)

地 区	市场数量(个)	总摊位数(个)	年末出租摊位数(个)	营业面积(平方米)	成交额(万元)
三大地带合计	**66**	**32462**	**30020**	**1803159**	**20985471**
环渤海	**15**	**9825**	**9401**	**516545**	**8834065**
北 京	3	1979	1636	59025	1013910
天 津					
唐 山	1	100	62	5400	11673
沈 阳	3	2382	2382	105000	4154572
大 连	2	1034	1034	63200	696657
济 南	2	2200	2200	230000	2665045
青 岛	4	2130	2087	53920	292208
长三角	**41**	**19588**	**17812**	**1128319**	**10267258**
上 海	3	3664	3564	289500	2735233
南 京	1	766	766	55239	478250
苏 州	3	641	639	46340	501370
无 锡	2	340	289	39990	137011
常 州					
镇 江					
南 通	3	1270	1263	50000	363701
扬 州	4	752	432	103444	263400
泰 州	2	200	200	112500	255277
杭 州	1	1098	1089	69135	1009121
宁 波	9	5787	5062	143733	1305922
嘉 兴	1	180	140	20825	118507
湖 州					
绍 兴	2	366	366	18200	183203
舟 山	2	2009	1953	110200	1571535
台 州	8	2515	2049	69213	1344728
珠三角	**10**	**3049**	**2807**	**158295**	**1884148**
广 州	5	1053	860	56665	947762
深 圳	2	921	886	33000	751213
珠 海					
佛 山	1	700	700	55000	141223
江 门	1	301	301	5000	30950
东 莞	1	74	60	8630	13000
中 山					
惠 州					
肇 庆					

2-20 续表 17

(蔬菜市场)

地　区	市场数量(个)	总摊位数(个)	年末出租摊位数(个)	营业面积(平方米)	成交额(万元)
三大地带合计	**52**	**38144**	**29899**	**2945933**	**11607952**
环渤海	**20**	**22405**	**15870**	**1927632**	**5373141**
北　京	2	1753	1711	340000	2271500
天　津	6	6995	4282	538630	872007
唐　山	2	3138	580	231370	294560
沈　阳	1	380	320	93000	300000
大　连					
济　南	3	1498	1478	84910	420641
青　岛	6	8641	7499	639722	1214433
长三角	**24**	**11221**	**10021**	**747022**	**4950995**
上　海	2	467	467	52110	872413
南　京	1	400	310	47000	178530
苏　州	2	1064	1064	84800	176800
无　锡	1	526	525	7400	171156
常　州					
镇　江					
南　通	1	350	348	15000	21215
扬　州	1	350	348	50300	1235174
泰　州					
杭　州	5	4358	4249	164334	700362
宁　波	3	868	795	104933	459793
嘉　兴	2	618	607	100300	723372
湖　州					
绍　兴					
舟　山	1	24	21	11688	10482
台　州	5	2196	1287	109157	401698
珠三角	**8**	**4518**	**4008**	**271279**	**1283816**
广　州	5	3365	2963	131479	417513
深　圳					
珠　海					
佛　山					
江　门					
东　莞	3	1153	1045	139800	866303
中　山					
惠　州					
肇　庆					

2-20 续表 18

（干鲜果品市场）

地　区	市场数量（个）	总摊位数（个）	年末出租摊位数（个）	营业面积（平方米）	成交额（万元）
三大地带合计	**26**	**13186**	**9220**	**1757464**	**14231910**
环渤海	**6**	**4700**	**1923**	**735000**	**3767734**
北　京	1	2500	260	235000	94906
天　津					
唐　山					
沈　阳	1	800	350	150000	2317559
大　连	1	310	310	15000	59309
济　南	1	220	220	110000	107784
青　岛	2	870	783	225000	1188176
长三角	**14**	**5204**	**4858**	**527453**	**5681563**
上　海	2	628	508	150510	1215160
南　京					
苏　州	1	110	85	1000	13000
无　锡					
常　州					
镇　江					
南　通					
扬　州	1	185	185	10800	355985
泰　州					
杭　州	4	1499	1488	84090	1060725
宁　波	1	420	420	35000	184576
嘉　兴	2	1757	1569	205001	2665061
湖　州					
绍　兴	1	89	89	21433	32856
舟　山					
台　州	2	516	514	19619	154200
珠三角	**6**	**3282**	**2439**	**495011**	**4782613**
广　州	3	1317	1274	242011	2880244
深　圳					
珠　海	1	612	477	50000	977085
佛　山					
江　门	1	223	223	41000	280000
东　莞	1	1130	465	162000	645284
中　山					
惠　州					
肇　庆					

2-20 续表 19

(其他农产品市场)

地　区	市场数量(个)	总摊位数(个)	年末出租摊位数(个)	营业面积(平方米)	成交额(万元)
三大地带合计	**75**	**45330**	**38233**	**1647195**	**12796522**
环渤海	**4**	**2803**	**2790**	**355017**	**2009404**
北　京					
天　津	2	1404	1404	299226	1410462
唐　山					
沈　阳					
大　连					
济　南					
青　岛	2	1399	1386	55791	598942
长三角	**60**	**36655**	**30636**	**1209133**	**10067471**
上　海	5	5680	3884	170990	1081558
南　京	1	167	167	4400	27980
苏　州	16	9161	8450	389918	4711474
无　锡	3	953	850	28200	122522
常　州	2	1920	351	19500	31974
镇　江					
南　通	15	7487	7166	180800	1085811
扬　州	3	2170	2029	33100	177156
泰　州					
杭　州	8	4979	4502	230885	1879295
宁　波	1	428	225	6300	30067
嘉　兴					
湖　州	1	252	157	6300	10827
绍　兴	5	3458	2855	138740	908807
舟　山					
台　州					
珠三角	**11**	**5872**	**4807**	**83045**	**719647**
广　州					
深　圳	3	1431	1215	25433	120998
珠　海	3	1628	1465	19300	489652
佛　山	1	407	366	6892	45172
江　门					
东　莞	3	1935	1290	21800	51500
中　山	1	471	471	9620	12325
惠　州					
肇　庆					

2-20　续表 20

(食品、饮料及烟酒市场)

地　区	市场数量(个)	总摊位数(个)	年末出租摊位数(个)	营业面积(平方米)	成交额(万元)
三大地带合计	**35**	**18433**	**14079**	**1501696**	**4115295**
环渤海	**8**	**6921**	**4598**	**446061**	**1172159**
北　京	2	417	401	25500	54666
天　津	1	3136	1865	266800	475000
唐　山					
沈　阳	2	2208	1379	47761	189805
大　连					
济　南	2	800	670	90000	197320
青　岛	1	360	283	16000	255368
长三角	**23**	**10446**	**8559**	**972075**	**2813215**
上　海	2	671	669	43000	30005
南　京					
苏　州	1	750	411	110000	541474
无　锡	1	142	123	13580	62000
常　州	3	900	709	73582	111094
镇　江	1	200	186	3200	34043
南　通	7	2772	1890	129359	219837
扬　州					
泰　州					
杭　州	2	520	520	48500	363100
宁　波	3	2196	2192	190000	704221
嘉　兴	1	550	385	36570	63805
湖　州	1	348	348	77726	126540
绍　兴	1	1397	1126	246558	557096
舟　山					
台　州					
珠三角	**4**	**1066**	**922**	**83560**	**129921**
广　州	3	854	764	65000	100377
深　圳					
珠　海					
佛　山					
江　门					
东　莞	1	212	158	18560	29544
中　山					
惠　州					
肇　庆					

2-20 续表 21

(茶叶市场)

地　区	市场数量(个)	总摊位数(个)	年末出租摊位数(个)	营业面积(平方米)	成交额(万元)
三大地带合计	**13**	**4829**	**4356**	**578477**	**1240346**
环 渤 海	**5**	**1447**	**1301**	**133133**	**281986**
北　京	2	417	401	25500	54666
天　津					
唐　山					
沈　阳	1	230	230	17633	30000
大　连					
济　南	2	800	670	90000	197320
青　岛					
长 三 角	**5**	**2716**	**2443**	**396784**	**842141**
上　海	2	671	669	43000	30005
南　京					
苏　州					
无　锡					
常　州					
镇　江					
南　通					
扬　州					
泰　州					
杭　州	1	300	300	29500	128500
宁　波					
嘉　兴					
湖　州	1	348	348	77726	126540
绍　兴	1	1397	1126	246558	557096
舟　山					
台　州					
珠 三 角	**3**	**666**	**612**	**48560**	**116219**
广　州	2	454	454	30000	86675
深　圳					
珠　海					
佛　山					
江　门					
东　莞	1	212	158	18560	29544
中　山					
惠　州					
肇　庆					

2-20 续表 22

(其他食品饮料及烟酒市场)

地区	市场数量(个)	总摊位数(个)	年末出租摊位数(个)	营业面积(平方米)	成交额(万元)
三大地带合计	**13**	**8901**	**6171**	**614904**	**1530547**
环渤海	**1**	**3136**	**1865**	**266800**	**475000**
北京					
天津	1	3136	1865	266800	475000
唐山					
沈阳					
大连					
济南					
青岛					
长三角	**12**	**5765**	**4306**	**348104**	**1055547**
上海					
南京					
苏州	1	750	411	110000	541474
无锡	1	142	123	13580	62000
常州	1	420	366	28595	30231
镇江					
南通	7	2772	1890	129359	219837
扬州					
泰州					
杭州					
宁波	1	1131	1131	30000	138200
嘉兴	1	550	385	36570	63805
湖州					
绍兴					
舟山					
台州					
珠三角					
广州					
深圳					
珠海					
佛山					
江门					
东莞					
中山					
惠州					
肇庆					

2-20 续表 23

(纺织、服装、鞋帽市场)

地 区	市场数量(个)	总摊位数(个)	年末出租摊位数(个)	营业面积(平方米)	成交额(万元)
三大地带合计	**163**	**297432**	**266511**	**18397995**	**114627551**
环渤海	**31**	**58466**	**52905**	**1513950**	**9581154**
北 京	7	11150	9941	348059	305282
天 津	2	2806	2701	39800	140843
唐 山	4	2832	2676	48828	746301
沈 阳	9	25040	21995	481988	4979191
大 连	3	4299	3568	62034	344395
济 南	3	4236	3935	257941	400142
青 岛	3	8103	8089	275300	2665000
长三角	**86**	**170015**	**160320**	**12882590**	**92566794**
上 海	8	7518	6261	221224	509972
南 京	2	3754	3754	84000	304196
苏 州	3	36407	35119	4787152	32737332
无 锡	2	2900	1463	157996	358768
常 州	3	5673	3824	113360	377322
镇 江	3	1625	1437	179250	194064
南 通	5	10528	10406	1560650	14113359
扬 州	3	2201	2015	263536	417296
泰 州	2	1440	1335	41104	95220
杭 州	20	22280	20766	554873	4868604
宁 波	5	4305	3964	221086	462040
嘉 兴	15	34737	34353	2000275	11631906
湖 州	1	309	309	98000	130000
绍 兴	8	30715	30081	2216020	25024776
舟 山					
台 州	6	5623	5233	384064	1341939
珠三角	**46**	**68951**	**53286**	**4001455**	**12479603**
广 州	33	51526	38652	3145811	9587467
深 圳					
珠 海					
佛 山	1	3706	3706	404000	1813906
江 门					
东 莞	10	11121	8820	399644	948826
中 山	1	1300	1060	40000	15457
惠 州	1	1298	1048	12000	113947
肇 庆					

2-20 续表 24

(布料及纺织品市场)

地　区	市场数量(个)	总摊位数(个)	年末出租摊位数(个)	营业面积(平方米)	成交额(万元)
三大地带合计	**34**	**98621**	**85755**	**9636018**	**70435658**
环 渤 海	**2**	**2826**	**2465**	**53800**	**609500**
北　京					
天　津					
唐　山					
沈　阳					
大　连	1	2600	2239	30000	308400
济　南					
青　岛	1	226	226	23800	301100
长 三 角	**24**	**64716**	**61977**	**6643924**	**61709162**
上　海	1	2560	1942	98000	26592
南　京					
苏　州	2	8600	8583	1787152	16433664
无　锡	1	1300	490	100000	90000
常　州					
镇　江					
南　通	2	8635	8624	1500000	14057563
扬　州	2	1595	1432	193320	391693
泰　州					
杭　州	5	4572	4125	207290	2522898
宁　波	1	1678	1668	35700	67201
嘉　兴	3	5937	5882	443442	3070800
湖　州	1	309	309	98000	130000
绍　兴	6	29530	28922	2181020	24918751
舟　山					
台　州					
珠 三 角	**8**	**31079**	**21313**	**2938294**	**8116996**
广　州	2	23367	14572	2346000	6042070
深　圳					
珠　海					
佛　山	1	3706	3706	404000	1813906
江　门					
东　莞	5	4006	3035	188294	261020
中　山					
惠　州					
肇　庆					

2-20 续表 25

(服装市场)

地区	市场数量(个)	总摊位数(个)	年末出租摊位数(个)	营业面积(平方米)	成交额(万元)
三大地带合计	**97**	**156329**	**145838**	**7489770**	**36727888**
环渤海	**19**	**32129**	**30468**	**951150**	**3400818**
北京	6	10705	9496	330059	272536
天津	2	2806	2701	39800	140843
唐山	2	1637	1637	20803	183071
沈阳	6	6806	6547	118488	237266
大连	1	388	314	12000	18750
济南	1	2770	2770	200000	207688
青岛	1	7017	7003	230000	2340664
长三角	**46**	**92360**	**88245**	**5684593**	**29638184**
上海	7	4958	4319	123224	483380
南京	2	3754	3754	84000	304196
苏州	1	27807	26536	3000000	16303668
无锡	1	1600	973	57996	268768
常州					
镇江	2	1110	1042	47800	114064
南通	1	317	310	15000	14918
扬州					
泰州	1	180	85	8892	10710
杭州	14	16847	16183	333583	2334110
宁波	3	2272	2093	181586	382764
嘉兴	11	28651	28391	1476212	8291106
湖州					
绍兴	1	100	100	2500	15000
舟山					
台州	2	4764	4459	353800	1115500
珠三角	**32**	**31840**	**27125**	**854027**	**3688886**
广州	26	22927	19950	602677	2939762
深圳					
珠海					
佛山					
江门					
东莞	4	6315	5067	199350	619720
中山	1	1300	1060	40000	15457
惠州	1	1298	1048	12000	113947
肇庆					

2-20 续表 26

(鞋帽市场)

地 区	市场数量(个)	总摊位数(个)	年末出租摊位数(个)	营业面积(平方米)	成交额(万元)
三大地带合计	**14**	**10866**	**8385**	**502665**	**1764427**
环渤海	**5**	**4751**	**3561**	**82466**	**624592**
北 京					
天 津					
唐 山	1	535	496	8025	353320
沈 阳	2	2750	1900	16500	78818
大 连					
济 南	2	1466	1165	57941	192454
青 岛					
长三角	**4**	**883**	**694**	**223065**	**534200**
上 海					
南 京					
苏 州					
无 锡					
常 州					
镇 江	1	515	395	131450	80000
南 通					
扬 州					
泰 州					
杭 州					
宁 波					
嘉 兴	1	149	80	80621	270000
湖 州					
绍 兴					
舟 山					
台 州	2	219	219	10994	184200
珠三角	**5**	**5232**	**4130**	**197134**	**605635**
广 州	5	5232	4130	197134	605635
深 圳					
珠 海					
佛 山					
江 门					
东 莞					
中 山					
惠 州					
肇 庆					

2-20 续表 27

(其他纺织服装鞋帽市场)

地 区	市场数量(个)	总摊位数(个)	年末出租摊位数(个)	营业面积(平方米)	成交额(万元)
三大地带合计	**18**	**31616**	**26533**	**769542**	**5699578**
环 渤 海	**5**	**18760**	**16411**	**426534**	**4946244**
北 京	1	445	445	18000	32746
天 津					
唐 山	1	660	543	20000	209910
沈 阳	1	15484	13548	347000	4663107
大 连	1	1311	1015	20034	17245
济 南					
青 岛	1	860	860	21500	23236
长 三 角	**12**	**12056**	**9404**	**331008**	**685248**
上 海					
南 京					
苏 州					
无 锡					
常 州	3	5673	3824	113360	377322
镇 江					
南 通	2	1576	1472	45650	40878
扬 州	1	606	583	70216	25603
泰 州	1	1260	1250	32212	84510
杭 州	1	861	458	14000	11596
宁 波	1	355	203	3800	12075
嘉 兴					
湖 州					
绍 兴	1	1085	1059	32500	91025
舟 山					
台 州	2	640	555	19270	42239
珠 三 角	**1**	**800**	**718**	**12000**	**68086**
广 州					
深 圳					
珠 海					
佛 山					
江 门					
东 莞	1	800	718	12000	68086
中 山					
惠 州					
肇 庆					

2-20 续表 28

(日用品及文化用品市场)

地　区	市场数量(个)	总摊位数(个)	年末出租摊位数(个)	营业面积(平方米)	成交额(万元)
三大地带合计	**33**	**30921**	**25808**	**1653450**	**5854524**
环渤海	**3**	**4772**	**3737**	**240000**	**264892**
北　京					
天　津					
唐　山					
沈　阳	2	3272	2237	195000	149402
大　连					
济　南	1	1500	1500	45000	115490
青　岛					
长三角	**11**	**9347**	**6973**	**481148**	**3463394**
上　海	2	97	85	10000	2177650
南　京					
苏　州	1	2320	2232	57700	700000
无　锡	1	1800	1795	250000	302908
常　州	3	2521	1070	27448	135870
镇　江					
南　通	1	278	249	50000	13695
扬　州					
泰　州					
杭　州					
宁　波					
嘉　兴					
湖　州					
绍　兴					
舟　山					
台　州	3	2331	1542	86000	133271
珠三角	**19**	**16802**	**15098**	**932302**	**2126238**
广　州	19	16802	15098	932302	2126238
深　圳					
珠　海					
佛　山					
江　门					
东　莞					
中　山					
惠　州					
肇　庆					

2-20 续表 29

(小商品市场)

地　区	市场数量 (个)	总摊位数 (个)	年末出租摊位数 (个)	营业面积 (平方米)	成交额 (万元)
三大地带合计	**18**	**12791**	**9722**	**489248**	**828528**
环 渤 海	**2**	**3277**	**2242**	**195000**	**247490**
北　京					
天　津					
唐　山					
沈　阳	1	1777	742	150000	132000
大　连					
济　南	1	1500	1500	45000	115490
青　岛					
长 三 角	**4**	**2380**	**1103**	**74448**	**158343**
上　海	1	27	15	5000	21650
南　京					
苏　州					
无　锡					
常　州	2	2075	839	19448	122998
镇　江					
南　通	1	278	249	50000	13695
扬　州					
泰　州					
杭　州					
宁　波					
嘉　兴					
湖　州					
绍　兴					
舟　山					
台　州					
珠 三 角	**12**	**7134**	**6377**	**219800**	**422695**
广　州	12	7134	6377	219800	422695
深　圳					
珠　海					
佛　山					
江　门					
东　莞					
中　山					
惠　州					
肇　庆					

2-20 续表 30

(其他日用品及文化用品市场)

地 区	市场数量 (个)	总摊位数 (个)	年末出租摊位数 (个)	营业面积 (平方米)	成交额 (万元)
三大地带合计	**12**	**13520**	**11965**	**638413**	**3887391**
环 渤 海	**1**	**1495**	**1495**	**45000**	**17402**
北 京					
天 津					
唐 山					
沈 阳	1	1495	1495	45000	17402
大 连					
济 南					
青 岛					
长 三 角	**7**	**6967**	**5870**	**406700**	**3305051**
上 海	1	70	70	5000	2156000
南 京					
苏 州	1	2320	2232	57700	700000
无 锡	1	1800	1795	250000	302908
常 州	1	446	231	8000	12872
镇 江					
南 通					
扬 州					
泰 州					
杭 州					
宁 波					
嘉 兴					
湖 州					
绍 兴					
舟 山					
台 州	3	2331	1542	86000	133271
珠 三 角	**4**	**5058**	**4600**	**186713**	**564938**
广 州	4	5058	4600	186713	564938
深 圳					
珠 海					
佛 山					
江 门					
东 莞					
中 山					
惠 州					
肇 庆					

2-20 续表 31

(黄金、珠宝、玉器等首饰市场)

地区	市场数量(个)	总摊位数(个)	年末出租摊位数(个)	营业面积(平方米)	成交额(万元)
三大地带合计	**10**	**16658**	**12438**	**305057**	**3920908**
环渤海	**3**	**2073**	**993**	**65429**	**121643**
北京	2	833	460	18829	111238
天津					
唐山					
沈阳					
大连					
济南					
青岛	1	1240	533	46600	10405
长三角	**3**	**2940**	**1946**	**136973**	**3227051**
上海					
南京					
苏州	1	200	196	10000	90630
无锡					
常州					
镇江					
南通					
扬州					
泰州					
杭州	1	360	360	20000	1594800
宁波					
嘉兴					
湖州					
绍兴	1	2380	1390	106973	1541621
舟山					
台州					
珠三角	**4**	**11645**	**9499**	**102655**	**572214**
广州	1	1200	669	10000	42680
深圳	1	1352	1310	31860	46624
珠海					
佛山					
江门					
东莞					
中山					
惠州					
肇庆	2	9093	7520	60795	482910

2-20 续表 32

(电器、通讯器材、电子设备市场)

地 区	市场数量(个)	总摊位数(个)	年末出租摊位数(个)	营业面积(平方米)	成交额(万元)
三大地带合计	**39**	**24675**	**19781**	**639926**	**1962184**
环渤海	**7**	**5976**	**5018**	**184075**	**942172**
北 京	3	3055	2707	60075	557875
天 津					
唐 山					
沈 阳	1	728	500	24000	15793
大 连	1	1500	1311	55000	308304
济 南					
青 岛	2	693	500	45000	60200
长三角	**21**	**9345**	**7034**	**302601**	**742974**
上 海	2	426	356	10689	57709
南 京	1	200	193	4189	38500
苏 州	1	1604	1400	44232	40000
无 锡	1	230	141	8400	41303
常 州	1	426	301	10000	39750
镇 江					
南 通					
扬 州					
泰 州	1	400	381	11000	51206
杭 州	8	2363	2109	108094	161251
宁 波	2	464	452	23363	65972
嘉 兴	1	49	39	1754	10020
湖 州					
绍 兴	1	185	147	5680	22150
舟 山					
台 州	2	2998	1515	75200	215113
珠三角	**11**	**9354**	**7729**	**153250**	**277038**
广 州	5	1346	1197	51050	142950
深 圳	6	8008	6532	102200	134088
珠 海					
佛 山					
江 门					
东 莞					
中 山					
惠 州					
肇 庆					

2-20 续表 33

(家电市场)

地　区	市场数量(个)	总摊位数(个)	年末出租摊位数(个)	营业面积(平方米)	成交额(万元)
三大地带合计	**11**	**3437**	**2778**	**136728**	**270049**
环 渤 海	**2**	**874**	**621**	**33000**	**26093**
北　京					
天　津					
唐　山					
沈　阳	1	728	500	24000	15793
大　连					
济　南					
青　岛	1	146	121	9000	10300
长 三 角	**4**	**754**	**686**	**51628**	**141527**
上　海					
南　京					
苏　州					
无　锡					
常　州					
镇　江					
南　通					
扬　州					
泰　州	1	400	381	11000	51206
杭　州	3	354	305	40628	90321
宁　波					
嘉　兴					
湖　州					
绍　兴					
舟　山					
台　州					
珠 三 角	**5**	**1809**	**1471**	**52100**	**102429**
广　州	3	893	744	35500	74919
深　圳	2	916	727	16600	27510
珠　海					
佛　山					
江　门					
东　莞					
中　山					
惠　州					
肇　庆					

2-20 续表 34

(计算机及辅助设备市场)

地　区	市场数量 (个)	总摊位数 (个)	年末出租摊位数 (个)	营业面积 (平方米)	成交额 (万元)
三大地带合计	**18**	**12077**	**9299**	**330925**	**1080293**
环 渤 海	**3**	**3330**	**2973**	**120800**	**613288**
北　京	1	1283	1283	29800	255084
天　津					
唐　山					
沈　阳					
大　连	1	1500	1311	55000	308304
济　南					
青　岛	1	547	379	36000	49900
长 三 角	**12**	**4794**	**3017**	**134575**	**385979**
上　海	1	179	161	2889	21483
南　京	1	200	193	4189	38500
苏　州					
无　锡	1	230	141	8400	41303
常　州	1	426	301	10000	39750
镇　江					
南　通					
扬　州					
泰　州					
杭　州	4	1635	1430	56463	59201
宁　波	1	390	378	20000	55772
嘉　兴	1	49	39	1754	10020
湖　州					
绍　兴	1	185	147	5680	22150
舟　山					
台　州	1	1500	227	25200	97800
珠 三 角	**3**	**3953**	**3309**	**75550**	**81026**
广　州	2	453	453	15550	68031
深　圳	1	3500	2856	60000	12995
珠　海					
佛　山					
江　门					
东　莞					
中　山					
惠　州					
肇　庆					

2-20　续表 35

(医药、医疗用品及器材市场)

地　　区	市场数量 (个)	总摊位数 (个)	年末出租摊位数 (个)	营业面积 (平方米)	成交额 (万元)
三大地带合计	**2**	**597**	**552**	**14093**	**30211**
环 渤 海					
北　　京					
天　　津					
唐　　山					
沈　　阳					
大　　连					
济　　南					
青　　岛					
长 三 角	**1**	**190**	**155**	**8000**	**19000**
上　　海	1	190	155	8000	19000
南　　京					
苏　　州					
无　　锡					
常　　州					
镇　　江					
南　　通					
扬　　州					
泰　　州					
杭　　州					
宁　　波					
嘉　　兴					
湖　　州					
绍　　兴					
舟　　山					
台　　州					
珠 三 角	**1**	**407**	**397**	**6093**	**11211**
广　　州	1	407	397	6093	11211
深　　圳					
珠　　海					
佛　　山					
江　　门					
东　　莞					
中　　山					
惠　　州					
肇　　庆					

2-20　续表 36

(家具、五金及装饰材料市场)

地　区	市场数量(个)	总摊位数(个)	年末出租摊位数(个)	营业面积(平方米)	成交额(万元)
三大地带合计	**201**	**118900**	**106134**	**15408155**	**19694176**
环 渤 海	**45**	**26263**	**24352**	**3013271**	**3687062**
北　京	15	8324	7197	1258468	1434959
天　津	6	4271	4106	496123	1166700
唐　山					
沈　阳	9	6514	6314	400648	476316
大　连	6	3902	3553	314890	195874
济　南	3	1227	1227	182041	241900
青　岛	6	2025	1955	361101	171313
长 三 角	**131**	**81821**	**72389**	**9905723**	**13642879**
上　海	13	8444	8105	953103	635922
南　京	9	3832	3317	768983	339046
苏　州	13	12467	10491	1464848	2016784
无　锡	6	3071	2637	748510	701366
常　州	8	7074	5492	756059	1590052
镇　江	3	849	848	250000	219851
南　通	17	10642	9317	1133946	1340499
扬　州	5	3273	2979	443839	901767
泰　州	5	3116	2984	315000	215765
杭　州	14	6281	5695	793199	1861897
宁　波	12	3474	3337	429857	546517
嘉　兴	7	5012	4770	433393	1028613
湖　州	2	598	221	196000	119378
绍　兴	4	4545	4320	427300	899820
舟　山	1	1356	1356	142347	60529
台　州	12	7787	6520	649339	1165073
珠 三 角	**25**	**10816**	**9393**	**2489161**	**2364235**
广　州	7	4118	3326	502240	442801
深　圳	4	620	604	109494	124409
珠　海					
佛　山	6	2063	1847	1233300	1200000
江　门					
东　莞	8	4015	3616	644127	597025
中　山					
惠　州					
肇　庆					

2-20 续表 37

(家具市场)

地　区	市场数量（个）	总摊位数（个）	年末出租摊位数（个）	营业面积（平方米）	成交额（万元）
三大地带合计	**65**	**27933**	**24657**	**4754171**	**3853230**
环 渤 海	**20**	**9320**	**8490**	**1565059**	**974407**
北　京	9	4620	4276	891180	475886
天　津	1	418	267	48381	18319
唐　山					
沈　阳	2	908	908	168148	98780
大　连	4	1922	1593	195309	126874
济　南	3	1227	1227	182041	241900
青　岛	1	225	219	80000	12648
长 三 角	**41**	**17387**	**15106**	**2761487**	**2731155**
上　海	2	349	349	160859	48537
南　京	4	1481	1345	322566	159226
苏　州	5	5049	4083	650464	917535
无　锡	2	796	590	204610	47593
常　州	2	994	907	105812	217291
镇　江					
南　通	5	1746	1324	163592	547753
扬　州					
泰　州	3	2526	2395	185000	165263
杭　州	4	1240	1164	284673	238895
宁　波	5	765	698	173988	106767
嘉　兴	2	308	280	89646	26959
湖　州	1	248	89	100000	36650
绍　兴	1	200	200	65000	66400
舟　山	1	1356	1356	142347	60529
台　州	4	329	326	112930	91757
珠 三 角	**4**	**1226**	**1061**	**427625**	**147668**
广　州	1	512	467	64892	19305
深　圳	2	234	228	65768	88779
珠　海					
佛　山					
江　门					
东　莞	1	480	366	296965	39584
中　山					
惠　州					
肇　庆					

2-20 续表 38

(装饰材料市场)

地　　区	市场数量（个）	总摊位数（个）	年末出租摊位数（个）	营业面积（平方米）	成交额（万元）
三大地带合计	**71**	**40615**	**37354**	**6081263**	**6752526**
环渤海	**15**	**8218**	**7796**	**756969**	**1338402**
北　京	4	1974	1811	282288	912385
天　津	2	570	570	42000	38400
唐　山					
沈　阳	5	2770	2570	141500	258019
大　连	2	1980	1960	119581	69000
济　南					
青　岛	2	924	885	171600	60598
长三角	**44**	**27969**	**25631**	**3786706**	**4011631**
上　海	4	3448	3157	308904	388199
南　京	5	2351	1972	446417	179820
苏　州	3	2330	2252	251320	73989
无　锡	3	1125	1054	481000	425632
常　州	2	705	423	153965	30896
镇　江	3	849	848	250000	219851
南　通	7	6593	5934	728531	615408
扬　州	2	1470	1350	201839	482627
泰　州	1	212	212	50000	12450
杭　州	4	1199	1020	143853	216872
宁　波	3	1035	1035	170924	189820
嘉　兴	4	4414	4200	253747	930465
湖　州					
绍　兴					
舟　山					
台　州	3	2238	2174	346206	245602
珠三角	**12**	**4428**	**3927**	**1537588**	**1402493**
广　州	4	1979	1704	260562	166863
深　圳	2	386	376	43726	35630
珠　海					
佛　山	6	2063	1847	1233300	1200000
江　门					
东　莞					
中　山					
惠　州					
肇　庆					

2-20 续表 39

(五金材料市场)

地　区	市场数量(个)	总摊位数(个)	年末出租摊位数(个)	营业面积(平方米)	成交额(万元)
三大地带合计	**32**	**26539**	**22239**	**1867383**	**5248590**
环渤海	**5**	**3983**	**3753**	**464742**	**1173834**
北　京	1	550	334	35000	30203
天　津	3	3283	3269	405742	1109981
唐　山					
沈　阳					
大　连					
济　南					
青　岛	1	150	150	24000	33650
长三角	**18**	**17394**	**14081**	**878693**	**3260682**
上　海	1	1820	1820	110000	63719
南　京					
苏　州	2	3318	2403	265888	325800
无　锡	1	1150	993	62900	228141
常　州	3	2375	1176	85282	307865
镇　江					
南　通	2	1008	788	45000	56286
扬　州	1	513	513	52000	66790
泰　州					
杭　州	1	986	986	17120	1005447
宁　波	2	1134	1072	68000	99350
嘉　兴					
湖　州					
绍　兴	1	775	550	32300	341570
舟　山					
台　州	4	4315	3780	140203	765714
珠三角	**9**	**5162**	**4405**	**523948**	**814074**
广　州	2	1627	1155	176786	256633
深　圳					
珠　海					
佛　山					
江　门					
东　莞	7	3535	3250	347162	557441
中　山					
惠　州					
肇　庆					

2-20 续表 40

(其他装修市场)

地 区	市场数量(个)	总摊位数(个)	年末出租摊位数(个)	营业面积(平方米)	成交额(万元)
三大地带合计	**28**	**19540**	**17639**	**2161730**	**2612408**
环渤海	**3**	**4100**	**3685**	**150893**	**143906**
北 京	1	1180	776	50000	16485
天 津					
唐 山					
沈 阳	1	2560	2560	37000	84517
大 连					
济 南					
青 岛	1	360	349	63893	42904
长三角	**25**	**15440**	**13954**	**2010837**	**2468502**
上 海	5	2696	2648	329340	113358
南 京					
苏 州	3	1770	1753	297176	699460
无 锡					
常 州					
镇 江					
南 通	3	1295	1271	196823	121052
扬 州	2	1290	1116	190000	352350
泰 州	1	378	377	80000	38052
杭 州	5	2856	2525	347553	400683
宁 波	1	40	32	3945	35780
嘉 兴	1	290	290	90000	71189
湖 州	1	350	132	96000	82728
绍 兴	2	3570	3570	330000	491850
舟 山					
台 州	1	905	240	50000	62000
珠三角					
广 州					
深 圳					
珠 海					
佛 山					
江 门					
东 莞					
中 山					
惠 州					
肇 庆					

2-20 续表 41

(汽车、摩托车及零配件市场)

地　区	市场数量（个）	总摊位数（个）	年末出租摊位数（个）	营业面积（平方米）	成交额（万元）
三大地带合计	**120**	**38298**	**32241**	**5620048**	**35902106**
环 渤 海	**32**	**18256**	**15267**	**2069951**	**12287434**
北　京	11	4299	3657	717892	8425192
天　津	3	1423	344	244648	431988
唐　山	1	243	243	62400	98838
沈　阳	5	3288	2968	283790	696193
大　连	3	6835	6322	349000	1690000
济　南	3	995	772	226938	514260
青　岛	6	1173	961	185283	430963
长 三 角	**69**	**16067**	**13313**	**2670600**	**19026243**
上　海	10	1828	959	256230	3715877
南　京	3	2630	2578	149960	840688
苏　州	1	268	214	466900	544298
无　锡	8	1472	1206	347500	1556804
常　州	2	960	733	515000	1118131
镇　江					
南　通	1	529	348	84600	163249
扬　州	2	376	364	70200	55018
泰　州					
杭　州	16	4652	4179	272682	6140487
宁　波	9	546	416	179614	1007155
嘉　兴	4	1794	1405	50045	1288950
湖　州	1	42	36	10000	74654
绍　兴	1	65	65	13000	51000
舟　山	1	1	1	12655	53800
台　州	10	904	809	242214	2416132
珠 三 角	**19**	**3975**	**3661**	**879497**	**4588429**
广　州	12	2907	2668	293247	1825196
深　圳					
珠　海					
佛　山	2	103	98	243250	1079020
江　门					
东　莞	3	878	810	93000	256477
中　山					
惠　州	2	87	85	250000	1427736
肇　庆					

2-20 续表 42

(汽车市场)

地 区	市场数量 (个)	总摊位数 (个)	年末出租摊位数 (个)	营业面积 (平方米)	成交额 (万元)
三大地带合计	**90**	**24854**	**21166**	**4418657**	**33508956**
环渤海	**22**	**12517**	**10642**	**1556585**	**11297136**
北 京	8	1513	1373	517424	7929300
天 津	3	1423	344	244648	431988
唐 山	1	243	243	62400	98838
沈 阳	2	1720	1720	117790	507744
大 连	3	6835	6322	349000	1690000
济 南	1	71	68	130000	267510
青 岛	4	712	572	135323	371756
长三角	**58**	**11673**	**9914**	**2219376**	**18205034**
上 海	7	356	346	157689	3528454
南 京	2	2130	2078	87960	785688
苏 州	1	268	214	466900	544298
无 锡	6	857	637	237000	1352294
常 州	2	960	733	515000	1118131
镇 江					
南 通	1	529	348	84600	163249
扬 州	1	26	22	5200	14167
泰 州					
杭 州	13	3415	3002	172725	5837162
宁 波	9	546	416	179614	1007155
嘉 兴	4	1794	1405	50045	1288950
湖 州	1	42	36	10000	74654
绍 兴	1	65	65	13000	51000
舟 山	1	1	1	12655	53800
台 州	9	684	611	226988	2386032
珠三角	**10**	**664**	**610**	**642696**	**4006786**
广 州	4	412	404	143446	1420553
深 圳					
珠 海					
佛 山	2	103	98	243250	1079020
江 门					
东 莞	2	62	23	6000	79477
中 山					
惠 州	2	87	85	250000	1427736
肇 庆					

2-20 续表 43

(机动车零配件市场)

地　区	市场数量(个)	总摊位数(个)	年末出租摊位数(个)	营业面积(平方米)	成交额(万元)
三大地带合计	**29**	**13224**	**10877**	**1186165**	**2363050**
环渤海	**10**	**5739**	**4625**	**513366**	**990298**
北　京	3	2786	2284	200468	495892
天　津					
唐　山					
沈　阳	3	1568	1248	166000	188449
大　连					
济　南	2	924	704	96938	246750
青　岛	2	461	389	49960	59207
长三角	**10**	**4174**	**3201**	**435998**	**791109**
上　海	3	1472	613	98541	187423
南　京	1	500	500	62000	55000
苏　州					
无　锡	2	615	569	110500	204510
常　州					
镇　江					
南　通					
扬　州	1	350	342	65000	40851
泰　州					
杭　州	3	1237	1177	99957	303325
宁　波					
嘉　兴					
湖　州					
绍　兴					
舟　山					
台　州					
珠三角	**9**	**3311**	**3051**	**236801**	**581643**
广　州	8	2495	2264	149801	404643
深　圳					
珠　海					
佛　山					
江　门					
东　莞	1	816	787	87000	177000
中　山					
惠　州					
肇　庆					

2-20 续表 44

(花鸟鱼虫市场)

地区	市场数量(个)	总摊位数(个)	年末出租摊位数(个)	营业面积(平方米)	成交额(万元)
三大地带合计	**11**	**9302**	**8515**	**1019696**	**4958033**
环渤海	**1**	**699**	**696**	**30300**	**15251**
北京					
天津	1	699	696	30300	15251
唐山					
沈阳					
大连					
济南					
青岛					
长三角	**8**	**7005**	**6221**	**938176**	**4794610**
上海	2	558	516	36128	31161
南京					
苏州					
无锡					
常州	1	2650	2600	460000	2033800
镇江					
南通	1	1400	1258	331000	1971237
扬州	1	512	512	48000	147011
泰州					
杭州	2	1750	1200	59208	570401
宁波					
嘉兴					
湖州					
绍兴					
舟山					
台州	1	135	135	3840	41000
珠三角	**2**	**1598**	**1598**	**51220**	**148172**
广州	1	1400	1400	18000	123172
深圳					
珠海					
佛山					
江门					
东莞	1	198	198	33220	25000
中山					
惠州					
肇庆					

2-20 续表 45

(旧货市场)

地　区	市场数量(个)	总摊位数(个)	年末出租摊位数(个)	营业面积(平方米)	成交额(万元)
三大地带合计	**6**	**4536**	**4138**	**133710**	**201813**
环渤海	**1**	**3283**	**3283**	**39000**	**31339**
北　京	1	3283	3283	39000	31339
天　津					
唐　山					
沈　阳					
大　连					
济　南					
青　岛					
长三角	**5**	**1253**	**855**	**94710**	**170474**
上　海					
南　京					
苏　州					
无　锡					
常　州					
镇　江					
南　通					
扬　州					
泰　州					
杭　州					
宁　波	2	186	184	32340	55654
嘉　兴	1	596	232	36859	37386
湖　州					
绍　兴					
舟　山					
台　州	2	471	439	25511	77434
珠三角					
广　州					
深　圳					
珠　海					
佛　山					
江　门					
东　莞					
中　山					
惠　州					
肇　庆					

2-20　续表 46

(其他专业市场)

地　　区	市场数量(个)	总摊位数(个)	年末出租摊位数(个)	营业面积(平方米)	成交额(万元)
三大地带合计	**10**	**4738**	**4267**	**259530**	**2998253**
环渤海	**4**	**2102**	**1871**	**77636**	**196941**
北　京	1	22	22	48636	16526
天　津					
唐　山					
沈　阳	3	2080	1849	29000	180415
大　连					
济　南					
青　岛					
长三角	**6**	**2636**	**2396**	**181894**	**2801312**
上　海	1	240	225	67000	130972
南　京					
苏　州	2	805	728	15200	2142703
无　锡					
常　州					
镇　江	1	1025	950	69185	503700
南　通					
扬　州	2	566	493	30509	23937
泰　州					
杭　州					
宁　波					
嘉　兴					
湖　州					
绍　兴					
舟　山					
台　州					
珠三角					
广　州					
深　圳					
珠　海					
佛　山					
江　门					
东　莞					
中　山					
惠　州					
肇　庆					

2-21 商品交易市场情况(按营业状态分)

(常年营业)

地区	市场数量(个)	总摊位数(个)	年末出租摊位数(个)	营业面积(平方米)	成交额(万元)
三大地带合计	**1513**	**1155226**	**995912**	**89462284**	**586942264**
环渤海	**301**	**282914**	**249348**	**19983420**	**101367444**
北京	84	68842	60637	5602250	40970906
天津	42	33812	26679	3108775	10728080
唐山	19	15519	11533	1068761	4030275
沈阳	51	54585	47387	2335551	15882858
大连	29	33303	30318	2056854	11819260
济南	26	19355	18623	1593345	5316868
青岛	50	57498	54171	4217884	12619197
长三角	**971**	**648282**	**572342**	**54440025**	**435937395**
上海	117	57731	48473	4106853	101040386
南京	39	39918	37667	2882208	14714759
苏州	64	76617	70190	8454302	82694829
无锡	51	49776	42326	6433562	46191944
常州	52	40117	30960	4907068	22576441
镇江	13	6953	6197	1127331	1978012
南通	79	46294	41276	4223722	22502425
扬州	38	15923	14251	1593425	4714378
泰州	24	17582	15169	1775931	3600679
杭州	131	75087	68534	3643716	30745738
宁波	111	53734	48939	3955417	36220243
嘉兴	64	56634	53208	3448948	21286998
湖州	29	12389	9273	1056819	2249367
绍兴	41	52735	46703	4159229	32470731
舟山	12	6346	5550	327605	2433083
台州	106	40446	33626	2343889	10517382
珠三角	**241**	**224030**	**174222**	**15038839**	**49637425**
广州	110	95281	76627	5780397	20028791
深圳	28	52454	33931	1682261	6346952
珠海	6	3508	3038	77990	1501009
佛山	21	14272	13086	2684054	6495691
江门	7	3591	2605	179477	920441
东莞	52	37003	29518	4067698	11458701
中山	3	2630	2292	77142	62098
惠州	4	4634	4231	392000	2218348
肇庆	10	10657	8894	97820	605394

2-21 续表 1

(季节性营业)

地 区	市场数量 (个)	总摊位数 (个)	年末出租摊位数 (个)	营业面积 (平方米)	成交额 (万元)
三大地带合计	**11**	**7498**	**4922**	**488226**	**1054952**
环渤海	**5**	**5375**	**2914**	**286000**	**302072**
北京	2	4000	1760	249000	109506
天津					
唐山					
沈阳	1	345	345	4000	112338
大连					
济南					
青岛	2	1030	809	33000	80228
长三角	**6**	**2123**	**2008**	**202226**	**752880**
上海					
南京					
苏州	2	344	343	24340	59800
无锡					
常州					
镇江					
南通	1	650	536	10000	45363
扬州	1	185	185	10800	355985
泰州					
杭州	1	102	102	3500	31578
宁波	1	842	842	153586	260154
嘉兴					
湖州					
绍兴					
舟山					
台州					
珠三角					
广州					
深圳					
珠海					
佛山					
江门					
东莞					
中山					
惠州					
肇庆					

2-21　续表 2

(其他)

地　区	市场数量(个)	总摊位数(个)	年末出租摊位数(个)	营业面积(平方米)	成交额(万元)
三大地带合计	**1**	**152**	**152**	**38568**	**122007**
环 渤 海					
北　京					
天　津					
唐　山					
沈　阳					
大　连					
济　南					
青　岛					
长 三 角	**1**	**152**	**152**	**38568**	**122007**
上　海	1	152	152	38568	122007
南　京					
苏　州					
无　锡					
常　州					
镇　江					
南　通					
扬　州					
泰　州					
杭　州					
宁　波					
嘉　兴					
湖　州					
绍　兴					
舟　山					
台　州					
珠 三 角					
广　州					
深　圳					
珠　海					
佛　山					
江　门					
东　莞					
中　山					
惠　州					
肇　庆					

2-22 商品交易市场情况(按经营方式分)

(批发为主)

地区	市场数量(个)	总摊位数(个)	年末出租摊位数(个)	营业面积(平方米)	成交额(万元)
三大地带合计	**808**	**794524**	**685251**	**67563597**	**522472209**
环渤海	**175**	**190000**	**165561**	**14455583**	**85832996**
北京	30	37326	30484	3179915	30308134
天津	32	27283	22572	2613446	10269936
唐山	13	11795	8671	910215	3775322
沈阳	31	35205	30381	1761504	14632745
大连	16	15932	14784	1259930	10227485
济南	18	12481	11752	1089789	4519267
青岛	35	49978	46917	3640784	12100107
长三角	**464**	**419801**	**376856**	**40089674**	**392506454**
上海	45	31455	27340	2388188	95007474
南京	15	21582	20025	1415881	11594061
苏州	37	67205	62446	7220695	81185988
无锡	31	29849	23954	4924956	41348819
常州	31	27322	21353	3888194	20387576
镇江	7	4750	4220	975831	1700002
南通	28	21381	19794	2788020	19785090
扬州	23	9323	8152	1065362	3800441
泰州	14	10663	8816	1498427	2822684
杭州	69	49553	45337	2383690	22787519
宁波	52	34322	32824	3054968	33525156
嘉兴	29	39185	37885	2736528	18878660
湖州	10	4428	2984	700945	1153691
绍兴	23	39906	37017	3430968	30579793
舟山	5	2855	2579	153882	2115981
台州	45	26022	22130	1463139	5833519
珠三角	**169**	**184723**	**142834**	**13018340**	**44132759**
广州	90	88119	70781	5349249	18154535
深圳	16	46080	28453	1392305	5943616
珠海	3	1978	1684	65800	1452819
佛山	15	12404	11595	2330395	5315926
江门	2	718	717	86000	760200
东莞	38	28660	23579	3435069	10970742
中山	2	2159	1821	67522	49773
惠州	3	4605	4204	292000	1485148
肇庆					

2-22 续表

(零售为主)

地 区	市场数量(个)	总摊位数(个)	年末出租摊位数(个)	营业面积(平方米)	成交额(万元)
三大地带合计	**717**	**368352**	**315735**	**22425481**	**65647014**
环渤海	**131**	**98289**	**86701**	**5813837**	**15836520**
北 京	56	35516	31913	2671335	10772278
天 津	10	6529	4107	495329	458144
唐 山	6	3724	2862	158546	254953
沈 阳	21	19725	17351	578047	1362451
大 连	13	17371	15534	796924	1591775
济 南	8	6874	6871	503556	797601
青 岛	17	8550	8063	610100	599318
长三角	**514**	**230756**	**197646**	**14591145**	**44305828**
上 海	73	26428	21285	1757233	6154919
南 京	24	18336	17642	1466327	3120698
苏 州	29	9756	8087	1257947	1568641
无 锡	20	19927	18372	1508606	4843125
常 州	21	12795	9607	1018874	2188865
镇 江	6	2203	1977	151500	278010
南 通	52	25563	22018	1445702	2762698
扬 州	16	6785	6284	538863	1269922
泰 州	10	6919	6353	277504	777995
杭 州	63	25636	23299	1263526	7989797
宁 波	60	20254	16957	1054035	2955241
嘉 兴	35	17449	15323	712420	2408338
湖 州	19	7961	6289	355874	1095676
绍 兴	18	12829	9686	728261	1890938
舟 山	7	3491	2971	173723	317102
台 州	61	14424	11496	880750	4683863
珠三角	**72**	**39307**	**31388**	**2020499**	**5504666**
广 州	20	7162	5846	431148	1874256
深 圳	12	6374	5478	289956	403336
珠 海	3	1530	1354	12190	48190
佛 山	6	1868	1491	353659	1179765
江 门	5	2873	1888	93477	160241
东 莞	14	8343	5939	632629	487959
中 山	1	471	471	9620	12325
惠 州	1	29	27	100000	733200
肇 庆	10	10657	8894	97820	605394

2-23 商品交易市场情况(按经营环境分)

(露天式)

地区	市场数量(个)	总摊位数(个)	年末出租摊位数(个)	营业面积(平方米)	成交额(万元)
三大地带合计	**145**	**75288**	**64024**	**10856954**	**58064025**
环渤海	**58**	**38398**	**31247**	**5851612**	**33443275**
北京	13	13266	10399	2142789	24126212
天津	13	10493	7846	945428	2647403
唐山	4	724	724	186070	1104095
沈阳	9	5781	5040	380800	3380740
大连	2	955	865	609000	280000
济南	5	1352	1122	243938	452618
青岛	12	5827	5251	1343587	1452207
长三角	**60**	**27110**	**23752**	**3241222**	**20262033**
上海	7	3536	2564	387421	2797237
南京	2	913	402	58500	347494
苏州	1	580	520	66000	31700
无锡	5	2358	1532	279903	2812488
常州	5	3160	3005	649529	4169745
镇江	2	514	344	55196	347809
南通	4	2490	2489	162426	1695389
扬州	6	967	948	170457	500235
泰州	3	405	405	178800	307427
杭州	7	1003	778	97459	674302
宁波	11	7226	7030	756522	3052026
嘉兴					
湖州	2	700	606	15509	116568
绍兴	4	3090	3009	343500	3280853
舟山					
台州	1	168	120	20000	128760
珠三角	**27**	**9780**	**9025**	**1764120**	**4358717**
广州	7	2424	2291	227384	759109
深圳	3	595	561	44394	78724
珠海					
佛山	2	820	798	198997	201900
江门					
东莞	10	4535	4116	1000042	1838892
中山	1	859	761	27522	34316
惠州	2	87	85	250000	1427736
肇庆	2	460	413	15781	18040

2-23 续表 1

(封闭式)

地 区	市场数量（个）	总摊位数（个）	年末出租摊位数（个）	营业面积（平方米）	成交额（万元）
三大地带合计	**1220**	**975257**	**843563**	**66834167**	**436615830**
环 渤 海	**229**	**228729**	**205180**	**12695425**	**61046703**
北　京	69	53563	46553	3500186	15391687
天　津	27	22428	18460	2040941	7815788
唐　山	13	11111	9760	687251	2691137
沈　阳	42	48769	42312	1743751	11592242
大　连	24	25966	23726	1161854	8482652
济　南	18	17132	16653	1163807	4417360
青　岛	36	49760	47716	2397635	10655837
长 三 角	**810**	**557082**	**495085**	**43176744**	**340385147**
上　海	90	41748	35660	2538953	83796805
南　京	37	39005	37265	2823708	14367265
苏　州	54	68561	62899	7386693	48814746
无　锡	36	37102	34027	3838129	34431548
常　州	37	31816	23134	3130718	14799124
镇　江	10	4431	3890	547135	1197176
南　通	67	39567	35126	3655736	18394430
扬　州	26	13051	11780	1156568	4001017
泰　州	19	13968	12033	1525131	2774680
杭　州	113	66688	61270	3169396	25003183
宁　波	94	44270	40159	3137024	32154964
嘉　兴	62	56528	53105	3433248	21012229
湖　州	26	11189	8211	1037710	2101842
绍　兴	31	45066	39846	3303190	26886287
舟　山	11	5166	4370	222605	906529
台　州	97	38926	32310	2270800	9743322
珠 三 角	**181**	**189446**	**143298**	**10961998**	**35183980**
广　州	96	87033	68866	5165350	16342322
深　圳	22	50458	32120	1612434	5721110
珠　海	6	3508	3038	77990	1501009
佛　山	13	5864	4784	1402270	2056511
江　门	4	2045	1343	109327	347149
东　莞	32	27833	22622	2461613	8554389
中　山	2	1771	1531	49620	27782
惠　州	1	1298	1048	12000	113947
肇　庆	5	9636	7946	71394	519761

2-23 续表 2

(其他)

地区	市场数量(个)	总摊位数(个)	年末出租摊位数(个)	营业面积(平方米)	成交额(万元)
三大地带合计	**160**	**112331**	**93399**	**12297957**	**93439368**
环渤海	**19**	**21162**	**15835**	**1722383**	**7179538**
北京	4	6013	5445	208275	1562513
天津	2	891	373	122406	264889
唐山	2	3684	1049	195440	235043
沈阳	1	380	380	215000	1022214
大连	3	6382	5727	286000	3056608
济南	3	871	848	185600	446890
青岛	4	2941	2013	509662	591381
长三角	**108**	**66365**	**55665**	**8262853**	**76165102**
上海	21	12599	10401	1219047	14568351
南京					
苏州	11	7820	7114	1025949	33908183
无锡	10	10316	6767	2315530	8947908
常州	10	5141	4821	1126821	3607572
镇江	1	2008	1963	525000	433027
南通	9	4887	4197	415560	2457969
扬州	7	2090	1708	277200	569111
泰州	2	3209	2731	72000	518572
杭州	12	7498	6588	380361	5099831
宁波	7	3080	2592	215457	1273407
嘉兴	2	106	103	15700	274769
湖州	1	500	456	3600	30957
绍兴	6	4579	3848	512539	2303591
舟山	1	1180	1180	105000	1526554
台州	8	1352	1196	53089	645300
珠三角	**33**	**24804**	**21899**	**2312721**	**10094728**
广州	7	5824	5470	387663	2927360
深圳	3	1401	1250	25433	547118
珠海					
佛山	6	7588	7504	1082787	4237280
江门	3	1546	1262	70150	573292
东莞	10	4635	2780	606043	1065420
中山					
惠州	1	3249	3098	130000	676665
肇庆	3	561	535	10645	67593

2-24 商品交易市场成交情况(按摊位分)

地区	粮油、食品类		#粮油类		#肉禽蛋类	
	摊位数(个)	成交额(万元)	摊位数(个)	成交额(万元)	摊位数(个)	成交额(万元)
三大地带合计	**279628**	**152087086**	**26365**	**22358988**	**49379**	**24283012**
环渤海	**86154**	**54216348**	**5459**	**3482362**	**12093**	**5278280**
北京	23407	27086269	1002	1464652	3605	2487790
天津	12302	5917085	1471	810912	1055	634095
唐山	4359	1420401	253	132594	812	165955
沈阳	7209	7458800	710	323622	1154	96227
大连	5751	2256703	634	162858	875	225130
济南	5635	3537187	221	70459	784	1236205
青岛	27491	6539903	1168	517265	3808	432878
长三角	**156546**	**79015081**	**16876**	**17376469**	**29062**	**14359949**
上海	20900	10905133	2611	844678	3881	1727444
南京	9605	9890988	2361	3499387	2323	2595876
苏州	10936	11447087	1028	5927707	2214	1514854
无锡	7626	5088487	1395	518148	1452	1491101
常州	5768	5150821	396	526944	2419	1691692
镇江	956	263682	90	17101	220	59388
南通	14326	3516161	1059	1030641	2868	821955
扬州	4169	2492705	767	303056	728	119926
泰州	3482	1540393	283	584111	736	226571
杭州	21943	9819827	2006	2431604	3856	2084863
宁波	21022	5302407	1088	361921	2849	807659
嘉兴	9876	4818463	1501	375905	1601	295809
湖州	5531	1298676	431	113288	1458	271111
绍兴	6170	2125690	698	428803	740	248755
舟山	3169	1812906	85	6954	202	64975
台州	11067	3541655	1077	406221	1515	337970
珠三角	**36928**	**18855657**	**4030**	**1500157**	**8224**	**4644783**
广州	9111	4887823	918	146773	1668	349942
深圳	8294	4414520	1102	318986	1327	802480
珠海	2462	1479817	80	5182	294	248885
佛山	5414	1598206	135	99485	2076	905556
江门	1796	841809	230	23871	537	439060
东莞	7623	5454146	981	872147	1734	1836993
中山	1117	44335	388	7793	172	8103
惠州	95	21582				
肇庆	1016	113419	196	25920	416	53764

2-24 续表 1

地区	#水产品类		#蔬菜类		#干鲜果品类	
	摊位数（个）	成交额（万元）	摊位数（个）	成交额（万元）	摊位数（个）	成交额（万元）
三大地带合计	**58137**	**35490582**	**92475**	**30445204**	**44950**	**37108836**
环渤海	**16987**	**13489576**	**29505**	**13134580**	**18368**	**17809132**
北京	2946	2663664	8092	8119577	5320	12018106
天津	1232	1532491	6059	1632953	2475	1036634
唐山	846	293985	1355	538537	997	267580
沈阳	2083	4162480	1303	360719	1325	2440676
大连	1563	816710	1707	464867	812	350058
济南	1889	1574785	2252	517465	452	134963
青岛	6428	2445461	8737	1500462	6987	1561115
长三角	**35299**	**19460007**	**50688**	**12821268**	**20545**	**13705852**
上海	5221	3348521	5704	2091341	3259	2872007
南京	1760	1942679	2504	1043857	640	799786
苏州	2103	1586033	3314	1118963	2220	1292866
无锡	996	860835	2257	614784	891	975323
常州	729	1306165	1561	1066185	467	559421
镇江	109	20442	369	80268	168	86483
南通	3102	713117	5748	551411	1242	288170
扬州	610	316361	1539	1335677	524	417615
泰州	901	419922	1357	217676	205	77522
杭州	3630	2209215	8403	934313	3511	1961095
宁波	7177	2252106	6887	1264907	1256	400751
嘉兴	1332	301381	2725	1037937	2565	2746869
湖州	880	288007	1863	300117	735	300588
绍兴	1017	488745	2672	486066	1035	473159
舟山	1957	1661803	868	71331	57	7843
台州	3775	1744675	2917	606435	1770	446354
珠三角	**5851**	**2540999**	**12282**	**4489356**	**6037**	**5593852**
广州	1357	1079020	3689	1345694	1131	1955548
深圳	1656	950346	2696	1354648	1499	984420
珠海	388	14913	1199	550999	454	659838
佛山	1204	259806	1854	285966	145	47393
江门	266	85397	422	8258	341	285223
东莞	618	121782	1880	914137	2410	1658646
中山	253	15181	304	13258		
惠州						
肇庆	109	14554	238	16396	57	2784

2-24 续表 2

地区	饮料类		烟酒类		服装、鞋帽、针纺织品类	
	摊位数（个）	成交额（万元）	摊位数（个）	成交额（万元）	摊位数（个）	成交额（万元）
三大地带合计	**11123**	**3724587**	**7185**	**3938004**	**310548**	**118352785**
环渤海	**3563**	**1105974**	**3258**	**1580470**	**67066**	**10731168**
北京	1081	534042	884	788553	10858	378203
天津	272	105384	278	188053	3450	175770
唐山	266	66113	202	68662	4237	799666
沈阳	321	34757	95	6207	21341	4255893
大连	251	102967	75	14482	7644	1381200
济南	691	199216	37	3082	4768	440201
青岛	681	63495	1687	511431	14768	3300235
长三角	**6242**	**2331001**	**3419**	**2092205**	**177533**	**94119548**
上海	921	60677	80	14248	7197	575099
南京	352	425601	193	596630	5812	635414
苏州	169	136083	287	225824	34108	30852060
无锡	317	76445	312	75819	6026	950794
常州	580	194131	314	85441	4074	651656
镇江	39	2365	163	46460	1535	207094
南通	505	106472	524	119416	11278	14296553
扬州	108	38967	145	43951	2998	623824
泰州	142	10921	222	10429	3029	116797
杭州	735	349128	316	280010	21036	5247503
宁波	504	125964	468	442638	7637	967336
嘉兴	43	20668	52	47072	33797	11507990
湖州	444	151819	135	30076	856	278703
绍兴	1197	586387	64	36182	30958	25409972
舟山			10	60	5	70
台州	186	45373	134	37949	7187	1798683
珠三角	**1318**	**287612**	**508**	**265329**	**65949**	**13502069**
广州	491	115734	178	33477	40076	9685411
深圳	374	51541	137	168717	8884	411170
珠海	22	1892	25	2453	256	7062
佛山	89	38739	47	25544	4042	1961480
江门	102	24099	48	3218	186	6881
东莞	213	53263	57	29332	8686	954825
中山	12	326			1160	17402
惠州	8	1674	8	2358	2531	453431
肇庆	7	344	8	230	128	4407

2-24 续表 3

地 区	服装类		鞋帽类		针纺织品类	
	摊位数（个）	成交额（万元）	摊位数（个）	成交额（万元）	摊位数（个）	成交额（万元）
三大地带合计	**169032**	**35224743**	**29157**	**5652429**	**112359**	**77475613**
环渤海	**42177**	**6726957**	**10829**	**1507174**	**14060**	**2497037**
北 京	7843	274929	1503	39881	1512	63393
天 津	2740	161337	481	7189	229	7244
唐 山	3126	296452	721	392820	390	110394
沈 阳	11158	2977888	3851	356339	6332	921666
大 连	3937	663001	1133	197707	2574	520492
济 南	2640	188619	1484	209060	644	42522
青 岛	10733	2164731	1656	304178	2379	831326
长三角	**90732**	**24276623**	**12341**	**3320994**	**74460**	**66521931**
上 海	5677	529209	245	12768	1275	33122
南 京	3797	361704	886	114408	1129	159302
苏 州	21138	11580094	2816	1375361	10154	17896605
无 锡	3156	446541	1240	334351	1630	169902
常 州	1973	195057	977	84085	1124	372514
镇 江	821	92329	579	88951	135	25814
南 通	1722	207258	728	99238	8828	13990057
扬 州	733	70082	531	137167	1734	416575
泰 州	2173	82147	496	22594	360	12056
杭 州	15104	2543620	873	37477	5059	2666406
宁 波	5233	723511	832	157174	1572	86651
嘉 兴	23525	6097616	215	276663	10057	5133711
湖 州	337	54062	157	40168	362	184473
绍 兴	1271	207619	225	80037	29462	25122316
舟 山	3	55	2	15		
台 州	4069	1085719	1539	460537	1579	252427
珠三角	**36123**	**4221163**	**5987**	**824261**	**23839**	**8456645**
广 州	21162	3011882	4456	626869	14458	6046660
深 圳	5779	141966	528	56466	2577	212738
珠 海	211	3321	29	1958	16	1783
佛 山	168	62950	71	25033	3803	1873497
江 门	149	4466	15	863	22	1552
东 莞	5551	656361	456	38358	2679	260106
中 山	1079	15958	79	1428	2	16
惠 州	1922	320846	338	72897	271	59688
肇 庆	102	3413	15	389	11	605

2-24 续表 4

地区	化妆品类		金银珠宝类		日用品类	
	摊位数(个)	成交额(万元)	摊位数(个)	成交额(万元)	摊位数(个)	成交额(万元)
三大地带合计	**5240**	**637777**	**12047**	**4308625**	**57993**	**13344409**
环渤海	**1333**	**183402**	**893**	**157795**	**16245**	**2969217**
北京	137	9553	368	96254	3965	681648
天津	188	18877	27	654	794	88434
唐山	108	39623	84	29113	618	212093
沈阳	49	3740			4456	913751
大连	190	83891	53	14558	1269	456930
济南	251	12671	251	5880	1559	112685
青岛	410	15047	110	11336	3584	503676
长三角	**1597**	**292077**	**2213**	**3537284**	**28577**	**8990641**
上海	60	4897	12	3462	799	2307694
南京	16	959	10	200	2537	571817
苏州	52	11639	234	344012	3606	1649567
无锡	294	46621	100	7482	6073	1182707
常州	17	2495	18	3983	4423	1200581
镇江	30	1789	7	919	178	2626
南通	176	55327	25	2131	1003	205806
扬州	173	41214			515	111985
泰州	285	23821			472	16207
杭州	148	4853	364	1595851	2934	572536
宁波	147	26445			2060	380056
嘉兴	45	2952	4	189	887	152299
湖州	48	44778	6	1130	134	40605
绍兴	21	3472	1433	1577925	402	229904
舟山					1	181
台州	85	20815			2553	366070
珠三角	**2310**	**162298**	**8941**	**613546**	**13171**	**1384551**
广州	2000	103086	572	36197	10944	1138632
深圳	131	8427	593	39791	836	22467
珠海	6	377			87	3731
佛山	20	10765			463	145057
江门	12	452			348	13622
东莞	6	75			43	2347
中山						
惠州	135	39116	256	54648	365	57565
肇庆			7520	482910	85	1130

2-24 续表 5

地区	五金、电料类		体育、娱乐用品类		#照相器材类	
	摊位数（个）	成交额（万元）	摊位数（个）	成交额（万元）	摊位数（个）	成交额（万元）
三大地带合计	**38529**	**9802196**	**2410**	**570206**	**492**	**70086**
环渤海	**6261**	**1628710**	**965**	**303018**	**165**	**24545**
北京	1028	205623	299	32853	149	23751
天津	2332	818386	129	21794		
唐山	317	170601	75	173040		
沈阳	587	16605	38	6700		
大连	479	85281	97	35019	7	272
济南	546	14379	86	7780		
青岛	972	317835	241	25832	9	522
长三角	**23334**	**6542847**	**882**	**161886**	**221**	**41961**
上海	3324	183838	216	37794	197	36862
南京	630	222488	13	1285		
苏州	2338	662461	19	3115		
无锡	3043	732670	45	13288	2	88
常州	1734	586811	11	1790		
镇江	54	4255	8	339	2	216
南通	1373	179337	114	23391	2	23
扬州	548	65122				
泰州	1185	361822	133	5367	15	712
杭州	2572	1822452	40	7986		
宁波	2293	569265	91	8263		
嘉兴	357	9678				
湖州	180	42502	11	1152		
绍兴	850	449780	18	17561	3	4060
舟山	2	25				
台州	2851	650341	163	40555		
珠三角	**8934**	**1630639**	**563**	**105302**	**106**	**3580**
广州	3268	900354	402	53180	100	3190
深圳	2681	177378	38	15766		
珠海	17	760	7	541	6	390
佛山	210	84934	57	25674		
江门	8	296	10	411		
东莞	2635	445605	4	46		
中山						
惠州	113	21305	45	9684		
肇庆	2	7				

2-24 续表 6

地区	书报杂志类		电子出版物及音像制品类		家用电器和音像器材类	
	摊位数(个)	成交额(万元)	摊位数(个)	成交额(万元)	摊位数(个)	成交额(万元)
三大地带合计	**409**	**54116**	**575**	**113489**	**8104**	**1040323**
环 渤 海	**116**	**15006**	**265**	**55061**	**2393**	**367414**
北 京	6	265	211	52876	491	110298
天 津	3	156	1	40	34	1619
唐 山					74	78958
沈 阳	62	13000			525	17634
大 连	5	511	44	687	329	109867
济 南	4	253			557	9658
青 岛	36	821	9	1458	383	39380
长 三 角	**202**	**19986**	**276**	**51544**	**2614**	**478384**
上 海	4	2623	3	334	117	23168
南 京	2	13	2	7	328	16461
苏 州	2	22	4	186	601	24489
无 锡	107	7510	15	598	187	76827
常 州	4	351	47	18416	28	3696
镇 江	5	127	7	172	25	1418
南 通	42	8583	26	6240	145	55439
扬 州	1	191			43	1189
泰 州	3	9	19	275	253	33935
杭 州	27	540	2	14	373	109542
宁 波	5	17			160	27583
嘉 兴					2	633
湖 州			11	1743	5	507
绍 兴					68	22414
舟 山						
台 州			140	23559	279	81083
珠 三 角	**91**	**19124**	**34**	**6884**	**3097**	**194525**
广 州	90	19023			680	103200
深 圳					2211	42944
珠 海						
佛 山					50	14647
江 门	1	101	1	98		
东 莞					1	29
中 山						
惠 州			33	6786	151	32436
肇 庆					4	1269

2-24 续表 7

地区	中西药品类		#西药类		#中草药及中成药类	
	摊位数（个）	成交额（万元）	摊位数（个）	成交额（万元）	摊位数（个）	成交额（万元）
三大地带合计	**924**	**351768**	**102**	**217179**	**735**	**118394**
环渤海	**86**	**4014**	**18**	**1302**	**4**	**758**
北京	5	447	4	178	1	269
天津	11	1264	5	748	2	456
唐山	5	157	3	147		
沈阳						
大连	7	1088	2	73		
济南						
青岛	58	1058	4	156	1	33
长三角	**358**	**329828**	**76**	**215006**	**267**	**102144**
上海	163	20659	4	1228	158	19159
南京						
苏州						
无锡	31	106636	15	36676	15	58460
常州	3	172991	3	172991		
镇江	37	2341	22	1606	15	735
南通	25	2711	19	2229	6	482
扬州	12	165	12	165		
泰州						
杭州	4	399	1	111	2	258
宁波						
嘉兴						
湖州	9	811			1	8
绍兴	5	86			1	13
舟山						
台州	69	23029			69	23029
珠三角	**480**	**17926**	**8**	**871**	**464**	**15492**
广州	421	12101	2	529	419	11572
深圳	37	3648	3	74	34	3574
珠海	4	502	1	172	3	330
佛山						
江门	6	647	1	42		
东莞	4	1012	1	54		
中山						
惠州						
肇庆	8	16			8	16

2-24 续表 8

地区	文化办公用品类		#计算机及其配套产品		家具类	
	摊位数（个）	成交额（万元）	摊位数（个）	成交额（万元）	摊位数（个）	成交额（万元）
三大地带合计	**14542**	**1850681**	**8717**	**811781**	**31592**	**5087083**
环渤海	**4470**	**788451**	**2303**	**407283**	**10124**	**1087159**
北京	1701	215110	1257	159860	4358	531554
天津	117	5178	9	235	145	13733
唐山	331	96095			26	2139
沈阳	224	37000			2137	148220
大连	1109	351888	652	196699	1414	79576
济南	418	15851			1329	251660
青岛	570	67329	385	50489	715	60277
长三角	**6128**	**871615**	**3105**	**323472**	**20146**	**3803638**
上海	451	56860	161	21483	1453	121100
南京	213	41950	189	29880	2113	199714
苏州	131	52743	5	120	4588	1178446
无锡	1057	176150	93	28225	753	111206
常州	462	58646	301	39750	814	178623
镇江	14	1094	6	637	23	3407
南通	230	68785	7	951	1915	584070
扬州	151	55948			781	214828
泰州	92	2411	13	196	1426	129761
杭州	1911	142082	1301	62573	1753	377987
宁波	437	52011	264	39040	1320	240012
嘉兴	37	8461	23	6020	223	21648
湖州	7	656			407	52486
绍兴	157	39741	150	30641	849	207483
舟山					1356	60529
台州	778	114077	592	63956	372	122338
珠三角	**3944**	**190615**	**3309**	**81026**	**1322**	**196286**
广州	632	129334	453	68031	733	87235
深圳	3036	14531	2856	12995	136	33294
珠海	7	338				
佛山	56	12985			73	28855
江门	21	535			2	7137
东莞	50	1302			378	39765
中山						
惠州	142	31590				
肇庆						

2-24 续表 9

地区	通讯器材类		煤炭及制品类		木材及制品类	
	摊位数（个）	成交额（万元）	摊位数（个）	成交额（万元）	摊位数（个）	成交额（万元）
三大地带合计	**7434**	**679828**	**2853**	**2571661**	**8423**	**2119322**
环渤海	**1065**	**196623**	**2716**	**1156300**	**863**	**141733**
北京	256	87263			22	2667
天津	10	442	2716	1156300		
唐山	19	1124				
沈阳	9	1820			286	35865
大连	478	95657			349	10000
济南	204	4652				
青岛	89	5665			206	93201
长三角	**3092**	**358712**	**137**	**1415361**	**4412**	**1228376**
上海	22	13991			979	453546
南京					15	3240
苏州	840	24000			429	41295
无锡	93	20810	55	858142	697	35966
常州	48	4625			664	111298
镇江	27	1870	4	254	83	56946
南通	104	24924			202	60816
扬州					112	122548
泰州			35	3786		
杭州	941	112527			280	154318
宁波	188	26932	32	433315	306	82235
嘉兴	16	4000	9	119714		
湖州	2	260	2	150	143	9683
绍兴	4	1415			71	24735
舟山						
台州	807	123358			431	71750
珠三角	**3277**	**124493**			**3148**	**749213**
广州	61	3690			188	32369
深圳	3119	100930				
珠海	5	250				
佛山						
江门						
东莞					2960	716844
中山						
惠州	89	19620				
肇庆	3	3				

2-24 续表 10

地区	石油及制品类		化工材料及制品类		#化肥类	
	摊位数(个)	成交额(万元)	摊位数(个)	成交额(万元)	摊位数(个)	成交额(万元)
三大地带合计	**681**	**13364919**	**13068**	**35097512**	**82**	**16718**
环渤海	**163**	**4570324**	**483**	**37177**	**7**	**2752**
北京			50	17653		
天津	3	324	8	2589	2	1867
唐山						
沈阳			410	15000		
大连	160	4570000				
济南			5	670		
青岛			10	1265	5	885
长三角	**517**	**8794325**	**7584**	**31678633**	**74**	**13911**
上海	301	8320000	60	6748		
南京						
苏州			1105	10423137		
无锡			1011	7660647	4	7280
常州			789	2491844		
镇江	9	2154	50	92427	2	810
南通			38	21058	6	135
扬州						
泰州			82	14728	62	5686
杭州	190	408300	351	295243		
宁波			3530	9284104		
嘉兴	15	61887	96	1177477		
湖州			5	645		
绍兴	2	1984	110	49155		
舟山						
台州			357	161420		
珠三角	**1**	**270**	**5001**	**3381702**	**1**	**55**
广州			16	3515		
深圳			311	148532		
珠海						
佛山						
江门			1	55	1	55
东莞	1	270	4673	3229600		
中山						
惠州						
肇庆						

2-24 续表 11

地 区	金属材料类		建筑及装潢材料类		机电产品及设备类	
	摊位数（个）	成交额（万元）	摊位数（个）	成交额（万元）	摊位数（个）	成交额（万元）
三大地带合计	**27218**	**147445233**	**79684**	**16924190**	**9833**	**3381318**
环 渤 海	**3904**	**4940299**	**13379**	**2138647**	**768**	**256906**
北 京	448	330053	4480	1291569	86	10370
天 津	891	1290354	1113	141653	530	218443
唐 山	98	706250	31	16130	12	8750
沈 阳	1736	1785492	3816	413242	1	98
大 连	113	221500	2723	150730		
济 南	162	99920			31	2100
青 岛	456	506730	1216	125323	108	17145
长 三 角	**21577**	**141684932**	**62082**	**13217992**	**8778**	**3053677**
上 海	1842	72290848	5497	1398635	692	173012
南 京			12663	1249097		
苏 州	2713	21697302	5641	581425	1443	189655
无 锡	7471	24526706	3211	1046410	1032	1573289
常 州	1235	3666769	4057	2635038	1073	134006
镇 江	127	407916	814	193157	902	169598
南 通	493	125731	6319	703260	223	102982
扬 州	336	272720	2553	638514	181	24237
泰 州	507	549095	2430	205467	465	33656
杭 州	758	1065828	4985	1189992	538	425606
宁 波	3985	15604043	3891	1573427	125	19662
嘉 兴	78	168000	5167	1048480	193	16421
湖 州	1	10	236	74085	21	3100
绍 兴	1413	991264	2186	377083	234	62293
舟 山					905	35560
台 州	618	318700	2432	303922	751	90600
珠 三 角	**1737**	**820002**	**4223**	**1567551**	**287**	**70735**
广 州	660	514265	1753	206763	24	3738
深 圳	286	3300	494	87626		
珠 海	2	130				
佛 山	372	190070	1847	1200000	21	7111
江 门						
东 莞	417	112237	129	73162	242	59886
中 山						
惠 州						
肇 庆						

2-24 续表 12

地区	#农机类		汽车类		种子饲料类	
	摊位数(个)	成交额(万元)	摊位数(个)	成交额(万元)	摊位数(个)	成交额(万元)
三大地带合计	**832**	**162396**	**32421**	**36078330**	**469**	**101581**
环渤海	**111**	**15756**	**15281**	**12331095**	**254**	**25674**
北京			3657	8425192	4	159
天津			356	473718	25	16452
唐山			249	101036		
沈阳			2963	695881	220	8995
大连			6322	1690000		
济南	25	1700	772	514260		
青岛	86	14056	962	431008	5	68
长三角	**721**	**146640**	**13475**	**19154380**	**193**	**75035**
上海			963	3716927	4	85
南京			2585	842788		
苏州	118	29752	216	547293	7	206
无锡	4	1598	1209	1558990		
常州	241	36735	734	1172038	9	276
镇江	78	9830	3	2746	3	356
南通	79	47989	352	165110	58	13283
扬州	71	10630	364	55018	10	257
泰州	130	10106				
杭州			4179	6140487	5	918
宁波			416	1007155	3	5289
嘉兴			1405	1288950	73	48633
湖州			370	164002		
绍兴			67	53044		
舟山			1	53800		
台州			611	2386032	21	5732
珠三角			**3665**	**4592855**	**22**	**872**
广州			2668	1825196	12	327
深圳			4	4426		
珠海						
佛山			98	1079020	4	457
江门					2	61
东莞			810	256477	3	25
中山						
惠州			85	1427736		
肇庆					1	2

2-24 续表 13

地区	棉麻类		其他类	
	摊位数(个)	成交额(万元)	摊位数(个)	成交额(万元)
三大地带合计	**1430**	**3041860**	**36623**	**12050334**
环渤海	**16**	**1020**	**10178**	**680511**
北京	16	1020	4579	190918
天津			944	71378
唐山			422	40324
沈阳			1247	126496
大连			1456	106725
济南			1317	84763
青岛			213	59907
长三角	**1414**	**3040840**	**21174**	**10472454**
上海	10	40179	2555	430836
南京			578	16107
苏州	189	465952	875	2196630
无锡			1561	257744
常州	551	1693224	3503	2356891
镇江			1094	512500
南通	48	12095	2268	2088107
扬州			1236	266980
泰州			907	541799
杭州	20	2843	2231	650544
宁波	200	128047	961	174191
嘉兴	396	698500	437	64883
湖州			709	51788
绍兴			424	203161
舟山			101	469952
台州			1734	190341
珠三角			**5271**	**897369**
广州			1647	134141
深圳			2329	597944
珠海			138	3156
佛山			223	72147
江门			61	21019
东莞			583	28453
中山			3	35
惠州			175	38817
肇庆			112	1657

第三部分　市场篇

简要说明：

本篇资料的主要内容是按成交额排名居前列的大型商品交易市场的名称，包括按照市场类别划分的综合市场、专业市场等。

3-1　前100家商品交易市场

序号	市场名称	序号	市场名称
1	上海物贸有色金属交易市场	51	江津区双福国际农贸城（重庆市）
2	张家港玖隆物流园(苏州市)	52	四川国际农产品交易中心（成都市）
3	中国常熟服装城(苏州市)	53	江阴市金属材料市场（无锡市）
4	浙江省义乌市中国小商品城(金华市)	54	北京锦绣大地农副产品批发市场
5	中国东方丝绸市场(苏州市)	55	江苏东方钢材城（无锡市）
6	中国轻纺城(绍兴市)	56	绍兴越州轻纺工贸园区市场
7	宁波镇海大宗生产资料交易中心	57	南昌市洪城大市场
8	北京新发地农副产品批发市场中心	58	合肥周谷堆大兴农产品国际物流园有限责任公司
9	上海石协石化市场	59	无锡南方不锈钢市场
10	张家港保税区化工品交易中心(苏州市)	60	大连双兴商品城
11	江阴长江港口物流园区交易中心(无锡市)	61	武汉市琴台钢材市场
12	江苏华东石化物资交易市场(无锡市)	62	无锡市国联金属材料市场
13	叠石桥国际家纺城(南通市)	63	安徽省徽商钢材市场（合肥市）
14	齐鲁国际塑化城(淄博市)	64	杭州萧山商业城
15	余姚市中国塑料城(宁波市)	65	苏州南环桥市场
16	南通市通州区志浩综合市场	66	东莞市信立农副产品批发中心
17	成都市量力钢材物流有限公司	67	江苏宣武集团市场（徐州市）
18	钱清中国轻纺原料城(绍兴市)	68	广州江南果菜批发市场
19	新疆宝新恒源钢材物流园(乌鲁木齐市)	69	江苏湖塘纺织城（常州市）
20	南京众彩农副产品批发市场	70	青岛市城阳蔬菜水产品批发市场
21	河南万邦国际农产品物流股份有限公司(郑州市)	71	重庆巨龙钢材市场
22	海城市西柳服装市场(鞍山市)	72	南京天环市场
23	湖南高桥大市场(长沙市)	73	新联农副产品综合市场（乌鲁木齐市）
24	湖南钢材大市场(长沙市)	74	嘉兴水果市场
25	桐乡市濮院羊毛衫市场(嘉兴市)	75	即墨市服装批发市场（青岛市）
26	北京市旧机动车交易市场	76	沈阳果品批发市场
27	石家庄市新华集贸市场	77	柳州市生产资料大市场
28	和道国际箱包交易中心(保定市)	78	三联家禽市场（成都市）
29	大连石油交易所	79	山东济南维尔康肉类水产综合批发市场（济南市）
30	浙江中国科技五金城(金华市)	80	北京市新发地农产品股份有限公司
31	广州市海珠区中大布匹市场	81	海吉星农产品批发市场（深圳市）
32	中国兴福国际钢贸城(滨州市)	82	安庆市光彩大市场
33	沧州崔尔庄红枣批发市场	83	杭州旧机动车交易市场
34	盐湖区禹都市场(运城市)	84	成都农产品中心批发市场
35	沈阳五爱小商品批发市场	85	北京大洋路农副产品市场
36	张家港保税区粮油交易市场(苏州市)	86	福州海峡水产品交易市场
37	朝天门市场(重庆市)	87	上海外高桥钟表交易中心
38	山东泰山钢材大市场(泰安市)	88	张家港保税区进口消费品市场（苏州市）
39	成都国际商贸城	89	无锡招商城
40	张家港保税区纺织原料市场(苏州市)	90	常州市武进夏溪花木市场
41	南三条市场(石家庄市)	91	湖南省三湘南湖大市场（长沙市）
42	江苏凌家塘市场发展(常州市)	92	武汉市舵落口大市场
43	贵阳西南国际商贸城	93	武汉白沙洲农副产品大市场
44	亳州市(中国)中药材交易中心	94	重庆万吨冷储物流交易中心
45	商丘市农产品中心批发市场	95	南昌深圳农产品中心批发市场
46	沈阳水产批发市场	96	如皋市花木大世界（南通市）
47	长沙市红星实业集团有限公司农副产品大市场	97	东阳市花园红木家具城（金华市）
48	新发地农副产品批发市场(保定市)	98	江苏长江塑料化工交易市场（常州市）
49	安国市东方药城交易大厅(保定市)	99	宁波镇海液体化工产品交易市场
50	江津区双福国际农贸城(重庆市)	100	绿云石都建材交易城（重庆市）

3-2 前100家综合贸易市场

序号	市场名称	序号	市场名称
1	浙江省义乌市中国小商品城（金华市）	51	衢州新农都批发市场
2	北京新发地农副产品批发市场中心	52	江苏苏浙皖边界市场（常州市）
3	湖南高桥大市场（长沙市）	53	北京盛华宏林粮油批发市场
4	南京众彩农副产品批发市场	54	深圳市福田农产品批发市场
5	浙江中国科技五金城（金华市）	55	湖北北盟投资集团有限公司（襄阳市）
6	盐湖区禹都市场（运城市）	56	石家庄桥西蔬菜中心批发市场（石家庄市）
7	贵阳西南国际商贸城	57	新疆华凌工贸集团有限公司华凌综合市场（乌鲁木齐市）
8	江苏凌家塘市场（常州市）	58	监利县天府庙大市场（荆州市）
9	朝天门市场（重庆市）	59	北京八里桥农产品中心批发市场
10	南三条市场（石家庄市）	60	上海西郊国际农产品交易有限公司
11	商丘市农产品中心批发市场	61	山东黑马集团有限公司商贸批发市场（德州市）
12	长沙市红星实业集团有限公司农副产品大市场	62	哈尔滨哈达农副产品股份有限公司（哈尔滨市）
13	江津区双福国际农贸城（重庆市）	63	阜阳临沂商城
14	四川国际农产品交易中心（成都市）	64	南宁金桥农产品批发市场
15	北京锦绣大地农副产品批发市场	65	杭州萧山南部物流城
16	南昌市洪城大市场	66	华威物流新西营里市场（福州市）
17	合肥周谷堆大兴农产品国际物流园有限责任公司	67	永川吉之汇国际农贸物流城（重庆市）
18	大连双兴商品城	68	四川好一新商贸城（达州市）
19	杭州萧山商业城	69	正定县恒山板材批发市场（石家庄市）
20	青岛市城阳蔬菜水产品批发市场	70	宜春市赣西农副新产品批发市场
21	新联农副产品综合市场（乌鲁木齐市）	71	蚌埠市光彩市场
22	海吉星农产品批发市场（深圳市）	72	上海农产品中心批发市场
23	安庆市光彩大市场	73	大足区龙水五金市场（重庆市）
24	成都农产品中心批发市场	74	蚌埠海吉星农产品物流有限公司
25	北京大洋路农副产品市场	75	太原市河西农产品有限公司
26	无锡招商城	76	呼和浩特美通商贸有限公司（呼和浩特市）
27	湖南省三湘南湖大市场（长沙市）	77	泰州市华东五金城市场
28	武汉市舵落口大市场	78	路南区荷花坑市场（唐山市）
29	南昌深圳农产品中心批发市场	79	中国龙水五金旅游城（重庆市）
30	聊城香江光彩大市场	80	蚌埠中恒义乌国际商贸城
31	洛阳宏进农副产品批发市场	81	松北区润恒农副产品大市场（哈尔滨市）
32	北京顺鑫石门农产品批发市场	82	涵江商贸批发中心（莆田市）
33	赣南贸易广场（赣州市）	83	惠州义乌小商品城
34	天津王顶堤批发市场	84	慈溪市农副产品批发市场（宁波市）
35	烟台市三站市场	85	洛阳市洛龙区关林市场
36	上海江杨农产品市场	86	九江市京九农副产品中心批发市场
37	华东城（赣州市）	87	成都市海霸王冷藏物流交易市场
38	宿迁经济开发区宿迁义乌商贸城	88	南京红太阳商业大世界
39	南京金箔集团金宝市场	89	浙江新农都长兴农副产品批发市场（湖州市）
40	周口市黄淮物流港农产品批发市场	90	皖西北商贸城（阜阳市）
41	北京京丰岳各庄农副产品批发市场中心	91	大足区龙水花市街市场（重庆市）
42	即墨小商品城（青岛市）	92	石河子农产品交易中心（自治市）
43	广西海吉星市场（南宁市）	93	湖北汉口四季美农贸市场（武汉市）
44	无锡朝阳股份有限公司朝阳农产品大市场	94	河北高邑蔬菜批发市场（石家庄市）
45	无锡市金桥副食品市场	95	宜宾市翠屏区江北农产品批发市场
46	闽南商业城批发市场（漳州市）	96	涪陵区新大兴农副产品交易中心（重庆市）
47	华南国际工业原料城(深圳)有限公司（深圳市）	97	中菜市（合肥市）
48	宣城市农副产品批发市场	98	江苏融达建材装潢市场（无锡市）
49	北京农产品中央批发市场	99	重庆渝州交易城
50	重庆市永川区商贸城	100	南京金桥市场

3-3　前100家专业市场

序号	市场名称	序号	市场名称
1	上海物贸有色金属交易市场	51	重庆巨龙钢材市场
2	张家港玖隆物流园企业管理有限公司（苏州市）	52	南京天环市场
3	中国常熟服装城（苏州市）	53	嘉兴水果市场
4	中国轻纺城（绍兴市）	54	即墨市服装批发市场（青岛市）
5	中国东方丝绸市场（苏州市）	55	沈阳果品批发市场
6	宁波镇海大宗生产资料交易中心	56	柳州市生产资料大市场
7	江阴长江港口物流园区交易中心（无锡市）	57	三联家禽市场（成都市）
8	张家港保税区化工品交易中心有限公司（苏州市）	58	山东济南维尔康肉类水产综合批发市场（济南市）
9	上海石协石化市场经营管理公司	59	北京市新发地农产品股份有限公司
10	河南万邦国际农产品物流股份有限公司（郑州市）	60	杭州旧机动车交易市场
11	叠石桥国际家纺城（南通市）	61	福州海峡水产品交易市场
12	齐鲁国际塑化城（淄博市）	62	上海外高桥钟表交易中心
13	江苏华东石化物资交易市场（无锡市）	63	张家港保税区进口消费品市场（苏州市）
14	余姚市中国塑料城（宁波市）	64	常州市武进夏溪花木市场
15	南通市通州区志浩综合市场	65	武汉白沙洲农副产品大市场
16	钱清中国轻纺原料城（绍兴市）	66	重庆万吨冷储物流交易中心
17	广州市海珠区中大国际创新谷管理服务中心	67	如皋市花木大世界（南通市）
18	海城市西柳服装市场（鞍山市）	68	东阳市花园红木家具城（金华市）
19	新疆宝新恒源钢材物流园（乌鲁木齐市）	69	江苏长江塑料化工交易市场（常州市）
20	桐乡市濮院羊毛衫市场（嘉兴市）	70	宁波镇海液体化工产品交易市场
21	成都市量力钢材物流有限公司	71	绿云石都建材交易城（重庆市）
22	张家港保税区粮油交易市场（苏州市）	72	常州淮都金属城
23	湖南钢材大市场（长沙市）	73	宁波华东物资城
24	和道国际箱包交易中心（保定市）	74	中南汽车世界大中南汽车贸易公司（长沙市）
25	北京市旧机动车交易市场	75	广东西樵轻纺城（佛山市）
26	石家庄市新华集贸市场（石家庄市）	76	金华农产品批发市场
27	沈阳五爱小商品批发市场	77	和道国际国际商贸城（保定市）
28	中国兴福国际钢贸城（滨州市）	78	河北省香河家具城（廊坊市）
29	大连石油交易所	79	常州钢材现货交易市场
30	新发地农副产品批发市场（保定市）	80	新疆九鼎盛和果品批发市场（乌鲁木齐市）
31	长沙马王堆农产品股份有限公司	81	东莞市大京九塑胶原料市场
32	沧州崔尔庄红枣批发市场	82	浙江纺织采购博览城（杭州市）
33	亳州市（中国）中药材交易中心	83	中国（十堰）汽配城（十堰市）
34	张家港保税区纺织原料市场（苏州市）	84	昆明螺蛳湾国际商贸城一期市场
35	成都国际商贸城	85	无锡天鹏菜篮子工程有限公司
36	山东泰山钢材大市场（泰安市）	86	西安雨润农产品全球采购有限公司
37	沈阳水产批发市场	87	萧山(浙江)新农都物流中心（杭州市）
38	安国市东方药城交易大厅（保定市）	88	江苏东海水晶产业投资发展有限公司（连云港市）
39	江阴市金属材料市场（无锡市）	89	明珠商贸城（沧州市）
40	江苏东方钢材城（无锡市）	90	杭州国际珠宝城
41	绍兴越州轻纺工贸园区市场	91	聊城大东钢管市场
42	无锡南方不锈钢市场	92	中国宜兴国际环保城（无锡市）
43	武汉市琴台钢材市场	93	诸暨华东国际珠宝城（绍兴市）
44	无锡市国联金属材料市场	94	舟山水产品中心批发市场
45	安徽省徽商钢材市场（合肥市）	95	山东金乡大蒜国际交易市场（济宁市）
46	苏州南环桥市场	96	中国西南鞋材交易中心（重庆市）
47	东莞市信立农副产品批发中心	97	北京北辰亚运村汽车交易市场
48	江苏宣武集团市场（徐州市）	98	浙江大唐轻纺袜业城（绍兴市）
49	广州江南果菜批发市场	99	杭州汽车城
50	江苏湖塘纺织城（常州市）	100	肃宁县皮毛交易市场（沧州市）

3-4 前20家生产资料综合市场

序号	市场名称
1	浙江中国科技五金城（金华市）
2	安庆市光彩大市场
3	武汉市舵落口大市场
4	湖北北盟投资集团有限公司（襄阳市）
5	正定县恒山板材批发市场（石家庄市）
6	江苏融达建材装潢市场（无锡市）
7	浙江世纪建材装饰市场（杭州市）
8	江苏华东灯具城（镇江市）
9	新雪域农产品交易中心（遵义市）
10	阿克苏市农哈哈农资市场
11	重庆马家岩板材批发市场
12	成都国融金府机电城
13	无锡五洲国际装饰城
14	丰县招商场（徐州市）
15	宜兴市轻纺建材装璜市场（无锡市）
16	敦化市长白山特产市场（延边州）
17	临沂河东土杂市场
18	长兴太平洋商贸城市场（湖州市）
19	晨旭无公害蔬菜批发市场（重庆市）
20	宿州市光彩城大市场

3-5 前20家工业消费品综合市场

序号	市场名称
1	浙江省义乌市中国小商品城（金华市）
2	湖南高桥大市场（长沙市）
3	朝天门市场（重庆市）
4	南三条市场（石家庄市）
5	南昌市洪城大市场
6	无锡招商城
7	湖南省三湘南湖大市场（长沙市）
8	聊城香江光彩大市场
9	烟台市三站市场
10	宿迁经济开发区宿迁义乌商贸城
11	即墨小商品城（青岛市）
12	华南国际工业原料城(深圳)有限公司（深圳市）
13	重庆市永川区商贸城
14	山东黑马集团有限公司商贸批发市场（德州市）
15	四川好一新商贸城（达州市）
16	蚌埠市光彩市场
17	大足区龙水五金市场（重庆市）
18	中国龙水五金旅游城（重庆市）
19	涵江商贸批发中心（莆田市）
20	惠州义乌小商品城

3-6 前20家农产品综合市场

序号	市场名称
1	北京新发地农副产品批发市场中心
2	南京众彩农副产品批发市场
3	江苏凌家塘市场（常州市）
4	商丘市农产品中心批发市场
5	长沙市红星实业集团有限公司农副产品大市场
6	江津区双福国际农贸城（重庆市）
7	四川国际农产品交易中心（成都市）
8	北京锦绣大地农副产品批发市场
9	合肥周谷堆大兴农产品国际物流园有限责任公司
10	海吉星农产品批发市场（深圳市）
11	成都农产品中心批发市场
12	北京大洋路农副产品市场
13	南昌深圳农产品中心批发市场
14	洛阳宏进农副产品批发市场
15	北京顺鑫石门农产品批发市场
16	天津王顶堤批发市场
17	上海江杨农产品市场
18	华东城（赣州市）
19	周口市黄淮物流港农产品批发市场
20	北京京丰岳各庄农副产品批发市场中心

3-7 前20家其他综合市场

序号	市场名称
1	盐湖区禹都市场（运城市）
2	贵阳西南国际商贸城
3	大连双兴商品城
4	杭州萧山商业城
5	青岛市城阳蔬菜水产品批发市场
6	新联农副产品综合市场（乌鲁木齐市）
7	赣南贸易广场（赣州市）
8	南京金箔集团金宝市场
9	闽南商业城批发市场（漳州市）
10	江苏苏浙皖边界市场（常州市）
11	新疆华凌工贸集团有限公司华凌综合市场（乌鲁木齐市）
12	监利县天府庙大市场（荆州市）
13	阜阳临沂商城
14	杭州萧山南部物流城
15	泰州市华东五金城市场
16	路南区荷花坑市场（唐山市）
17	蚌埠中恒义乌国际商贸城
18	九江市京九农副产品中心批发市场
19	南京红太阳商业大世界
20	重庆渝州交易城

3-8　11家农业生产用具市场

序号	市场名称
1	高阳县庞口汽车农机配件城（保定市）
2	宁晋县大陆村镇农机配件市场（邢台市）
3	湖南农机产业园（湘潭市）
4	长葛市金桥农机商贸市场（许昌市）
5	固原农资城
6	常州农机机电市场
7	伊宁市城东综合批发市场（伊犁市）
8	通辽经济技术开发区农机市场
9	湘潭农机机电大市场
10	平度市农机及配件市场（青岛市）
11	新乐市三轮车市场（石家庄市）

3-9　16家农用生产资料市场

序号	市场名称
1	新沂市农资市场（徐州市）
2	中国荣昌畜牧产品交易市场（重庆市）
3	南宁市种畜场饲料兽药禽苗市场
4	西北农资城（银川市）
5	闽西粮油饲料城（龙岩市）
6	供销农资批发市场（怀化市）
7	江苏大自然电商产业园有限公司（徐州市）
8	石河子市种子交易市场（自治市）
9	梅河口市农资市场（通化市）
10	菏泽市牡丹区农业科技市场
11	武鸣县农资专业市场（南宁市）
12	南阳惠农达农资市场
13	呈贡潮涌经贸有限责任公司（昆明市）
14	和顺农产品综合市场（巴州）
15	阜阳市颍东区颍汇农资市场
16	通辽经济技术开发区农资市场

3-10　前20家木材市场

序号	市场名称
1	中国装饰板材城（临沂市）
2	广东东方兴业城(木材装饰市场）（东莞市）
3	大西南木材城（成都市）
4	上海福人国际木材交易中心
5	郓城县黄安木材交易市场（菏泽市）
6	扬州兴森木业有限公司
7	上海金翔木材批发市场
8	浙江贺村木业市场（衢州市）
9	东莞市鱼珠木材市场
10	青岛市金胶州木材市场
11	江苏武进横林国际地板家具城（常州市）
12	上海晋福木制品有限公司（联东）
13	东莞市吉龙木材市场
14	温岭市松门木材市场（台州市）
15	通辽经济技术开发区木材市场
16	宁津县张大庄木材市场（德州市）
17	辽中县茨榆坨木材市场（沈阳市）
18	江苏奔牛港木材交易交易市场（常州市）
19	富阳市木材综合市场（杭州市）
20	温州木材市场

3-11　前20家建材市场

序号	市场名称
1	宁波江北华东物资城浙甬市场
2	山东罗庄建材批发市场（临沂市）
3	福州市南方建材市场
4	成都富森美家居置业有限公司
5	新疆华凌建材出口基地（乌鲁木齐市）
6	禧龙建筑装饰材料大市场（哈尔滨市）
7	长葛市九鼎美达建材市场（许昌市）
8	常州万都国际陶瓷装饰置业有限公司
9	常州长贸中心司
10	贵州西部建材城（贵阳市）
11	北三环大明宫建材家居市场（西安市）
12	江苏省华东石材市场（无锡市）
13	安徽金太阳装饰城（滁州市）
14	江苏升辉装饰建材实业有限公司（徐州市）
15	常州市常鹏装饰材料市场
16	上海东华环球木业建材交易市场
17	庆云县金宇建材市场（德州市）
18	襄樊市襄阳区新世纪建材市场（襄阳市）
19	滕州金源装饰大世界市场（枣庄市）
20	江苏红太阳工业原料城（南京市）

3-12 前20家化工材料及制品市场

序号	市场名称
1	张家港保税区化工品交易中心有限公司（苏州市）
2	齐鲁国际塑化城（淄博市）
3	江苏华东石化物资交易市场（无锡市）
4	余姚市中国塑料城（宁波市）
5	江苏长江塑料化工交易市场（常州市）
6	宁波镇海液体化工产品交易市场
7	东莞市大京九塑胶原料市场
8	嘉兴中国石油化工品交易市场
9	东莞市樟木头塑胶原料市场
10	江苏万商商贸城有限责任公司（常州市）
11	东莞市华南塑胶城投资有限公司
12	景县橡塑制品专业市场（衡水市）
13	温州市金海化学品市场
14	大瑶花炮大市场（长沙市）
15	浙江化工市场（杭州市）
16	河北衡水橡胶城（衡水市）
17	台州市塑料化工市场
18	花炮展示交易中心（长沙市）
19	中国轻纺城化工品市场（绍兴市）
20	太和县皮条孙镇绳网市场（阜阳市）

3-13 前20家金属材料市场

序号	市场名称
1	上海物贸有色金属交易市场
2	张家港玖隆物流园企业管理有限公司（苏州市）
3	宁波镇海大宗生产资料交易中心
4	江阴长江港口物流园区交易中心（无锡市）
5	新疆宝新恒源钢材物流园（乌鲁木齐市）
6	成都市量力钢材物流有限公司
7	湖南钢材大市场（长沙市）
8	中国兴福国际钢贸城（滨州市）
9	山东泰山钢材大市场（泰安市）
10	江阴市金属材料市场（无锡市）
11	江苏东方钢材城（无锡市）
12	无锡南方不锈钢市场
13	武汉市琴台钢材市场
14	无锡市国联金属材料市场
15	安徽省徽商钢材市场（合肥市）
16	重庆巨龙钢材市场
17	柳州市生产资料大市场
18	绿云石都建材交易城（重庆市）
19	常州淮都金属城
20	宁波华东物资城

3-14 前20家机械设备市场

序号	市场名称
1	中国宜兴国际环保城（无锡市）
2	临清市烟店轴承市场（聊城市）
3	徐州区域生产资料市场
4	新疆亚中机电市场（乌鲁木齐市）
5	湛江海田新五金机电产品批发市场
6	浙江船舶交易市场（舟山市）
7	万贯五金机电城（金府路店）（成都市）
8	高新机电批发配送中心（重庆市）
9	金科机电城（重庆市）
10	双峰县湘中农机机电大市场（娄底市）
11	西安蔚蓝机电市场
12	陈家坪机电市场（重庆市）
13	南昌县农机大市场
14	中南汽车世界汽配五金批发大市场（长沙市）
15	中湘五金大市场（衡阳市）
16	庆云县金融机具礼品市场（德州市）
17	乐清市柳市电器城（温州市）
18	重庆西站机电市场
19	承德市晨阳汽配城
20	鼎坚五金机电市场（石家庄市）

3-15 前20家其他生产资料市场

序号	市场名称
1	上海石协石化市场经营管理公司
2	大连石油交易所
3	新疆通汇市场（乌鲁木齐市）
4	永翔钢材市场（上海市）
5	高碑店市白沟五金皮革城（保定市）
6	白沟服饰辅料城（保定市）
7	中国西部模具城（重庆市）
8	广西百色市南大建材综合市场（百色市）
9	昆山市亿丰装饰机电城（苏州市）
10	北京益麒麟家居建材广场市场中心
11	乌兰浩特市融佳建材市场（兴安市）
12	莱阳市盛隆建材批发市场（烟台市）
13	巨溪真皮大世界（温州市）
14	武城县鲁权屯镇中央空调配件市场（德州市）
15	中央空调配件城（德州市）
16	华凌实业资产管理有限公司库尔勒分公司
17	黑龙江先锋农业生产资料交易市场（哈尔滨市）
18	武城县鲁权屯镇中央空调配件交易市场（德州市）
19	温州市宏锦鞋材市场
20	海安县东方建材大市场（南通市）

3-16 前20家粮油市场

序号	市场名称
1	张家港保税区粮油交易市场（苏州市）
2	南通农副产品物流有限公司
3	杭州农副产品物流中心浙江食品市场
4	贵阳市谷丰粮油食品批发市场
5	临沂鲁南国际粮油市场
6	连云港港农副产品批发市场
7	兴化市粮食交易市场（泰州市）
8	杭州农副产品物流中心粮油批发交易市场
9	东莞市常平粮油饲料批发市场
10	西安粮油批发交易市场
11	扬州东方国际食品城
12	沈阳粮食批发市场
13	天津市兴耀粮油食品批发市场
14	郴州市七星大市场
15	昆明骏骐干菜副食粮油批发市场
16	遵义兴邦粮油物流有限责任公司
17	南京粮油交易市场经营有限公司
18	萍乡市安源春蕾农副产品发展有限公司
19	天津市粮油批发交易市场
20	义乌粮食市场（金华市）

3-17 前20家肉禽蛋市场

序号	市场名称
1	东莞市信立农副产品批发中心
2	南京天环市场
3	三联家禽市场（成都市）
4	重庆万吨冷储物流交易中心
5	无锡天鹏菜篮子工程有限公司
6	邯郸市馆陶县金凤禽蛋农贸批发市场
7	杭州农副产品物流中心冷冻食品交易市场
8	中南农产品市场（佛山市）
9	广西淡村商贸城（南宁市）
10	杭州农副产品物流中心五和肉类交易市场
11	江门市水产冻品副食批发市场
12	大生冷链冷冻批发市场（南京市）
13	佛山市南海创贸投资有限公司
14	南昌肉类联合加工厂肉食品批发市场
15	宁波市肉禽蛋批发市场
16	合肥徽商大地农副产品批发市场
17	沙依巴克村活畜交易市场（自治市）
18	张家港市第一集贸市场（苏州市）
19	苏州食品有限公司肉食品批发交易市场
20	广东省广弘食品集团有限公司冻品市场（广州市）

3-18 前20家水产品市场

序号	市场名称
1	长沙马王堆农产品股份有限公司
2	沈阳水产批发市场
3	山东济南维尔康肉类水产综合批发市场（济南市）
4	福州海峡水产品交易市场
5	武汉白沙洲农副产品大市场
6	舟山水产品中心批发市场
7	四季水产物流港（郑州市）
8	烟台九田国际水产品批发市场
9	杭州农副产品物流中心水产品交易市场
10	上海江阳水产品批发交易市场
11	上海东方国际水产中心市场
12	西安市方欣冷冻市场
13	北京大红门京深海鲜批发市场
14	厦门夏商国际水产交易中心
15	上海江杨水产品市场
16	广州黄沙水产交易市场
17	湛江市霞山区水产品批发市场
18	日照市岚山区安东卫海货城市场
19	浙江松门水产品批发市场（台州市）
20	大连辽渔国际水产品市场

3-19 前20家蔬菜市场

序号	市场名称
1	北京市新发地农产品股份有限公司
2	山东金乡大蒜国际交易市场（济宁市）
3	金乡县鱼山农副产品批发市场（济宁市）
4	江苏联谊农副产品批发市场（扬州市）
5	东宁县雨润绥阳木耳大市场（牡丹江市）
6	新疆九鼎恒兴蔬菜批发市场（乌鲁木齐市）
7	昌黎县新集农副产品批发（秦皇市）
8	绵阳市高水农副产品批发有限公司
9	上海市江桥批发市场
10	西宁农商投资建设开发管理有限公司
11	寿光市农产品物流园有限公司（潍坊市）
12	庆云县蔬菜水果批发市场（德州市）
13	嘉兴市蔬菜批发交易市场
14	东莞市虎门富民农副产品批发市场
15	咸阳新阳光西北农副产品交易中心
16	阜阳市瑶海农产品市场开发有限公
17	金乡凯盛国金农产品物流园（济宁市）
18	佳木斯市佳天德颐实业有限公司
19	厦门闽南农副产品物流中心
20	鲁中蔬菜批发市场（淄博市）

3-20 前20家干鲜果品市场

序号	市场名称
1	新发地农副产品批发市场（保定市）
2	沧州崔尔庄红枣批发市场
3	广州江南果菜批发市场
4	嘉兴水果市场
5	沈阳果品批发市场
6	金华农产品批发市场
7	新疆九鼎盛和果品批发市场（乌鲁木齐市）
8	西安雨润农产品全球采购有限公司
9	辉展物流果蔬批发市场（上海市）
10	青岛东方鼎信国际农副产品交易中心
11	蓝特商业城（蓝特集团有限公司）（荆州市）
12	珠海市铭海投资发展有限公司农副产品批发物流中心
13	临沂嘉欣水果市场
14	滕州市嘉誉市场（枣庄市）
15	山东博发水果批发市场（淄博市）
16	东莞市果菜副食交易市场
17	新蒲新区中国辣椒城综合物流园（遵义市）
18	杭州农副产品物流中心果品批发市场
19	宁夏四季鲜果品蔬菜批发市场（银川市）
20	杭州近江食品市场

3-21 11家棉麻土畜、烟叶市场

序号	市场名称
1	江苏湖塘纺织城（常州市）
2	昌黎县佳朋皮毛交易市场（秦皇市）
3	中国茧丝绸交易市场（嘉兴市）
4	围场满族蒙古族自治县棋盘山大牲畜交易市场（承德市
5	安达市升坪牲畜交易大市场（绥化市）
6	宁波市江北浙东轻纺城经营服务中心
7	扎兰屯市蒙东牲畜交易市场（呼伦市）
8	科尔沁左翼中旗金原牲畜交易市场（通辽市）
9	凌源市三十家子大牲畜交易市场（朝阳市）
10	喀左县白塔子镇余祥大牲畜交易市场（朝阳市）
11	海宁市西山皮革原辅料市场（嘉兴市）

3-22 前20家其他农产品市场

序号	市场名称
1	河南万邦国际农产品物流股份有限公司（郑州市）
2	苏州南环桥市场
3	萧山(浙江)新农都物流中心（杭州市）
4	天津市金钟河蔬菜贸易中心
5	玉林宏进农副产品批发市场
6	贵阳地利农产品物流园有限公司
7	郑州信基调味品城
8	温州菜篮子农副产品批发交易市场
9	上海浦南农副产品批发市场
10	甘肃省食品股份有限公司肉食水产批发市场（兰州市）
11	山东黑马集团有限公司农贸批发市场（德州市）
12	张家港市青草巷农副产品批发市场（苏州市）
13	众信农副产品批发交易市场（驻马市）
14	芜湖大地农副产品批发市场
15	常熟市农副产品交易城（苏州市）
16	开鲁县雨田农畜交易市场（通辽市）
17	绍兴市蔬菜果品批发交易市场
18	即墨市农产品批发市场（青岛市）
19	吉安农产品批发市场
20	自贡川南农副产品批发市场

3-23 前20家食品饮料市场

序号	市场名称
1	临沂国际副食品市场
2	新泰市青龙路市场（泰安市）
3	杭州江南食品市场
4	沈阳温州城商品交易市场
5	商丘市白云副食批发市场
6	迎宾大市场（德州市）
7	纵达城万隆食品批发市场（重庆市）
8	邵阳市湘运大市场
9	慈溪市周巷副食品批发市场（宁波市）
10	永川区玉屏市场（重庆市）
11	仙桃市锦瑞路副食批发市场
12	山东东方圣都副食品批发市场（济宁市）
13	驻马店市驿城区宏大副食批发市场
14	常州市金三角食品市场
15	常州茅山茶叶市场
16	永川区朱沱镇滨湖综合农贸市场（重庆市）
17	隆回县中心市场（邵阳市）
18	太平桥市场（怀化市）
19	开化县龙顶名茶市场（衢州市）
20	库尔勒商业批发市场

3-24 前20家茶叶市场

序号	市场名称
1	浙江浙南茶叶市场（丽水市）
2	新昌中国茶市（绍兴市）
3	安徽江南第一茶市（芜湖市）
4	济南博茗茶叶市场
5	云南康乐茶文化城（昆明市）
6	宜昌三峡国际旅游茶城
7	淳安县千岛湖茶叶市场（杭州市）
8	安吉中国茶城（湖州市）
9	安溪茶叶批发市场（泉州市）
10	广州市穗芳东兴实业有限公司
11	大西南茶城（成都市）
12	南宁市佳禾市场投资开发有限公司－茶叶市场
13	南宁市佳禾市场投资开发有限公司－茉莉花市场
14	昆明雄达茶文化城
15	浙江遂昌龙谷名茶市场（丽水市）
16	重庆恒康茶叶批发市场
17	武义县茶城（金华市）
18	北京市京华沅茶叶市场
19	中国北方茶城（沈阳市）
20	东莞市鼎好市场

3-25 前20家其他食品饮料烟酒市场

序号	市场名称
1	哈尔滨南极批发市场（哈尔滨市）
2	义乌市副食品市场（金华市）
3	常熟华东食品城（苏州市）
4	天津韩家墅海吉星农产品物流有限公司
5	贵阳海恒农副产品批发市场
6	温州浙闽副食品商城
7	山东省潍坊青州市副食品批发市场（潍坊市）
8	新合作襄阳食品城（襄阳市）
9	枝江市五柳树市场（宜昌市）
10	宣州区九洲市场（宣城市）
11	五一大市场（衡阳市）
12	菏泽恒盛大市场
13	宁波市二号桥市场
14	福鼎市闽浙边贸商城（宁德市）
15	南通资丰市场
16	桐乡市副食品批发市场（嘉兴市）
17	宜兴市金三角副食城（无锡市）
18	汨罗大市场（岳阳市）
19	南通丰源食品城
20	桂阳县五云观市场（郴州市）

3-26 前20家布料及纺织品市场

序号	市场名称
1	中国轻纺城（绍兴市）
2	中国东方丝绸市场（苏州市）
3	叠石桥国际家纺城（南通市）
4	南通市通州区志浩综合市场
5	钱清中国轻纺原料城（绍兴市）
6	广州市海珠区中大国际创新谷管理服务中心
7	张家港保税区纺织原料市场（苏州市）
8	绍兴越州轻纺工贸园区市场
9	广东西樵轻纺城（佛山市）
10	浙江纺织采购博览城（杭州市）
11	浙江大唐轻纺袜业城（绍兴市）
12	嘉兴毛衫城
13	海宁中国家纺装饰城（嘉兴市）
14	嘉兴市南方丝绸市场
15	清河县羊绒制品市场（邢台市）
16	杭州汽车东站小商品市场
17	大商集团股份有限公司贸易大世界（大连市）
18	浙江嵊州（中国）领带城（绍兴市）
19	扬州五亭龙国际玩具礼品城
20	即墨市布匹市场（青岛市）

3-27 前20家服装市场

序号	市场名称
1	中国常熟服装城（苏州市）
2	桐乡市濮院羊毛衫市场（嘉兴市）
3	石家庄市新华集贸市场（石家庄市）
4	即墨市服装批发市场（青岛市）
5	昆明螺蛳湾国际商贸城一期市场
6	明珠商贸城（沧州市）
7	海宁中国皮革城（嘉兴市）
8	瑞安商城（温州市）
9	路桥中国日用品商城（台州市）
10	昆明螺蛳湾国际商贸城二期市场
11	灯塔佟二堡海宁皮革城有限责任公司（辽阳市）
12	四季青服装集团有限公司（杭州市）
13	临沂华丰服装城
14	广州白马服装市场
15	杭州意法服饰城
16	商丘市光彩大市场
17	安徽白马服装城（合肥市）
18	温州大象城
19	石狮市服装城（泉州市）
20	遵义市红花岗区苟家井综合批发市场

3-28 前20家鞋帽市场

序号	市场名称
1	中国西南鞋材交易中心（重庆市）
2	荔湾站西鞋城（广州市）
3	丹尼尔商城（陕西丹尼尔市场）（西安市）
4	商丘市梁园区梁园市场
5	鸦鸿桥河西村鞋市（唐山市）
6	桐乡市洲泉足佳鞋材市场（嘉兴市）
7	锦绣国际商贸城（西安市）
8	临沂市鞋帽批发市场
9	台州横峰国际鞋材城
10	温州国际鞋城
11	山东齐鲁鞋城（济南市）
12	济南众鑫鞋城
13	皮革商城（镇江市）
14	台州横峰鞋业市场
15	沈阳南塔鞋城有限责任公司
16	哈尔滨鞋类批发市场（哈尔滨市）
17	中国鞋都（泉州市）
18	临沂鞋城
19	徐州淮海鞋业批发市场
20	株洲星通鞋城

3-29 前20家其他纺织服装鞋帽市场

序号	市场名称
1	海城市西柳服装市场（鞍山市）
2	沈阳五爱小商品批发市场
3	江苏宣武集团市场（徐州市）
4	重庆市万州商贸城
5	常德市鼎城桥南市场
6	赣州市龙都商城
7	中豪襄阳国际商贸城（襄阳市）
8	玛克威商厦服装鞋帽批发大市场（哈尔滨市）
9	鸦鸿桥镇小商品城（唐山市）
10	南阳市光彩大世界
11	常州市路桥日用品商城
12	安顺市小商品批发市场
13	溧阳市工商企业服务中心（常州市）
14	达州市天成实业有限公司
15	新疆国际商贸城服装批发市场（乌鲁木齐市）
16	银川商城
17	江苏九洲投资集团有限公司常州服装城分公司（常州市）
18	龙口市服装百货市场（烟台市）
19	新昌县羊毛衫兔毛市场（绍兴市）
20	二连浩特市义乌市场

3-30 前20家小商品市场

序号	市场名称
1	和道国际国际商贸城（保定市）
2	中国庆云小商品城现代批发市场（德州市）
3	临沂小商品城
4	中国教育用品采购基地（临沂市）
5	中国自行车零件城（邢台市）
6	临沂轻纺劳保城
7	中国沈阳龙之梦小商品大世界（沈阳市）
8	永嘉县桥头钮扣市场（温州市）
9	济南金田义乌小商品交易市场
10	菏泽市牡丹区牡丹商贸城
11	临沂沂隆市场
12	菏泽市牡丹区义乌小商品批发市场
13	常州市九龙小商品批发市场
14	兴发广场（广州市宏发企业有限公司）（广州市）
15	广州市万菱广场
16	广州眼镜城
17	鹰潭国际眼镜城
18	常州市金三角小商品批发市场
19	广州市白云南方钟表城
20	广州市粤成市场

3-31 前20家其他日用品及文化用品市场

序号	市场名称
1	上海外高桥钟表交易中心
2	苏州市钱万里桥小商品市场
3	武汉市科振经贸有限公司纸张油墨市场
4	中国陶都陶瓷城（无锡市）
5	临沂华东塑料市场
6	广州沙溪国际酒店用品城
7	武汉莱特纸张油墨市场
8	浙江缝配城（金华市）
9	广州市明兴市场
10	重庆中兴塑料市场
11	温州礼品城
12	白云世界皮具贸易中心（广州市）
13	浙江眼镜城（台州市）
14	广州市星之光文体用品市场
15	重庆永缘汽车装饰市场
16	重庆公路运输（集团）有限公司休闲娱乐品市场
17	台州国际塑料城
18	沈阳华大实业总公司东北日杂市场
19	重庆泰兴E世界电子市场
20	温州文化用品市场

3-32 前20家黄金、珠宝、玉器首饰市场

序号	市场名称
1	江苏东海水晶产业投资发展有限公司（连云港市）
2	杭州国际珠宝城
3	诸暨华东国际珠宝城（绍兴市）
4	中国宝石城（潍坊市）
5	湖南黄金之城珠宝有限公司（长沙市）
6	上塘珠宝交易市场（莆田市）
7	四会市万兴隆翡翠城（肇庆市）
8	莆田妈祖工艺城
9	福州特艺城
10	四会市天光墟玉器广场（肇庆市）
11	苏州渭塘珍珠市场
12	北京世纪万特国际珠宝市场
13	中国玉都玉器展销市场（揭阳市）
14	北京红桥市场
15	深圳市古玩城交易市场
16	中原国际黄金珠宝交易中心（郑州市）
17	广州市荔湾广场物业管理有限公司
18	江西国际珠宝城经营管理有限公司（南昌市）
19	岫岩满族自治县荷花玉器交易市场（鞍山市）
20	鼓楼区保定珠宝城（福州市）

3-33 前20家家电市场

序号	市场名称
1	临沂家电厨卫城
2	怀化市河西家电城
3	洛阳聚客隆实业有限公司家电市场
4	茶陵县摩托车市场（株洲市）
5	邵阳市日恒电器城
6	浙江省家电市场（杭州市）
7	金华家电市场
8	泰州市嘉诚经济发展有限公司
9	南阳家电大世界
10	南昌长运商贸城
11	邵东县家电市场（邵阳市）
12	鼎城武陵镇德客隆新世纪家电城市场（常德市）
13	鼎城区武陵镇桥南家电城（常德市）
14	广州市越秀区海印电器总汇
15	广东广物专业市场（广州市）
16	家电大世界（商丘市）
17	广州市星之光家电市场
18	永川区家电批发市场（重庆市）
19	菏泽市牡丹区中原商城
20	深圳市展望西部电子时代广场有限公司

3-34 16家通讯器材市场

序号	市场名称
1	重庆大坪百货有限责任公司新浪通通讯器材交易市场
2	华中通信广场（武汉市）
3	深圳市远望数码商城
4	海龙电子城（石家庄市）
5	苏州赛格电子市场
6	义乌通信市场（金华市）
7	武陵3C批发市场（重庆市）
8	西安海荣赛格电子市场
9	e时代电讯市场（长沙市）
10	黄石港区大学生创业园
11	杭州通信器材市场
12	深圳市唐诚龙胜手机市场
13	宁波海曙颐高市场
14	振华手机市场（深圳市）
15	西安东新科技贸易中心
16	石桥铺赛博数码广场（重庆市）

3-35 前20家计算机及辅助设备市场

序号	市场名称
1	河南科技园区管理委员会（郑州市）
2	大连奥林匹克电子城
3	科贸电子城（北京市）
4	哈尔滨工程大学科技园发展有限公司船舶电子大世界
5	长沙国储电脑城
6	温岭国际数码城（台州市）
7	福州大利嘉城电子市场
8	广西南宁电子科技广场有限公司（南宁市）
9	百脑汇数码科技广场（临沂市）
10	延吉市中关村电子科技大厦（延边州）
11	卜蜂莲花科技广场（临沂市）
12	百脑汇电脑城（西安市）
13	西安赛格电脑城（西安赛格商贸有限公司）
14	宁波市江东区颐高市场
15	颐高数码广场（广州市）
16	哈尔滨锦秀教化电子大世界有限公司
17	青岛兴旺电子信息城
18	长沙鼎星投资咨询有限公司合峰电脑城
19	徐州海云实业有限公司
20	无锡梦之岛电脑通信市场

3-36 前20家中药材市场

序号	市场名称
1	亳州市（中国）中药材交易中心
2	成都国际商贸城
3	安国市东方药城交易大厅（保定市）
4	樟树中药材专业市场（宜春市）
5	玉林中药材专业市场
6	中国当归城中药材交易市场（定西市）
7	邵东县廉桥药都市场（邵阳市）
8	通化快大人参市场
9	集安市清河人参交易市场（通化市）
10	禹州中药材市场（许昌市）
11	东北土特产品交易中心有限公司（铁岭市）
12	康美（普宁）中药材专业市场（揭阳市）
13	磐安县浙八味特产市场（金华市）
14	华东农贸综合市场（温州市）
15	靖州苗族侗族自治县茯苓大市场（怀化市）
16	山东省鄄城县舜王城中药材市场（菏泽市）
17	上海维韩保健品市场
18	西峡县米坪镇中药材市场（南阳市）
19	青海新千商务管理有限公司（西宁市）
20	柘荣县太子参市场开发中心（宁德市）

3-37 前20家家具市场

序号	市场名称
1	东阳市花园红木家具城（金华市）
2	河北省香河家具城（廊坊市）
3	浙江东阳中国木雕城（金华市）
4	重庆铠恩国际家居名都经营有限公司
5	江苏蠡口国际家具城（苏州市）
6	南康泓泰家具市场（赣州市）
7	南康家具博览中心（赣州市）
8	东部全球家具采购中心（海安）有限公司（南通市）
9	南康家具中心市场（赣州市）
10	河南中博股份有限公司（郑州市）
11	三森家居建材城（西安市）
12	西部家具城（西安市）
13	中国古典工艺博览城（莆田市）
14	盘锦市金地物业管理有限公司(汇美家饰)
15	南康光明家具城（赣州市）
16	富安居（国际）家具建材广场（南宁市）
17	常州市红星装饰城
18	济南红星美凯龙世博家居生活广场
19	义乌家具市场（金华市）
20	重庆红星美凯龙世博家居市场生活广场

3-38 前20家装饰材料市场

序号	市场名称
1	仙桃市恒迪建材市场
2	嘉兴市建材陶瓷市场
3	上饶市信州区江南商贸城
4	佛山市华夏陶瓷博览城
5	芜湖市长江市场园
6	淄川建材城（淄博市）
7	毅德光彩贸易广场（长沙市）
8	北京居然之家家居建材市场
9	临沂商城华东装饰材料市场
10	扬州商城集团公司
11	无锡华厦家居港建材市场
12	荣昌县汇宇建材家私市场（重庆市）
13	华源大市场（衡阳市）
14	北京居然之家十里河家居建材市场
15	新凤朝装饰材料市场（衢州市）
16	日照市江豪建材市场
17	长沙市马王堆陶瓷建材城恒广区
18	重庆马家岩大川建材市场
19	湖南万家丽家居建材市场（长沙市）
20	义乌国际家居城（金华市）

3-39 13家灯具市场

序号	市场名称
1	常州市邹区灯具城
2	临沂华强（临沂）灯具城
3	光彩灯具城（西安市）
4	灯具市场（衢州市）
5	潼南县时代灯具市场（重庆市）
6	菜园坝城外城灯饰市场（重庆市）
7	温州东方灯具市场
8	成都金府灯具城
9	南岸区南坪灯饰广场（重庆市）
10	沈阳张士灯具市场
11	上海灯具城市场
12	重庆建川实业（集团）有限公司
13	同泰灯具城（陕西同泰实业有限公司）（西安市）

3-40 前20家五金材料市场

序号	市场名称
1	浙江建华五金机电市场（杭州市）
2	中国北方五金城（天津市）
3	中国轴承大世界（邢台市）
4	潍坊豪德贸易广场
5	浙江温西工量刃具交易中心（台州市）
6	临沂市五金市场
7	浙江南方五金城（绍兴市）
8	常熟国际汽配城（苏州市）
9	滨州市新兴市场
10	喀什远方实业发展有限公司(喀什远方市场)
11	长沙市雨花区五金机电大市场
12	怀化市河西建材市场
13	金府五金机电城（成都市）
14	无锡金桥商贸城市场
15	江西联信大市场（南昌市）
16	广东天健国际家居装饰商贸广场有限公司（广州市）
17	浙江泽国机电五金城（台州市）
18	台州市机电五金城
19	常州市江南五金机电城市场
20	侨丰国际机电交易中心（襄阳市）

3-41 前20家其他装修市场

序号	市场名称
1	泰安市光彩大市场
2	常熟建筑装饰材料市场（苏州市）
3	浙江石狮商贸城（绍兴市）
4	扬州万都佳美物业管理有限公司
5	龙口市胶东家具装饰材料批发市场（烟台市）
6	魏县天龙建筑建材批发市场（邯郸市）
7	杭州陶瓷品市场
8	大明宫建材家居含光路店（西安市）
9	盐城高力国际家居港有限公司
10	杭州新时代家居生活广场
11	苍南县嘉恒家居市场（温州市）
12	仓山区上渡林产品交易市场（福州市）
13	贵阳居然之家家居建材市场
14	青海省北山市场装饰材料有限责任公司（西宁市）
15	中国家具城（沈阳市）
16	德清莫干山卢球商贸中心有限公司（湖州市）
17	富阳市金鑫建材家居广场（杭州市）
18	平湖华都九龙广场（嘉兴市）
19	南通东大商贸发展有限公司
20	临海恒大国际家居建材城（台州市）

3-42 前20家汽车市场

序号	市场名称
1	北京市旧机动车交易市场
2	杭州旧机动车交易市场
3	中南汽车世界大中南汽车贸易公司（长沙市）
4	北京北辰亚运村汽车交易市场
5	杭州汽车城
6	上海二手车交易市场
7	上海市旧机动车交易市场
8	常州市武进汽车城
9	长春北方汽贸城市场
10	嘉兴市汽车商贸园
11	安徽阜阳汽贸物流园建设指挥部（阜阳市）
12	浙江方林二手车市场（台州市）
13	浙江世纪汽车市场（杭州市）
14	河南汽车贸易中心（郑州市）
15	大连旧机动车交易市场
16	广物汽贸股份有限公司（广州市）
17	贵州合朋二手车市场交易有限公司（贵阳市）
18	重庆协信汽车公园
19	大连汽车国际博览中心
20	北京市旧机动车交易市场顺义分市场

3-43 前20家机动车零配件市场

序号	市场名称
1	中国（十堰）汽配城（十堰市）
2	江津区和润汽摩市场（重庆市）
3	临沂汽摩配城
4	东联汽车配件市场（石家庄市）
5	汽配城(中国)有限公司（徐州市）
6	北京城环城国际汽车配件城
7	新疆恒汇机电城（乌鲁木齐市）
8	杭州汽车城汽配市场
9	山东济南重汽配件城（济南市）
10	河间市米各庄汽配城（沧州市）
11	东莞市百业国际汽配城
12	沈阳东北机动车配件市场
13	上海百联联合汽车交易市场
14	北京五方天雅汽配城市场
15	无锡市广益汽配城发展有限公司
16	金华汽配城经营管理有限公司
17	江西省运通汽配市场（南昌市）
18	安徽国际汽车城大地汽摩配市场（合肥市）
19	盛大国际汽车用品广场（广州市）
20	广州白云摩托车配件批发市场

3-44 19家花卉市场

序号	市场名称
1	常州市武进夏溪花木市场
2	如皋市花木大世界（南通市）
3	中国（青州）花卉苗木交易中心（潍坊市）
4	昆明斗南国际花卉产业园区开发有限公司
5	浙江花木城（杭州市）
6	肥西花木城花卉交易市场（合肥市）
7	长沙红星花卉大市场
8	江苏阿波罗花木司（扬州市）
9	凌源市花卉市场（朝阳市）
10	广州市岭南花卉市场
11	贵州阿栗山花卉世界（贵阳市）
12	郑州陈砦花卉市场
13	临沂鲁南花卉城
14	温岭市花鸟市场（台州市）
15	承德万泉花卉市场
16	新疆明珠花卉市场（乌鲁木齐市）
17	天津市北方花卉市场
18	上海双季花卉园艺市场
19	仓山区花卉交易中心（福州市）

3-45 前20家其他专业市场

序号	市场名称
1	张家港保税区进口消费品市场（苏州市）
2	肃宁县皮毛交易市场（沧州市）
3	丹阳国际眼镜城（镇江市）
4	张北县张库牲畜交易有限公司（张家市）
5	通辽市成峰牲畜交易市场
6	科左后旗科尔沁黄牛市场（通辽市）
7	阜南黄岗镇柳编大市场（阜阳市）
8	兰山区华东酒店用品市场（临沂市）
9	扎赉特旗石头城子牲畜交易（市场）有限公司（兴安市）
10	金华澧浦苗木城
11	沈阳张士农副产品股份有限公司
12	上海美罗商业管理有限公司
13	阿鲁科尔沁旗天山农畜产品批发交易市场（赤峰市）
14	林西县北方活畜交易市场（赤峰市）
15	辽宁绿源黄牛交易市场（锦州市）
16	景德镇市香江商贸有限公司
17	庆云县塑料杂品市场（德州市）
18	鄄城县郑营人发市场（菏泽市）
19	文安县小王东机床市场（廊坊市）
20	中国富春人发市场（菏泽市）

3-46 东部地区前100家商品交易市场

序号	市场名称	序号	市场名称
1	上海物贸有色金属交易市场	51	北京市新发地农产品股份有限公司
2	张家港玖隆物流园企业管理有限公司（苏州市）	52	海吉星农产品批发市场（深圳市）
3	中国常熟服装城（苏州市）	53	杭州旧机动车交易市场
4	浙江省义乌市中国小商品城（金华市）	54	北京大洋路农副产品市场
5	中国轻纺城（绍兴市）	55	福州海峡水产品交易市场
6	北京新发地农副产品批发市场中心	56	上海外高桥钟表交易中心
7	中国东方丝绸市场（苏州市）	57	张家港保税区进口消费品市场（苏州市）
8	宁波镇海大宗生产资料交易中心	58	无锡招商城
9	江阴长江港口物流园区交易中心（无锡市）	59	常州市武进夏溪花木市场
10	张家港保税区化工品交易中心有限公司（苏州市）	60	如皋市花木大世界（南通市）
11	上海石协石化市场经营管理公司	61	东阳市花园红木家具城（金华市）
12	叠石桥国际家纺城（南通市）	62	江苏长江塑料化工交易市场（常州市）
13	齐鲁国际塑化城（淄博市）	63	宁波镇海液体化工产品交易市场
14	江苏华东石化物资交易市场（无锡市）	64	常州淮都金属城
15	余姚市中国塑料城（宁波市）	65	宁波华东物资城
16	南通市通州区志浩综合市场	66	广东西樵轻纺城（佛山市）
17	钱清中国轻纺原料城（绍兴市）	67	金华农产品批发市场
18	南京众彩农副产品批发市场	68	聊城香江光彩大市场
19	广州市海珠区中大国际创新谷管理服务中心	69	和道国际国际商贸城（保定市）
20	桐乡市濮院羊毛衫市场（嘉兴市）	70	河北省香河家具城（廊坊市）
21	张家港保税区粮油交易市场（苏州市）	71	常州钢材现货交易市场
22	和道国际箱包交易中心（保定市）	72	北京顺鑫石门农产品批发市场
23	北京市旧机动车交易市场	73	东莞市大京九塑胶原料市场
24	浙江中国科技五金城（金华市）	74	浙江纺织采购博览城（杭州市）
25	石家庄市新华集贸市场（石家庄市）	75	天津王顶堤批发市场
26	中国兴福国际钢贸城（滨州市）	76	无锡天鹏菜篮子工程有限公司
27	新发地农副产品批发市场（保定市）	77	萧山(浙江)新农都物流中心（杭州市）
28	沧州崔尔庄红枣批发市场	78	烟台市三站市场
29	江苏凌家塘市场（常州市）	79	江苏东海水晶产业投资发展有限公司（连云港市）
30	张家港保税区纺织原料市场（苏州市）	80	明珠商贸城（沧州市）
31	山东泰山钢材大市场（泰安市）	81	杭州国际珠宝城
32	南三条市场（石家庄市）	82	聊城大东钢管市场
33	安国市东方药城交易大厅（保定市）	83	中国宜兴国际环保城（无锡市）
34	江阴市金属材料市场（无锡市）	84	诸暨华东国际珠宝城（绍兴市）
35	北京锦绣大地农副产品批发市场	85	舟山水产品中心批发市场
36	江苏东方钢材城（无锡市）	86	上海江杨农产品市场
37	绍兴越州轻纺工贸园区市场	87	宿迁经济开发区宿迁义乌商贸城
38	无锡南方不锈钢市场	88	山东金乡大蒜国际交易市场（济宁市）
39	无锡市国联金属材料市场	89	北京北辰亚运村汽车交易市场
40	杭州萧山商业城	90	浙江大唐轻纺袜业城（绍兴市）
41	苏州南环桥市场	91	杭州汽车城
42	东莞市信立农副产品批发中心	92	肃宁县皮毛交易市场（沧州市）
43	江苏宣武集团市场（徐州市）	93	南通农副产品物流有限公司
44	广州江南果菜批发市场	94	上海二手车交易市场
45	江苏湖塘纺织城（常州市）	95	海宁中国皮革城（嘉兴市）
46	青岛市城阳蔬菜水产品批发市场	96	南京金箔集团金宝市场
47	南京天环市场	97	北京京丰岳各庄农副产品批发市场中心
48	嘉兴水果市场	98	嘉兴中国石油化工品交易市场
49	即墨市服装批发市场（青岛市）	99	即墨小商品城（青岛市）
50	山东济南维尔康肉类水产综合批发市场（济南市）	100	无锡朝阳股份有限公司朝阳农产品大市场

3-47 东北地区前100家商品交易市场

序号	市场名称	序号	市场名称
1	海城市西柳服装市场（鞍山市）	51	灯塔市香港时代广场（辽阳市）
2	沈阳五爱小商品批发市场	52	沈阳张士农副产品股份有限公司
3	大连石油交易所	53	敦化市长白山特产市场（延边州）
4	沈阳水产批发市场	54	本溪市大河批发市场
5	大连双兴商品城	55	宝清县紫香白瓜籽交易市场（双鸭山市）
6	沈阳果品批发市场	56	大连东方投资置业有限公司
7	东宁县雨润绥阳木耳大市场（牡丹江市）	57	长春海吉星农产品物流中心
8	长春北方汽贸城市场	58	安达市升坪牲畜交易大市场（绥化市）
9	哈尔滨哈达农副产品股份有限公司（哈尔滨市）	59	沈阳浩松陶瓷批发市场
10	沈阳钢材中心批发市场	60	中国沈阳龙之梦小商品大世界（沈阳市）
11	大连旧机动车交易市场	61	黑龙江南翔国际农贸批发市场（鹤岗市）
12	海城市南台箱包市场（鞍山市）	62	凌源市花卉市场物业服务中心（朝阳市）
13	哈尔滨南极批发市场（哈尔滨市）	63	长春市长运集团有限责任公司
14	大连汽车国际博览中心	64	哈尔滨友谊海鲜批发市场
15	松北区润恒农副产品大市场（哈尔滨市）	65	哈尔滨古铁市场（哈尔滨市）
16	沈阳沈都钢材市场	66	延吉市新兴分局西市场（延边州）
17	灯塔佟二堡海宁皮革城（辽阳市）	67	玉皇商城装饰城（葫芦市）
18	禧龙建筑装饰材料大市场（哈尔滨市）	68	沈阳红旗台石材超市
19	大连辽渔国际水产品市场	69	红博商贸城（哈尔滨市）
20	长春东北亚物流农贸水产市场	70	鞍山市新兴商贸集团有限责任公司
21	佳木斯市佳天德颐实业有限公司	71	鹤岗市工农集贸市场
22	通化快大人参市场	72	齐齐哈尔市百花园市场
23	中国铁路物资哈尔滨钢材大市场（哈尔滨市）	73	吉林市果品批发市场
24	塔湾北行农贸市场（沈阳市）	74	辽宁前当堡鲜鱼批发市场（沈阳市）
25	大商集团股份有限公司贸易大世界（大连市）	75	大庆市农副产品综合批发大市场
26	大连奥林匹克电子城	76	齐齐哈尔市新开路工业品综合市场
27	集安市清河人参交易市场（通化市）	77	牡丹江牡达农副产品有限公司
28	沈阳盛发菜果批发有限公司	78	鞍山宝润二手机动车交易市场
29	沈阳粮食批发市场	79	北方钢铁交易市场（鞍山市）
30	鞍山市钢材现货市场	80	鞍山雨润农产品物流交易中心
31	沈阳新塔湾旧机动车交易中心	81	黑山县消费品综合市场（锦州市）
32	锦州市辽西小商品批发市场	82	延边北大建筑材料批发市场
33	东港黄海水产品市场（丹东市）	83	中国家具城（沈阳市）
34	玛克威商厦服装鞋帽批发大市场（哈尔滨市）	84	沈阳康平大市场
35	沈阳二手车交易市场	85	延吉万源农副产品批发市场（延边州）
36	盘锦市金地物业管理有限公司(汇美家饰)	86	辽源市仙城物流园区有限公司
37	大连钢材现货交易市场	87	辽宁绿源黄牛交易市场（锦州市）
38	大连棉麻有限公司果菜批发市场	88	延吉市中关村电子科技大厦（延边州）
39	锦州盛世二手车交易市场	89	东行家私城市场（沈阳市）
40	哈尔滨工程大学科技园发展有限公司船舶电子大世界	90	辽中县双利服装批发有限公司（沈阳市）
		91	黑山县建筑材料市场（锦州市）
41	二台子钢材交易市场（鞍山市）	92	吉林市凇北粮油批发市场
42	东港市黄海大市场（丹东市）	93	大连领航家汽车城经营管理有限公司
43	长春中东大市场	94	大商集团有限公司昌临休闲购物广场（大连市）
44	宽甸北方山奇农产品交易市场（丹东市）	95	敦化市工农农副产品批发市场（延边州）
45	大庆市粮食综合批发市场	96	沈阳南塔鞋城有限责任公司
46	抚顺市中顺农副产品批发交易市场	97	沈阳东北装饰城
47	东北土特产品交易中心有限公司（铁岭市）	98	黑龙江先锋农业生产资料交易市场（哈尔滨市）
48	沈阳温州城商品交易市场	99	辽阳市万隆蔬菜批发大市场
49	沈阳东北机动车配件市场	100	黑山县家俱市场（锦州市）
50	大连熟食品交易中心		

3-48 中部地区前100家商品交易市场

序号	市场名称	序号	市场名称
1	河南万邦国际农产品物流股份有限公司（郑州市）	51	毅德光彩贸易广场（长沙市）
2	湖南高桥大市场（长沙市）	52	湖北天润投资集团有限公司（襄阳市）
3	湖南钢材大市场（长沙市）	53	阜阳市瑶海农产品市场
4	长沙马王堆农产品股份有限公司	54	商丘市光彩大市场
5	盐湖区禹都市场（运城市）	55	皖西北商贸城（阜阳市）
6	亳州市（中国）中药材交易中心	56	安徽白马服装城（合肥市）
7	商丘市农产品中心批发市场	57	湖北汉口四季美农贸市场（武汉市）
8	长沙市红星实业集团有限公司农副产品大市场	58	中菜市（合肥市）
9	南昌市洪城大市场	59	吉安农产品批发市场
10	合肥周谷堆大兴农产品国际物流园有限责任公司	60	南康泓泰家具市场（赣州市）
11	武汉市琴台钢材市场	61	南康家具博览中心（赣州市）
12	安徽省徽商钢材市场（合肥市）	62	邵东县工业品市场（邵阳市）
13	安庆市光彩大市场	63	南昌水产品综合交易批发市场
14	湖南省三湘南湖大市场（长沙市）	64	九江国际汽车城
15	武汉市舵落口大市场	65	马王堆海鲜水产批发市场（长沙市）
16	武汉白沙洲农副产品大市场	66	湖南黄金之城珠宝有限公司（长沙市）
17	南昌深圳农产品中心批发市场	67	南康家具中心市场（赣州市）
18	中南汽车世界大中南汽车贸易公司（长沙市）	68	中储801仓库钢材市场（洛阳市）
19	洛阳宏进农副产品批发市场	69	临汾市尧都区奶牛场尧丰农产品批发市场
20	赣南贸易广场（赣州市）	70	孝感市南大批发市场
21	中国（十堰）汽配城（十堰市）	71	南阳市兴达钢铁市场
22	华东城（赣州市）	72	常德市鼎城桥南市场
23	周口市黄淮物流港农产品批发市场	73	濉溪县中瑞农副产品有限责任公司（淮北市）
24	四季水产物流港（郑州市）	74	商丘市梁园区梁园市场
25	长葛市新区钢材市场（许昌市）	75	河南中博股份有限公司（郑州市）
26	宣城市农副产品批发市场	76	银基商贸城（郑州市）
27	蓝特商业城（蓝特集团有限公司）（荆州市）	77	澧县八百里洞庭水产市场（常德市）
28	湖北北盟投资集团有限公司（襄阳市）	78	南昌肉类联合加工厂肉食品批发市场
29	仙桃市恒迪建材市场	79	株洲市中南金属物流大市场
30	监利县天府庙大市场（荆州市）	80	河南科技园区管理委员会（郑州市）
31	安徽阜阳汽贸物流园建设指挥部（阜阳市）	81	安徽金太阳装饰城（滁州市）
32	阜阳临沂商城	82	武汉市科振经贸有限公司纸张油墨市场
33	南阳龙升物流枢纽中心银海钢材市场	83	赣州市龙都商城
34	宜春市赣西农副新产品批发市场	84	湖北省金属材料交易市场（武汉市）
35	蚌埠市光彩市场	85	鹰潭市杏园市场
36	樟树中药材专业市场（宜春市）	86	增益冷链（武汉）有限公司-白沙洲冷链大市场（武汉市）
37	河南葛天金属材料交易市场（许昌市）	87	新乡市宇鑫农贸有限公司
38	蚌埠海吉星农产品物流有限公司	88	株洲(国家)汽车城
39	太原市河西农产品有限公司	89	马鞍山市安民农副产品批发交易中心
40	河南汽车贸易中心（郑州市）	90	合肥国强钢材交易中心
41	上饶市信州区江南商贸城	91	郴州市七星大市场
42	郑州信基调味品城	92	南昌华南城
43	邵东县廉桥药都市场（邵阳市）	93	华源大市场（衡阳市）
44	蚌埠中恒义乌国际商贸城	94	蒙城新发地农副产品物流批发市场（亳州市）
45	众信农副产品批发交易市场（驻马市）	95	竹叶山汽车市场（武汉市）
46	芜湖大地农副产品批发市场	96	九江市琵琶湖农产品物流有限公司
47	芜湖市长江市场园	97	肥西花木城花卉交易市场（合肥市）
48	洛阳市洛龙区关林市场	98	永州商业城
49	九江市京九农副产品中心批发市场	99	中国芜湖商品交易博览城（芜湖市）
50	长葛市九鼎美达建材市场（许昌市）	100	安徽省广德县农贸市场（宣城市）

3-49 西部地区前100家商品交易市场

序号	市场名称	序号	市场名称
1	成都市量力钢材物流有限公司	51	大明宫建材家居含光路店(西安市)
2	新疆宝新恒源钢材物流园(乌鲁木齐市)	52	恒胜钢材市场(重庆市)
3	朝天门市场(重庆市)	53	中国当归城中药材交易市场(定西市)
4	成都国际商贸城	54	中国西部金属交易城(重庆市)
5	贵阳西南国际商贸城	55	西三街农副水产品市场(重庆市)
6	江津区双福国际农贸城(重庆市)	56	重庆马家岩板材批发市场
7	四川国际农产品交易中心(成都市)	57	南充川北农产品交易有限公司
8	新联农副产品综合市场(乌鲁木齐市)	58	奎屯中兴商贸城(伊犁哈萨克自治州)
9	柳州市生产资料大市场	59	自贡川南农副产品批发市场
10	重庆万吨冷储物流交易中心	60	石河子农产品交易中心
11	成都农产品中心批发市场	61	咸阳新阳光西北农副产品交易中心
12	三联家禽市场(成都市)	62	广西淡村商贸城(南宁市)
13	康复路交易广场(西安市)	63	大足区龙水花市街市场(重庆市)
14	丹尼尔商城(西安市)	64	永宁县望远现代金属物流园(银川市)
15	新疆九鼎盛和果品批发市场(乌鲁木齐市)	65	遵义市红花岗区苟家井综合批发市场
16	新疆华凌工贸集团有限公司华凌综合市场(乌鲁木齐市)	66	中宁县国际枸杞交易中心(中卫市)
17	中国西南鞋材交易中心(重庆市)	67	新疆通汇市场(乌鲁木齐市)
18	江津区攀宝钢材市场(重庆市)	68	陕西省生产资料第一交易市场(西安市)
19	重庆巨龙钢材市场	69	涪陵区新大兴农副产品交易中心(重庆市)
20	西安雨润农产品全球采购有限公司	70	重庆渝州交易城
21	南宁市虎邱城北钢材市场	71	南宁市荣宝龙钢材市场
22	重庆市永川区商贸城	72	宜宾市翠屏区江北农产品批发市场
23	玉林宏进农副产品批发市场	73	重庆市万州商贸城
24	龙文钢材市场(重庆市)	74	兰州瑞德摩尔城市购物广场
25	玉林中药材专业市场	75	成都市九龙市场
26	贵州合朋二手车市场交易有限公司(贵阳市)	76	贵阳海恒农副产品批发市场
27	贵阳市谷丰粮油食品批发市场	77	昆明斗南国际花卉产业园区
28	贵州乾朗钢材市场(贵阳市)	78	重庆市渝南汽车交易市场
29	绿云石都建材交易城(重庆市)	79	成都市海霸王冷藏物流交易市场
30	重庆铠恩国际家居名都	80	重庆市万州区小天鹅批发市场
31	江津区和润汽摩市场(重庆市)	81	桂林市五里店果蔬批发市场
32	大足区龙水五金市场(重庆市)	82	陕西银邦经营管理有限公司(西安市)
33	绵阳市高水农副产品批发有限公司	83	遵义绿色产品交易中心
34	成都富森美家居置业有限公司	84	宁夏四季鲜果品蔬菜批发市场(银川市)
35	广西海吉星市场(南宁市)	85	达州市复兴市场
36	呼和浩特美通商贸有限公司	86	万贯五金机电城（金府路店）(成都市)
37	永川吉之汇国际农贸物流城(重庆市)	87	银田农产品物流园(黔东南州)
38	新疆九鼎恒兴蔬菜批发市场(乌鲁木齐市)	88	西安朱雀农副产品物流中心
39	新疆华凌建材出口基地(乌鲁木齐市)	89	新蒲新区中国辣椒城综合物流园(遵义市)
40	昆明金马正昌第二果品市场	90	北三环大明宫建材家居市场(西安市)
41	新疆亚中机电市场(乌鲁木齐市)	91	欣桥市场(西安市)
42	贵阳地利农产品物流园	92	科左后旗科尔沁黄牛市场(通辽市)
43	通辽市成峰牲畜交易市场	93	绵阳毅德商贸城
44	中国龙水五金旅游城(重庆市)	94	通辽市团结路贸易区
45	额敏县万通畜牧有限责任公司(塔城地区)	95	内蒙古临河四季青批发市场(巴彦淖尔市)
46	新疆赛博特国际汽车城(乌鲁木齐市)	96	成都荷花池大成市场
47	四川好一新商贸城(达州市)	97	西安赛格电脑城
48	甘肃省食品股份有限公司肉食水产批发市场(兰州市)	98	贵州瀑布冷链食品投资有限公司(贵阳市)
49	昆明螺蛳湾国际商贸城一期市场	99	广西新柳邕农产品批发市场(柳州市)
50	重庆协信汽车公园	100	开鲁县雨田农畜交易市场(通辽市)

附录 主要统计指标解释

附录：主要统计指标解释

一、主要统计指标及市场分类

亿元以上商品交易市场：指年成交额在亿元及以上的商品交易市场。商品交易市场是指经有关部门和组织批准设立，有固定场所、设施，有经营管理部门和监管人员，若干市场经营者入内，常年或实际开业三个月以上，集中、公开、独立地进行生活消费品、生产资料等现货商品交易以及提供相关服务的交易场所，包括各类消费品市场、生产资料市场等。

营业状态：按照市场营业时间的连续性分为常年营业、季节性营业和其它等三种状态。常年营业指不受季节、时间等因素的影响，全年均营业的市场；季节性营业市场指受季节因素影响，全年间断营业的市场，如旅游旺季营业的交易市场等；其它市场指上述以外的其它营业状态的交易市场。

经营方式：指市场直接从事商品流通的买卖形式，包括批发和零售两种方式。批发市场指专门从事批发业务活动或以批发业务为主的交易市场。零售市场指专门从事零售业务的活动，并直接向城乡居民销售日用消费品、农产品的市场，或以零售业务为主，同时兼批发业务的交易市场。

经营环境：指各市场经营场所具备的基本条件，分露天式、封闭式和其它。露天式市场指市场摊位完全在室外，或 70%以上的摊位在室外，包括柜台式市场及无设施市场；封闭式市场指市场摊位完全在室内（包括平房和楼房）；其它市场指上述以外的其它经营环境的交易市场。

年末出租摊位数：指该市场年末实际出租的摊位数。

成交额：指该市场所有摊位的全年商品交易额之合计。

市场类别：指根据商品交易市场经营商品类别进行分类，包括综合市场和专业市场两大类。

综合市场：指经营生产资料、工业消费品、农产品等多种商品的综合性现货商品交易市场。

综合贸易市场：分为生产资料综合市场、工业消费品综合市场、农产品综合市场及其它综合市场。

— **生产资料综合市场**：指经营两类或两类以上生产资料的交易市场，包括工业生产资料交易市场、农业生产资料交易市场，交易对象主要是生产经营者，市场内摊位成交额主要集中在生产资料商品。

— **工业消费品综合市场**：指经营两类及两类以上工业消费品的交易市场，交易对象主要是商品使用者和消费者，市场内摊位主要经营食品、服装、日用品等商品。

— **农产品综合市场**：指经营两类及两类以上农产品的交易市场，交易对象主要是商品使用者和消费者。

— **其它综合市场**：以上未列明综合性现货商品交易市场。如果市场中农产品和工业品混杂经营，成交额难以分清主次的，市场类别应为其它综合市场。

专业市场：指主要进行某一领域商品的交易活动的现货市场。根据所经营的商品类别，分为 12 类专业市场。专业市场类别应根据摊位交易情况确定，即经营某类商品的摊位成交额超过总成交额的 60%，市场则确定为相应的专业市场。

（1）**生产资料市场**：主要经营某类生产资料的交易市场。

— **农业生产用具市场**：经营半机械化农机具及其配件、中小农具、园艺工具等为主。

— **农用生产资料市场**：经营农用生产资料为主，如农药、化肥、农膜、农用温室玻璃、园艺工具等。

— **煤炭市场**：经营煤炭及制品为主。

— **木材市场**：经营木、竹采伐产品和木材、竹非生活制品为主。

— **建材市场**：经营建筑材料、保温材料、玻璃制品等建筑施工用材为主，主要面向建筑设施的施工企业。

— **化工材料及制品市场**：经营生产经营用化工材料及制品为主。

— **金属材料市场**：经营各种黑色金属材料和有色金属材料为主。

— **机械电子设备市场**：经营机械设备、电子产品和仪器为主，面向生产经营单位。

— **其它生产资料市场**：以上未列明的生产资料专业市场。

（2）**农产品市场**：指主要经营某一类农产品的交易市场。

— **粮油市场**：经营谷物、大豆、玉米、食用油为主。

— **肉禽蛋市场**：经营肉禽蛋为主。

— **水产品市场**：经营水产品为主。

— **蔬菜市场**：经营蔬菜为主。

— **干鲜果品市场**：经营干鲜果品为主。

— **棉麻土畜、烟叶市场**：经营棉麻、土特产品、种畜、种禽、耕畜、烟叶为主。

— **其它农产品市场**： 以上未提及的或经营两种以上农产品的农产品专业市场。

（3）**食品、饮料及烟酒市场**：指主要经营食品、饮料及烟酒等商品的交易市场。

— **食品饮料市场**：经营食品、饮料为主。

— **茶叶市场**：经营茶叶为主。

— **烟酒市场**：经营烟酒为主。

— **其它食品饮料及烟酒市场**：以上未提及的或主要经营两类以上食品、饮料及烟酒商品的专业市场。

（4）**纺织、服装、鞋帽市场**：指主要经营布料及纺织品、服装、鞋帽等商品的交易市场。

— **布料及纺织品市场**：经营布料及纺织品为主。

— **服装市场**：经营服装为主。

— **鞋帽市场**：经营鞋帽为主。

— **其它纺织服装鞋帽市场**：以上未提及的或主要经营两类以上纺织、服装、鞋帽商品的专业市场。

（5）**日用品及文化用品市场**：指主要经营各类日用品及文化用品等商品的交易市场。

— **小商品市场**：经营日用小百货为主。

— **箱包市场**：经营箱包为主。

— **玩具市场**：经营玩具为主。

— **文具市场**：经营文具为主。

— **图书、报刊杂志市场**：经营图书、报刊杂志为主。

— **音像制品及电子出版物市场**：经营音像制品及电子出版物为主。

— **体育用品市场**：经营体育用品为主。

— **其它日用品及文化用品市场**：以上未提及的或经营两类以上日用品及文化用品的专业市场。

（6）**黄金、珠宝、玉器等首饰市场**：指主要经营黄金、珠宝、玉器等首饰的交易市场。

（7）**电器、通讯器材、电子设备市场**：指主要经营电器、通讯器材、电子设备等商品的交易市场。

— **家电市场**：经营家电为主。

— **通讯器材市场**：经营通讯器材为主。

— **照相、摄像器材市场**：经营照相、摄像器材为主。

— **计算机及辅助设备市场**：以经营计算机及其配件、计算机辅助设备为主。

— **其它电器、通讯器材、电子设备市场**：以上未提及的或主要经营两类以上电器、通讯器材、电子设备商品的专业市场。

（8）**医药、医疗用品及器材市场**：指主要经营药材、中西药品、医疗器械等商品的交易市场。

— **中药材市场**：经营中药材为主。

— **其它医药、医疗用品及器材市场**：中药材专业市场以外的医药、医疗用品及器材专业市场。

（9）**家具、五金及装饰材料市场**：指主要经营家具、五金电料、各种家居装修装饰材料等商品的交易市场。

— **家具市场**：经营家具为主。

— **装饰材料市场**：经营装饰材料为主。

— **灯具市场**：经营灯具为主。

— **厨具、盥洗设备市场**：经营厨具、盥洗设备为主。

— **五金材料市场**：经营五金材料为主。

— **其它家具、五金及装饰材料市场**：以上未提及的或主要经营两类以上家具、五金或装饰材料商品的专业市场。

（10）**汽车、摩托车及零配件市场**：指专门从事新、旧机动车辆及其零配件交易的市场。

— **汽车市场**：经营汽车为主，包括新车市场和旧车市场。

— **摩托车市场**：经营摩托车为主。

— **机动车零配件市场**：经营机动车零配件为主。

（11）**花、鸟、鱼、虫市场**：指主要经营花、鸟、鱼、虫等商品的交易市场。

— **花卉市场**：经营鲜花、苗木及其制品为主。

— **鸟市场**：经营鸟类商品为主。

— **观赏鱼市场**：经营观赏鱼类商品为主。

— **其它花鸟鱼虫市场**：以上未提及的或主要经营两类以上花鸟鱼虫商品的专业市场。

（12）**旧货市场**：指经营各类旧货商品的交易市场。

— **古玩、古董、字画市场**：经营古玩、古董、字画商品为主。

— **邮票、硬币市场**：经营邮票、硬币商品为主。

— **其它旧货市场**：以上未提及的或主要经营两类以上旧货商品的专业市场。

（13）**其它专业市场**：以上未提及商品的专业市场。

二、商品分类及解释

（1）**粮油、食品类**：指供人们食用的各种食品，如粮油、肉禽蛋、水产品、干鲜蔬果、食糖、糖果糕点、豆制品、滋补食品、食盐、调味品、罐头食品、奶及奶制品及其他食品加工制品等。

粮油类：指供人们食用的粮食和食用油。

其中，粮食，包括小麦、稻谷、玉米、豆类、杂粮及其成品粮、磨粉、淀粉及其制品等；

淀粉及其制品，包括粉皮、粉丝、粉条、淀粉等；

食用油，包括食用植物和动物油等。

肉禽蛋类：指供人们食用的肉类、禽类、蛋类商品。

其中，肉类，指供食用的活猪、活牛、活羊、家兔及其鲜（冻）肉和肉制品（不含各种肉罐头，统计在其他食品类）；

禽类，指供人们食用的活鸡、活鸭、活鹅和其他人工饲养的活禽类及其鲜（冻）、腌制和卤熟制品；

蛋类，指鸡、鸭、鹅和其他禽类的鲜蛋、再制蛋。

水产品类：指各种海水产的、淡水产的鲜的或干的鱼、虾、蟹、藻类、贝类、软体类、腔肠类等水产品。

蔬菜类：指各种新鲜的蔬菜，包括各种叶菜、茎菜、根菜、花菜、果菜以及各种食用菌等。

干鲜果品类：包括新鲜瓜果、干果及蜜饯果脯等干鲜果。

（2）**饮料类**：指供人们食用的各种饮料，包括液体型饮料，如汽水、果菜汁、矿泉水等；冷冻饮品；固体饮料；茶叶、咖啡、可可和其他饮料。

（3）**烟酒类**：包括酒和烟草加工品。酒，包括白酒、啤酒、黄酒、果露酒等。烟草加工品，包括卷烟、雪茄烟、烟丝、莫合烟、鼻烟等烟草加工品，不包括烤烟、晒烟等烟草加工原料（统计在“其他类”）。

（4）**服装、鞋帽、针纺织品类**：指服装、鞋帽、针织品和纺织品的集合。

服装类：指以棉布、棉化纤混纺布、化纤布、麻布、呢绒、绸缎、裘皮、化纤针织面料等为原料缝制的各种男、女、成人、儿童的单、夹、棉、皮等各种服装（包括内衣裤、外衣裤、衬衣、衬裤、胸罩、裙子等），包括以毛线、丝线、麻线和各种混纺线编织的各种服装，如毛衣、毛衫、毛裤。

鞋帽类：鞋，指皮鞋、胶鞋、布鞋和全塑料鞋等，包括各种材料制作的靴子、凉鞋、便鞋、拖鞋、运动鞋、旅游鞋、春秋鞋等；帽，指各种面料、各种款式的男、女、童、婴儿帽子。

针、纺织品类：针织品，指纯棉、纯化纤、化纤与棉（包括短涤纶）混纺的针棉织品、毛毯、线毯、地毯、毛巾、毛线、毛织物等纯纺、纯化纤、混纺针织品及化纤针织面料；纺织品，指布（包括棉布、棉花化纤混纺布、化纤布等外棉棉布、玻璃纤维布、再生纤维布、野杂纤维布、土纺布、无纺布、漆布等），呢绒（包括涤纶混纺物），绸缎，麻布，纱类（包括棉纱、等外棉棉纱、玻璃纤维纱、再生纤维纱、野条纤维纱、废纱、土纱、麻绒等纺织品）。针、纺织品包括除服装外的制成品，如床上用品、袜子、针纺织手套、窗帘等。

（5）**化妆品类**：指洁肤护肤美容用品、洁发护发美发用品、药物美容美体用品等。

洁肤护肤美容用品，包括洁面乳、霜、油等洁肤用品，霜、香脂、乳液、润肤油、爽身粉等护肤品，香粉（粉饼）、胭脂、唇膏、眼影、眉笔、指甲油、各种化妆盒、假发等美容品；

洁发护发美发用品，包括洗发香波、洗发膏、洗发精、浴液、剃须膏、发油、发露、发腊、发宝、营养发水、护发素、发胶、摩丝、各种染发剂等；

药物美容美体用品，包括花露水、腋下香、香水、防秃生发水、浓眉露、止痒水（粉）、祛斑霜、粉刺露、防晒剂、痒子粉（水）、减肥霜等；其他化妆用品。

（6）**金银珠宝类**：指以金、银、铂等金属及钻石、宝（玉）石、翡翠、珍珠、水晶、象牙、骨角等为原料，经加工和连接组合、镶嵌等方法，制成各种图案造型的装饰品、饰品、工艺品等。包括首饰，如项链、戒指、耳环、手镯、脚链、挂件、别针、发卡等，珠宝饰品，如宝（玉）石、宝（玉）石饰品、钻石镶嵌、珍珠镶嵌以及其他金银珠宝饰品等。

（7）**日用品类**：指日用金属制品、日用搪瓷制品、日用塑料制品、天然皮革和人造皮革制品、玻璃器皿、日用百货、燃气灶具、儿童玩具、日用化工产品、照明器具、日用杂品、钟表眼镜及配件、各种工艺品、烟花炮竹、人力或助动车类及配件等。

其中，日用金属制品，包括精铝、铸铝、铝合金家用器皿，不锈钢制餐具，家用厨房用具及其他不锈钢制器皿等，不包括工业建筑的通用金属器皿（统计在"金属材料类"）；

日用搪瓷制品，包括单瓷、双瓷的面盆、口杯及其他搪瓷制品等，不包括工业建筑的通用搪瓷制品（统计在"建筑及装潢材料类"）；

日用百货，包括如缝纫机、保温瓶、雨衣、理发用具、剃须刀具、火柴、打火机、电池、腰带、刀、剪、锁、钳、卫生纸、卫生巾等；

日用化工产品，包括洗涤用品、杀虫剂、花肥等；

燃气灶具，包括燃气热水器、各种灶具等；

照明器具，包括各种灯具、灯泡、灯管、手电筒等；

日用杂品，包括铁锅、笼屉、瓷碗、碟等餐具和炊事用具，竹、木、藤、柳编制品，炉子、烟筒和取暖设备等；

钟包括各种机械、石英电子的闹钟、挂钟、座钟等，表包括各种机械、石英电子手表、怀表、秒表、其他表、钟表零配件等，眼镜包括成品眼镜、眼镜架、眼镜片、眼镜毛坯、眼镜零配件等；

各种工艺品，包括雕塑工艺品、人造花卉工艺品、天然植物工艺品、纤维编织工艺品、刺绣工艺品、抽纱工艺品等。其中，雕塑工艺品包括玉雕、牙雕、金属工艺品、漆器工艺品、画类工艺品等，天然植物工艺品、纤维编织工艺品包括竹编工艺品、藤编工艺品、草编工艺品等；

人力或助动车类及配件，包括自行车、助动自行车（或电动自行车）、三轮车、残疾人座车（无论是否装有发动机）、婴儿推车和手推车等及配件。

（8）**五金、电料类**：指五金工具、电工工具、工具配件、水暖器材、各种专用工具、五金杂品等，以及木瓦工具、电工电讯器材及配件等各类商品，如各种榔头、钳子、扳手、锉刀、泥刀、自来水管、各种水龙头、暖气片、阀门、螺丝、螺母、水表、电表、插座、插头、开关、电线、铁丝、镇流器、灯架、灯罩等。

（9）**体育、娱乐用品类**：指体育用品、健身器材、游艺器材、棋牌、戏装道具、乐器、照相器材及用品等。

其中，体育用品，包括球类、球类器材、体操运动器材、举重运动器材、田径运动器材、水上运动器材、冰雪运动器材、射击、射箭、击剑器材、场地器材、航空、航海模型材料、运动保护用具、钓鱼用具等；

健身器材，指各种用于达到锻炼身体、提高身体素质目的的器材，包括侧重于肌肉训练的，如扩胸机、举重床、自重式健力器、哑铃组合架、坐式后拉器、卧式后屈腿训练器等；包括侧重于身体素质训练的，如跑步机、健步器、骑马机、滑雪器、健骑机等以及集消除疲劳、减肥健身为一体的各种按摩机（非电动）、健腹器等；

游艺器材，包括游戏机、插卡式电脑学习机、儿童运动游艺器材等；

棋牌，包括象棋、国际象棋、围棋、克郎棋、军棋、跳棋、扑克牌、麻将牌等；

乐器，包括中西乐器、电子乐器、乐器辅助用品及配件，如钢琴、提琴、手风琴、吉他等。

照相器材类：包括摄影用品、暗房用品、修相用品和其他照相器材。摄影用品，包括照相机、座机、外拍机、胶卷胶片、相纸、放大机、照相镜头、摄像灯具、照相零配件及其他摄影用品；暗房用品，包括上光机、反拍机、翻版机、冲片机等；修相用品，包括修相油、上光用品、修底版用具等；洗相药品，包括显影液、定影液等。不包括X光胶片和工业胶片（统计在“化工材料及制品类”）。

（10）**书报杂志类**：指各种以纸介质形态出版发行的中外文的书籍、工具书、课本、教材、图片、报纸和杂志等。

（11）**电子出版物及音像制品类**：指电子出版物和音像制品。

其中，电子出版物，指以数字方式将图文音像等信息编辑加工后存储在磁、光、电介质上，通过计算机或者具有类似功能的设备读取使用，用以表达思想、普及知识和积累文化，并可复制发行的大众传播媒介，其媒体形态包括软磁盘（FD）、只读光盘（CD-ROM）、交互式光盘（CD-Ⅰ）、照片光盘（PHOTO-ROM）、高密度只读光盘（DVD-ROM）、集成电路卡（IC CARD）及其他媒体形态；

音像制品，指各种磁、光、电介质的录音、录像的磁带、光盘（CD、LD、VCD、DVD）等，包括各种空白的录音带、录像带，不包括空白光盘（统计在“计算机及其配套产品”）。

（12）**家用电器和音像器材类**：指洗涤电器、制冷电器、清洁电器、小家电、家用厨房电器具、家用保健电器和各类音像器材等。

其中，洗涤电器，包括洗衣机、甩干机等；

制冷电器，包括电冰箱、电冰柜、房间空调器等；

清洁电器，包括吸尘器、加湿器、空气净化器等；

小家电，包括电熨斗、电风扇、电淋浴器（包括浴霸）、节能热水器等；

家用厨房电器具，包括食品加工机、抽排油烟机、微波炉、电饭煲、电烤箱、洗碗机、消毒柜等；

家用保健电器，包括电取暖器、电动按摩器等；

音像器材，包括电视机、录音机、录像机、摄像机、收音机、幻灯机、组合音响、影碟机（LD、CD、VCD、DVD等）、专业音响器材、专业声像器材以及配件等，不包括照相器材及用具（统计在“体育、娱乐用品类”）。

（13）**中西药品类**：指人用各种中西药品、中药材以及各种小型医疗用品、敷料，不包括医疗用的各种大型设备，如CT机、核磁共振器等和兽用的各种药品、医疗器材（统计在“其他类”）。

西药类　指以化学物质为原料根据药典或处方生产的用于预防、治疗、诊断人体的疾病，有目的地调节人体的生理机能并规定有适应症、用法和用量的物质，包括化学药品制剂、放射性药品、血清疫苗、血液制品和诊断药品等，但不包括化学试剂（统计在“化工材料及制品类”）。

中草药及中成药类：指以天然的活性物质群为原料，根据中医药典或处方生产或配置，用于预防、治疗人体的疾病，有目的地调节人体的生理机能并规定有适应症、用法和用量的物质。包括中药材、中药饮片、中成药。

其中，中药材，指在自然界中天然生长或人工种植、养殖、采掘的可用于加工中药饮片和中成药的物质，包括各种植物、动物、矿物等；

中药饮片，指以中药材（包括各种药用植物、动物、矿物）为原料用于预防、治疗人体的疾病，有目的地调节人体的生理机能并规定有适应症、用法和用量的物质；

中成药，指以中药材（包括各种药用植物、动物、矿物）为原料根据药典或处方生产的用于预防、治疗人体的疾病，有目的地调节人体的生理机能并规定有适应症、用法和用量的制剂，包括各种剂型（丸、散、膏、丹、胶、药酒、露、冲剂及改良剂型）的中成药。

（14）**文化办公用品类**：指学习用品、办公用品和计算机及其配套产品。

其中，学习和办公用品，包括学习和办公用的文具、本册、打字机、油印机、速印机、复印机、投影机、碎纸机、计算器、快译通、电子笔记本、算盘、普通测绘仪器、印刷材料以及教学用的设备、器材、标本、模型等。

计算机及其配套产品：包括大、中、小、微型、便携式电子计算机（包括多媒体计算机和平板电脑）和计算机的辅助设备，如服务器、打印机、一体机、扫描仪、不间断电源、多媒体配件、专用设备和零配件，计算机用键盘、鼠标、网卡、内存条、外置设备（显卡、声卡、光驱、刻录机等）、移动存储设备（移动硬盘、U盘、空白光盘、磁带等），网络产品，如路由器、上网卡、交换机、网络盒子、网络配件等，打印机用纸、色带、墨盒、硒鼓等，不包括单板机、插卡式电脑学习机（统计在“体育、娱乐用品类”），也不包括各种电子计算机软件（统计在“电子出版物及音像制品类”，随机附赠品除外）。

（15）**家具类**：指用木材、金属、塑料、藤、竹等为主要原料制成的供人们生活、学习、工作、休息用的各种普通家具和具有特定用途的专用家具，包括家用就寝、就餐、起居、书房使用的床、柜、箱、架、沙发、桌、椅、凳、茶几、屏风，以及成套或组合家具，也包括医院、学校、图书馆、旅游、办公等专用的办公桌椅、文件柜、书柜等家具。

（16）**通讯器材类**：有线、无线通讯使用的各种器材和设备，包括电话机（普通电话机、无绳电话机、移动电话、小灵通等）、对讲机、寻呼机、传真机等以及配套产品。

（17）**煤炭及制品类**：包括原煤、煤炭和煤制品，如洗煤、筛选块煤、筛选混煤及混末煤、焦炭、石油焦、半焦、煤饼（块）、煤球等。

（18）**木材及制品类**：指木、竹采伐产品和木材、竹非生活制品等。此类商品销售一律按批发计算。

其中，木、竹采伐产品，包括原木、小规模木材、薪炭木材、毛竹、篙竹等；

木材、竹非生活制品，包括锯材、板材、人造板、木材防腐制品，木、竹工业、建筑业用品，藤、棕、柳条工业制品等。

（19）**石油及制品类**：包括原油、炼厂气体、汽油、煤油、柴油、燃料油、工业燃料、溶剂油、润滑油、石蜡、地腊、专用腊、凡士林、洗涤剂原料、石油腊类、石油沥青、标准油、白色油、软麻油、原料油、润滑脂、石油酸、石油皂、液化石油气等。

（20）**化工材料及制品类**：指化学矿采选品、化工产品、橡胶制品、塑料制品等。此类商品销售一律按批发计算。

其中，化学矿采选品，包括硫铁矿、磷矿、硼矿、钾矿、天然硫磺、钙芒硝矿、芒硝矿、蛇纹矿、天然矿、重晶石、督重石、天青石、雄黄石、明矾石等；

化工产品，不包括日用化工产品（统计在“日用品类”或“化妆品类”），包括无机化学品、化学肥料、化学农药、有机化学品、颜料、染料、催化剂、助剂、添加剂、粘合剂、高分子聚合物、信息用化学品、化学试剂、X 光胶片、工业用胶片等；

橡胶制品，不包括日用橡胶制品（统计在“日用品类”），包括如橡胶运输带、橡胶类传输带、橡胶三角带、橡胶风扇带、橡胶胶管、再生胶、橡胶导风管、橡胶浮筒、橡胶杂品、乳胶制品、橡胶密封制品、特种橡胶制品、软胶壳、微孔橡胶隔板、胶绳、胶筋、胶液、密封腻子等；

塑料制品，不包括日用塑料制品（统计在“日用品类”），包括塑料薄膜、塑料板材、塑料管、塑料棒、塑料异型材、塑料丝、塑料人造革、塑料合成革、泡沫塑料、塑料工业配件、塑料包装箱及容器等塑料原料。

— **化肥类**：指氮肥、磷肥、钾肥、复合肥，不包括家庭使用的花肥（统计在“日用品类”）。此类商品销售一律按批发计算。

其中，氮肥，包括液氮、尿素、硝酸铵、氯化铵、硫酸铵、氨水等；

磷肥，包括重过磷酸钙、普通过磷酸钙等；

钾肥，包括氯化钾、硫酸钾、窑灰钾、钾镁肥等；

复合肥，包括氮磷肥、氮钾肥、磷钾肥、氮磷钾肥、硝酸磷、氮钾混合肥、铵磷钾、磷酸铵等。不包括磷矿粉肥和“土法”生产的各种化学肥料，如硫磺脚渣提炼的硫磺铵、硝酸钾、土制过磷酸钙和磷酸钾，也不包括微量元素的化学肥料（如钾酸铵）。

（21）**金属材料类**：指黑色金属矿采选品和黑色金属冶炼及其压延产品、有色金属矿采选产品和有色金属冶炼及其压延产品。此类商品销售一律按批发计算。

其中，黑色金属矿采选品，包括铁矿石原矿、铁矿石成品矿、人造富铁矿、锰矿石原矿、锰矿石成品矿、人造富锰矿、铬矿石原矿、铬矿石成品矿等；

黑色金属冶炼及其压延产品，包括钢、生铁、铁合金、钢材、钢坯、钎子钢、轧制钢球、重熔钢、炼铁副产品、球墨铸铁、金属化球团、海绵铁、钒渣和粗末冶金原料、钢板网等；

有色金属矿采选产品，包括重有色金属矿采选产品、轻有色金属矿采选产品、贵金属矿采选产品、稀有金属矿采选产品等；

有色金属矿冶炼及其压延产品，包括有色金属矿冶炼产品、轻有色金属矿冶炼产品、稀土金属冶炼产品。稀散金属及半金属冶炼产品、高纯及超纯有色金属、重有色金属合金、硬质合金、稀有稀土金属合金、稀有放射性金属冶炼产品、重有色金属加工材、双金属材、轻有色金属加工材、贵金属加工材、稀有金属加工材、有色金属加工材、半导体材料等。

（22）**建筑及装潢材料类**：指非金属矿采选成品、建筑材料及其他非金属矿物制品和各种办公或家庭用的室内装饰材料等。

其中，非金属矿采选成品，包括土砂石矿品、耐火土石开采及其初加工品、工艺美术品用非金属矿、石棉、工业原料用云母、石墨、石膏、工业原料滑石、滑石粉、金刚石、水晶、冰洲石、次土、膨润士及其初加工品、长石、叶腊石、蛭石、硅线石、凹凸奉石、海泡石、浮石、沸石、珍珠岩、霞石正方岩、刚玉、硅藻石、硅石灰石等；

建筑材料及其他非金属矿物制品，包括水泥、无熟料水泥、水泥熟料、水泥混凝土制品、水泥预制构件、纤维增强水泥制品、砖、瓦、建筑砌砖、石灰、轻质建筑材料、建筑用石材加工品、建筑防水材料、建筑保温材料、建筑用玻璃制品、平板玻璃、压延玻璃、磨砂玻璃、喷花玻璃、中空玻璃、热反射玻璃、吸热玻璃、玻璃砖、泡沫玻璃、工业技术玻璃、特种玻璃、玻璃纤维及其制品，石英玻璃及其制品、光学玻璃、玻璃仪器、绝缘玻璃、玻璃保温容器（不包括日用玻璃保温容器，统计在“日用百货类”）、普通陶瓷制品（不包括陶瓷餐具，统计在“日用品类”）、工业陶瓷、高压绝缘子、低压绝缘子耐火材料制品、玻璃窑专用耐火材料、石墨及碳素制品、碳化纤维、石墨热交换器。石棉制品、云母制品、磨料和磨具、铸石、化学石膏、人造水晶、合成云母、人造金刚石、晶体材料、晶体镀膜材料等；

办公和家庭用的室内装饰材料，包括地板、地板革、墙纸、墙布、涂料、乳胶漆及各种装饰用具等，但不包括家具（统计在“家具类”）、清洁电器和家用厨房电器具（统计在“家用电器和音响器材类”）。

（23）**机电产品及设备类**：指普通机械、交通运输机械、电器机械及器材、电子产品及通讯设备、各种农林牧渔业机械等。

其中，普通机械，包括锅炉及原动机、金属加工机械、通用机械、铸锻件及通用零部件、工业专用设备、建筑工程机械、钻探机械等；

交通运输机械，包括铁路运输设备、飞行器、工矿设备、船舶及其辅机、摩托车，不包括汽车、汽车底盘及汽车配件（统计在“汽车类”）；

电器机械及器材，包括电机、输变电设备、电工器材等；

电子产品及通讯设备，包括雷达和无线电导航设备、通讯设备、广播电视设备、电子原件、电子器件、仪器仪表、计量标准仪具及量具、衡器，不包括家用电脑机及其各种配套产品（统计在“文化办公用品类”）、电话机、移动电话、BP 机等（统计在“通讯器材类”），也不包括家用电视机、录音机、录像机、摄像机等（统计在“家用电器和音像器材类”）。

— **农机类**：指各种农林牧渔业机械。包括农机具、农药具、农用车、农用动力机械等，如拖拉机、收割机、机引犁、机引耙、机引播种机、机动三轮车、拖车、机动植保机械、机动畜牧机械、机动脱粒机、内燃发动机组、水泵、喷灌机；以及各种零配件，如电动机、柴油机、手推车车轮等。此类商品销售一律按批发计算。

（24）**汽车类**：指由动力装置驱动，具有四个或以上车轮的非轨道无架线的车辆及其零配件，包括汽车、汽车底盘和汽车配件等。

其中，汽车包括载货汽车、越野汽车、自卸汽车、牵引汽车、专用汽车、客车、轿车等。

（25）**种子饲料类**：指各种农业或公共园艺使用的种子、种苗和饲养牲畜的草料、杂粮、杂豆等，不包括家庭使用的花种、种苗等，以及人们以娱乐、休闲为目的而饲养各种动物的从专门商店购买的宠物食品（统计在“其他类”）。此类商品销售一律按批发计算。

（26）**棉麻类**：指棉麻产品、蚕茧等。

其中，棉，包括籽棉、细绒棉、长绒棉、絮棉、棉短绒；

麻，包括黄麻、红麻、芒麻、大麻、亚麻、剑麻；

蚕茧，包括桑蚕茧、柞蚕茧、蓖蚕茧和其他蚕茧等。

（27）**其他类**：指以上未包括的商品类别，如大型医疗器材，文物、古董、邮票、硬币、现代绘画作品，土特产品和畜产品、禽畜或宠物用的药品、宠物食品、花鸟鱼虫，消防器材及设施，废旧物资等。

其中，畜产品包括各种牛皮、羊皮、猪皮及其他动物皮革，以及种畜、幼畜、幼禽绒毛、羽毛、鬃毛、肠衣等。